論理が伝わる 世界標準の「プレゼン術」

一生モノの「説得技法」

倉島保美　著

ブルーバックス

装幀／芦澤泰偉・児崎雅淑
カバーイラスト／坂本奈緒
もくじ・本文デザイン・図版／フレア

はじめに

世界標準のプレゼンテーションとは

グローバル競争の世界で、プレゼンテーションに最も求められるのは、論理的であることです。論理的であるからこそ、人を説得できるのです。凝ったスライドや魅力的な話し方を大事にしていた時代は終わったのです。スライドを準備するのに要した時間の長さや、話し上手な人柄で、人を説得できるわけではありません。今や、世界のプレゼンテーションは、論理性へとシフトしているのです。

論理的であるとは

論理的であるとは、ロジック構築とロジック論証が正しくなされている状態です。言い換えると、話の筋が通っていて、かつ、各ポイントに納得感のある状態です。

ロジック構築とは、ロジック構成要素を正しく接続することです。ロジック構成要素は、縦につながるか、横に並ぶか、あるいは他の要素を包含するかの、いずれかの関係で接続されなければなりません。正しく接続されると、ロジック構成要素は、ブロック図のようにつながります。ロジック構築とは、ブロック図のように筋を通すことです。

ロジック論証とは、ロジック構成要素が十分に論証されていることです。ロジック構成要素は、データや根拠によって裏打ちされていなければなりません。正しく論証されると、人はそのロジック構成要素に納得感を持ちます。ロジック論証とは、ロジックに納得感を持たせることです。

本書のターゲット

本書のターゲットは、プレゼンテーションにおけるロジック構築とその表現にあります。

ロジックを構築する技法を学ぶことにより、プレゼンテーションの論理性を劇的に改善できます。というのも、プレゼンテーションではロジック構築が甘くなりやすいからです。PowerPointを代表とするプレゼンテーション用ソフトウェアを使ったプレゼンテーションでは、準備の段階から発表に至るまで、1枚のスライドばかりを見ています。その結果、前後を論理的に接続できなくなるのです。

また、構築したロジックを表現する技法を学ぶことにより、プレゼンテーションの伝達性を劇的に改善できます。スライドを使ったプレゼンテーションでは、ロジックを伝えるためのノウハウがたくさんあります。しかし、多くの人が、見栄えのいいスライドの作成にばかり気がいき、ロジックを伝えるという本来の目的を忘れているのです。

本書では、ロジック論証には踏み込まずに、ロジック構築を中心に解説しています。なぜなら、プレゼンテーションにおける論理性の問題は、ほぼロジック構築に尽きるからです。ロジック構築を習得することで、プレゼンテーションの論理性を飛躍的に向上させられます。

本書の構成と読み方

この本の構成

本書は、以下の4部で構成されています。

第1部　論理的なプレゼンには何が必要か
第2部　ロジックを組む
第3部　ロジックを表現する
第4部　複雑な状況で活用する

第1部では、論理的なプレゼンテーションには何が必要かを、失敗例と改善例を比較しながら説明しています。失敗例と改善例は、比較できるようレイアウトしていますので、その差をはっきりと感じ取れるはずです。その上で、なぜ失敗例は、論理性を感じないのか、分かりにくいのか、何を学習すれば改善例のようなプレゼンテーションを作成できるかを説明しています。

第2部では、論理的なプレゼンテーションに必要な、ロジックを組む手法を説明しています。ここでは、ロジックを組む基本である、情報を「縦につなぐ」「横に並べる」ことを学習した後、縦と横の組み合わせで「基本ロジックを組む」ことを学習します。ここでも、失敗例と改善例を比較することで、直感的に理解できるよう配慮しています。

第3部では、組んだロジックを分かりやすく表現する手法を説明しています。ここでは、分かりやすく表現するために、「概略から詳細へと展開する」基本を学習し、「ロジックを強調する」テクニックや「効果的に図解する」テクニックを学習します。ここでも、失敗例と改善例により、短時間で直感的に理解できるよう配慮しています。

第4部では、ロジックを組み、表現する手法を、複雑な状況で活用した実例を説明しています。具体的には、学習した手法が、第1部で紹介した改善例でどう適用されているかを説明しています。ロジックを組み、表現する手法を1つずつ学習するだけでなく、プレゼンテーション全体での活用を学習することで、実践力を養成します。

この本の読み方

本書は、飛ばし読みすることを前提に書いています。本書の説明は、大きな階層から小さな階層に至るまで、原則として概略から詳細へと展開しています。また、失敗例と改善例の比較から解説へと展開しています。概略説明や事例を読んで理解できたなら、必ずしも詳細説明を読む必要はありません。むしろ、すべてを端から端まで読むと、予備知識が豊富な人や理解力の高い人には、説明が丁寧すぎる、あるいはくどいと感じるかもしれません。

本書は、失敗例と改善例の比較を演習としても活用できます。すべての失敗例と改善例を、失敗例は左ページに、改善例は右ページに配置しています。右ページを隠すことで、左ページの失敗例をどう改善すればよいかという演習問題にもなります。

目次

第 1 部

論理的なプレゼンには何が必要か

論理性や説得力に欠けるプレゼンテーションをよく見ます。しかし、多くの人が、論理的でない自分のプレゼンテーションを、論理的であると思い込んでいます。なぜなら、本当に論理的にまとめられたプレゼンテーションを見たことがないからです。ビジネスの現場でごく普通に行われているプレゼンテーションと、論理的に構成されたプレゼンテーションでは、その差は歴然です。プレゼンテーションを論理的に構成するには、ロジックを組む力と、そのロジックを表現する力が必要です。

1 よくある失敗例と改善例

この章のPOINT　ここでは、よくある失敗例を左ページに、その改善例を右ページに、同時並行でご紹介します。まずは、その差を感じ取ってください。

1.1 ｜ 他社製品分析

玩具メーカーのX社では、最近S社が売りに出したペットロボットが、25万円と高額にもかかわらず爆発的に売れていることに衝撃を受けました。そこで、S社のペットロボットが売れた理由を分析しました。

失敗例

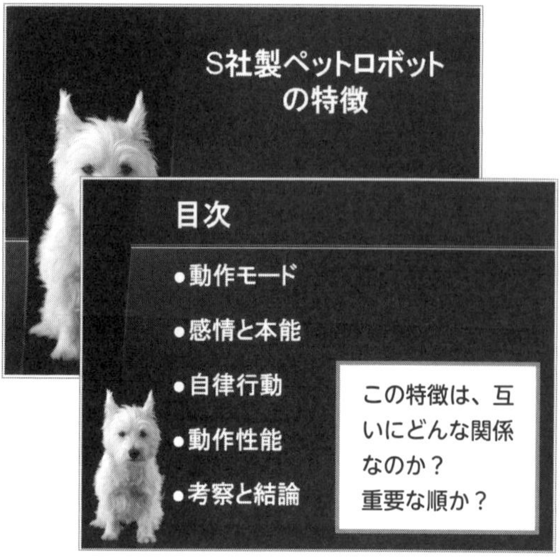
S社製ペットロボット
の特徴
目次
●動作モード
●感情と本能
●自律行動
●動作性能
●考察と結論
この特徴は、互
いにどんな関係
なのか？
重要な順か？

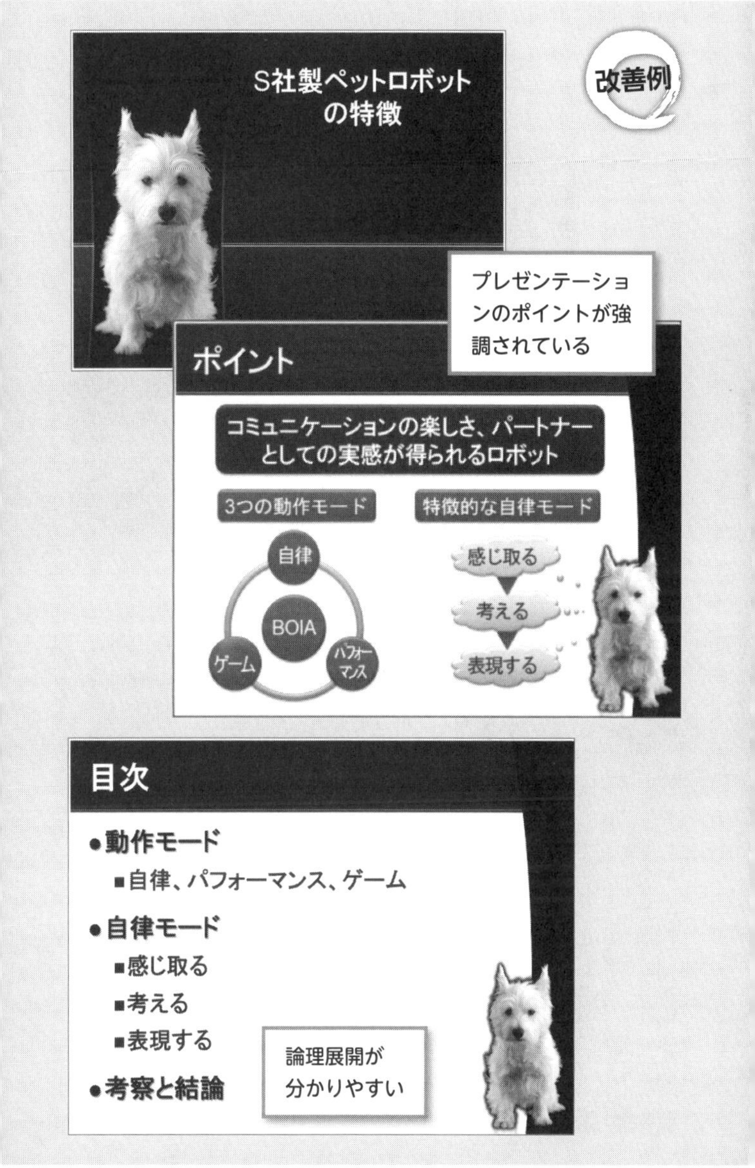
改善例
S社製ペットロボット
の特徴
プレゼンテーションのポイントが強調されている
ポイント
コミュニケーションの楽しさ、パートナーとしての実感が得られるロボット
3つの動作モード
特徴的な自律モード
自律
BOIA
ゲーム
パフォーマンス
感じ取る
考える
表現する
目次
●動作モード
■自律、パフォーマンス、ゲーム
●自律モード
■感じ取る
■考える
■表現する
●考察と結論
論理展開が分かりやすい

失敗例

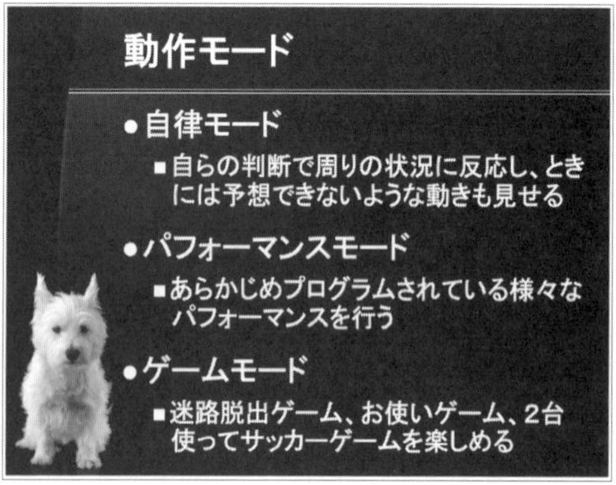

「動作モード」と「感情と本能」の関係は？

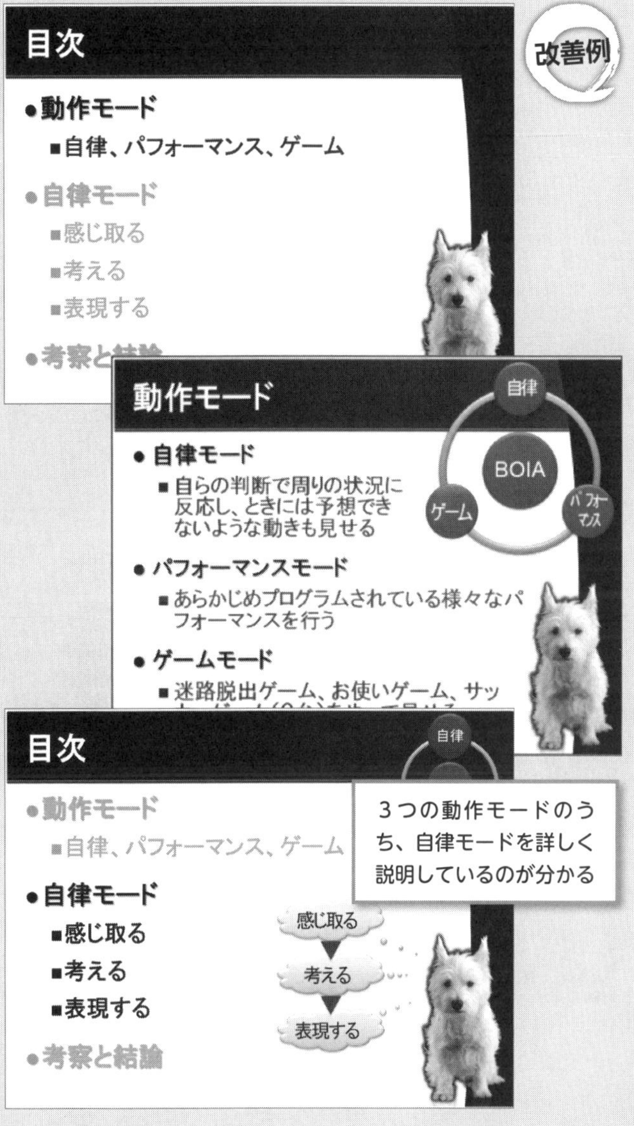
改善例
目次
●動作モード
■自律、パフォーマンス、ゲーム
●自律モード
■感じ取る
■考える
■表現する
動作モード
● 自律モード
■ 自らの判断で周りの状況に反応し、ときには予想できないような動きも見せる
● パフォーマンスモード
■ あらかじめプログラムされている様々なパフォーマンスを行う
● ゲームモード
■ 迷路脱出ゲーム、お使いゲーム、サッ
自律
BOIA
ゲーム
パフォーマンス
目次
●動作モード
■自律、パフォーマンス、ゲーム
●自律モード
■感じ取る
■考える
■表現する
●考察と結論
感じ取る
考える
表現する
自律
３つの動作モードのうち、自律モードを詳しく説明しているのが分かる

失敗例

「自律行動」と
「自律モード」は
同じか？

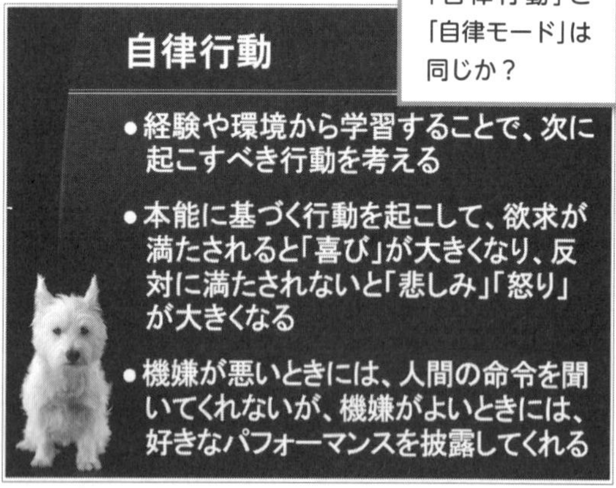
自律行動
●経験や環境から学習することで、次に起こすべき行動を考える
●本能に基づく行動を起こして、欲求が満たされると「喜び」が大きくなり、反対に満たされないと「悲しみ」「怒り」が大きくなる
●機嫌が悪いときには、人間の命令を聞いてくれないが、機嫌がよいときには、好きなパフォーマンスを披露してくれる

３つの動作モードのどのモードの話か？

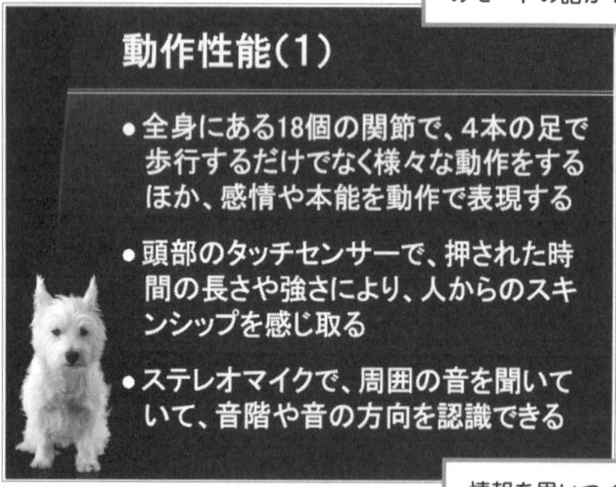
動作性能（1）
●全身にある18個の関節で、4本の足で歩行するだけでなく様々な動作をするほか、感情や本能を動作で表現する
●頭部のタッチセンサーで、押された時間の長さや強さにより、人からのスキンシップを感じ取る
●ステレオマイクで、周囲の音を聞いていて、音階や音の方向を認識できる

情報を思いつくままに羅列したのか？

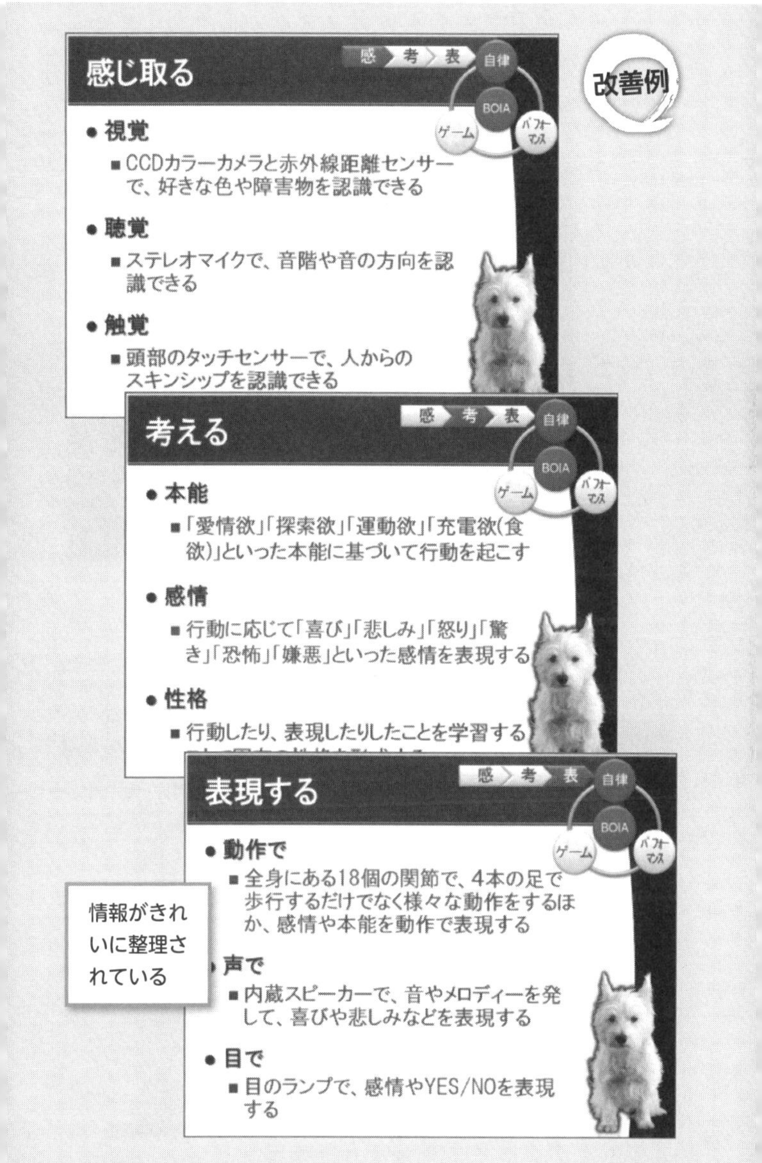
改善例
感じ取る
感 考 表
自律
BOIA
ゲーム
パフォーマンス
● 視覚
■ CCDカラーカメラと赤外線距離センサーで、好きな色や障害物を認識できる
● 聴覚
■ ステレオマイクで、音階や音の方向を認識できる
● 触覚
■ 頭部のタッチセンサーで、人からのスキンシップを認識できる
考える
感 考 表
自律
BOIA
ゲーム
パフォーマンス
● 本能
■「愛情欲」「探索欲」「運動欲」「充電欲(食欲)」といった本能に基づいて行動を起こす
● 感情
■ 行動に応じて「喜び」「悲しみ」「怒り」「驚き」「恐怖」「嫌悪」といった感情を表現する
● 性格
■ 行動したり、表現したりしたことを学習する
表現する
感 考 表
自律
BOIA
ゲーム
パフォーマンス
● 動作で
■ 全身にある18個の関節で、4本の足で歩行するだけでなく様々な動作をするほか、感情や本能を動作で表現する
● 声で
■ 内蔵スピーカーで、音やメロディーを発して、喜びや悲しみなどを表現する
● 目で
■ 目のランプで、感情やYES/NOを表現する
情報がきれいに整理されている

失敗例

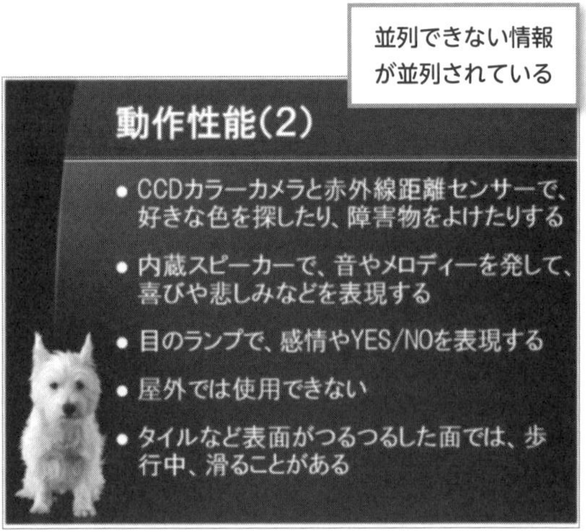
並列できない情報
が並列されている
動作性能(2)
● CCDカラーカメラと赤外線距離センサーで、好きな色を探したり、障害物をよけたりする
● 内蔵スピーカーで、音やメロディーを発して、喜びや悲しみなどを表現する
● 目のランプで、感情やYES/NOを表現する
● 屋外では使用できない
● タイルなど表面がつるつるした面では、歩行中、滑ることがある

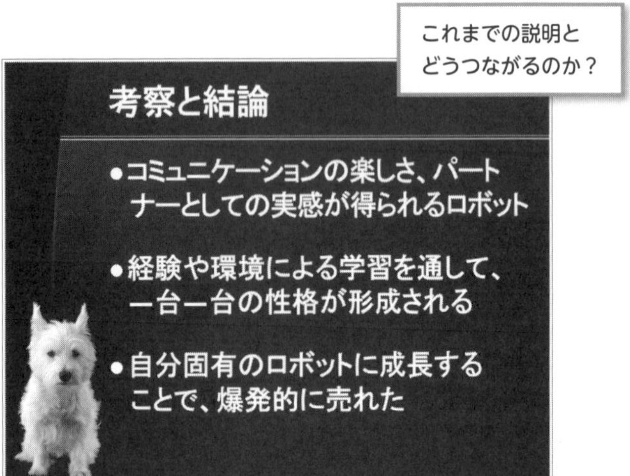
これまでの説明と
どうつながるのか？
考察と結論
●コミュニケーションの楽しさ、パートナーとしての実感が得られるロボット
●経験や環境による学習を通して、一台一台の性格が形成される
●自分固有のロボットに成長することで、爆発的に売れた

改善例

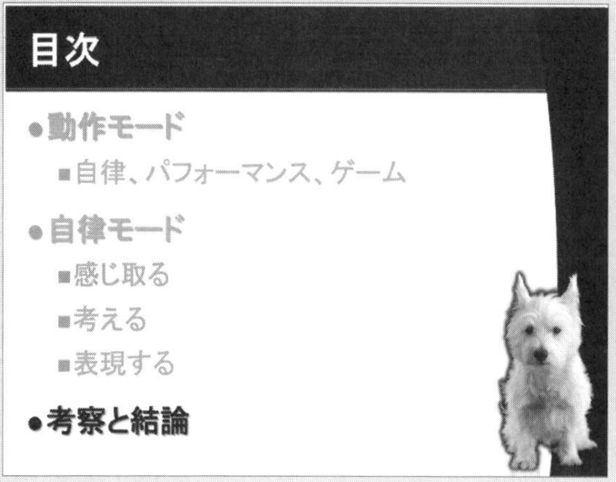

説明したことをまとめることで、強調しているのが分かる

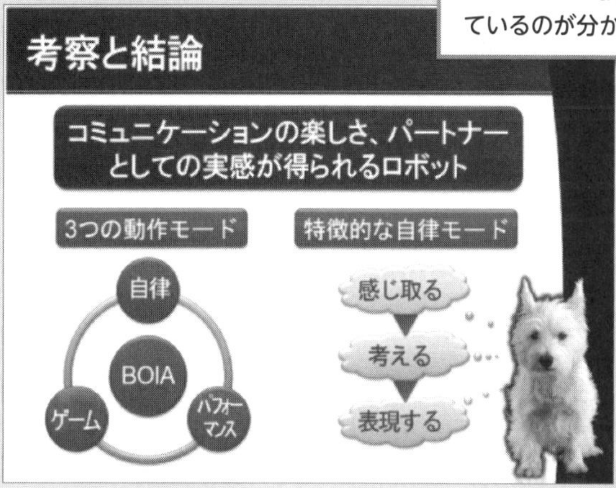

1.2 ｜ネット直販の提案

Y社では、主にベビー用品、介護用品、生理用品の製造販売をしています。しかし、他社の高い壁に阻まれ、売り上げは思うように伸びません。そこで、新たな営業戦略として、インターネット直販を始めるべきという提案をまとめました。

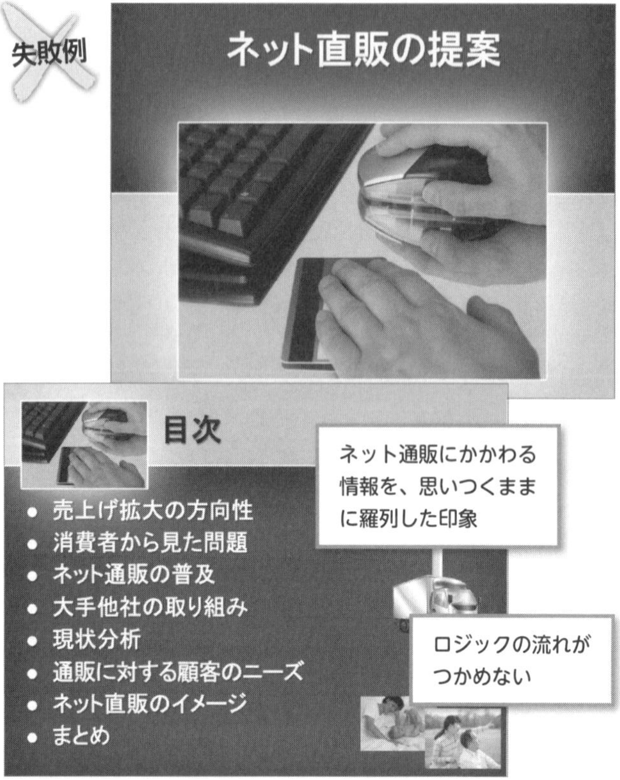
失敗例
ネット直販の提案
目次
● 売上げ拡大の方向性
● 消費者から見た問題
● ネット通販の普及
● 大手他社の取り組み
● 現状分析
● 通販に対する顧客のニーズ
● ネット直販のイメージ
● まとめ
ネット通販にかかわる情報を、思いつくままに羅列した印象
ロジックの流れがつかめない

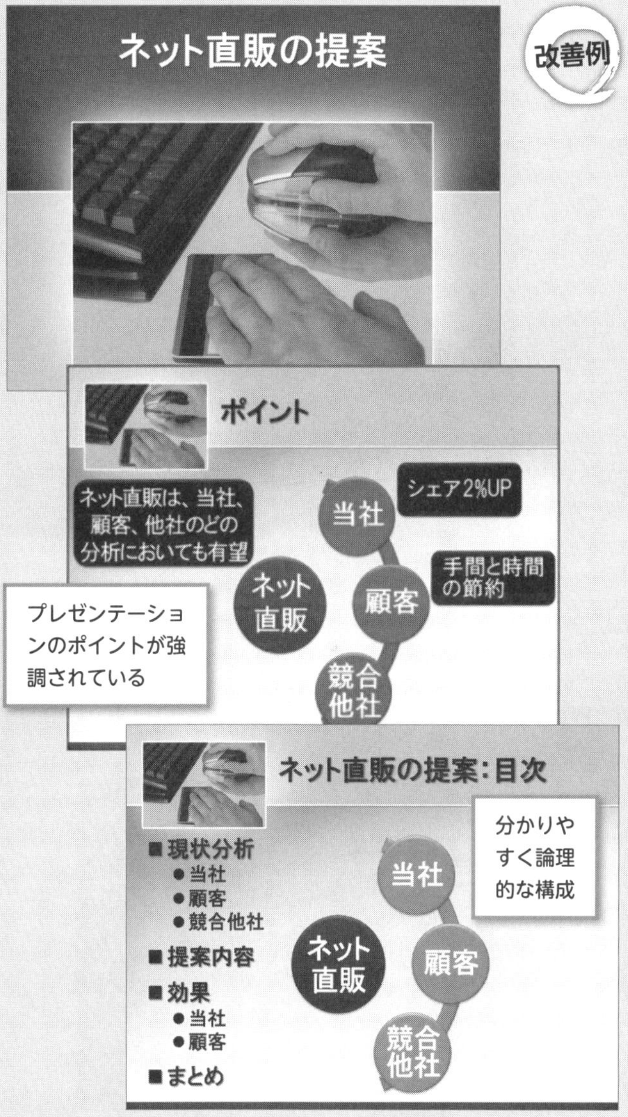
改善例
ネット直販の提案
ポイント
ネット直販は、当社、顧客、他社のどの分析においても有望
当社
シェア2%UP
ネット直販
顧客
手間と時間の節約
競合他社
プレゼンテーションのポイントが強調されている
ネット直販の提案：目次
分かりやすく論理的な構成
■現状分析
●当社
●顧客
●競合他社
■提案内容
■効果
●当社
●顧客
■まとめ
当社
ネット直販
顧客
競合他社

失敗例

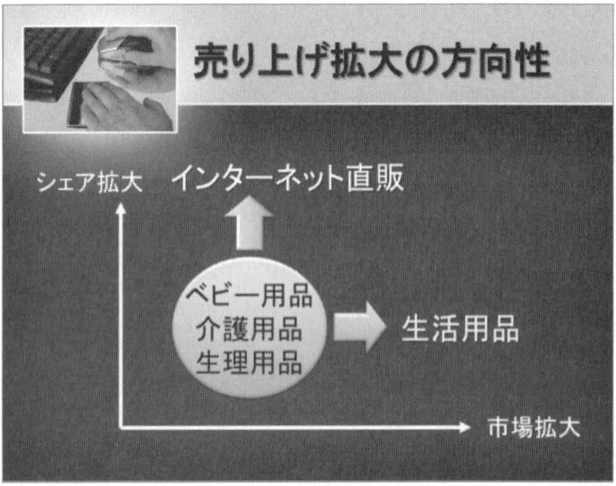

メーカーから消費者までに時間がかかることは、消費者から見た問題ではない

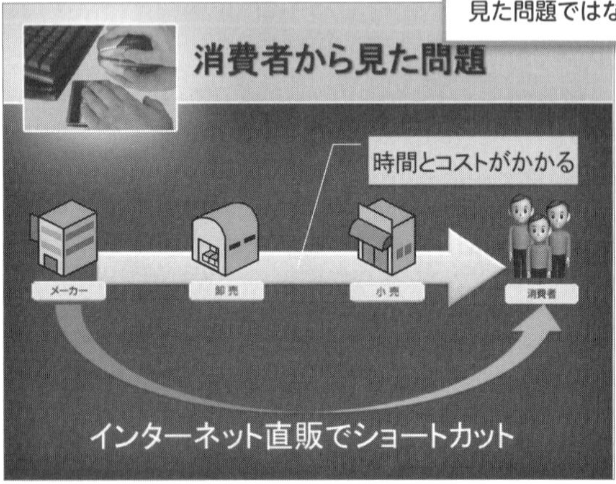

改善例

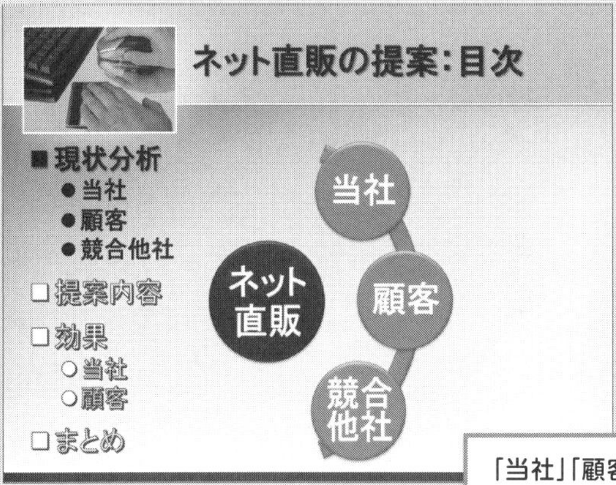

「当社」「顧客」「競合他社」という分析が論理性を感じさせる

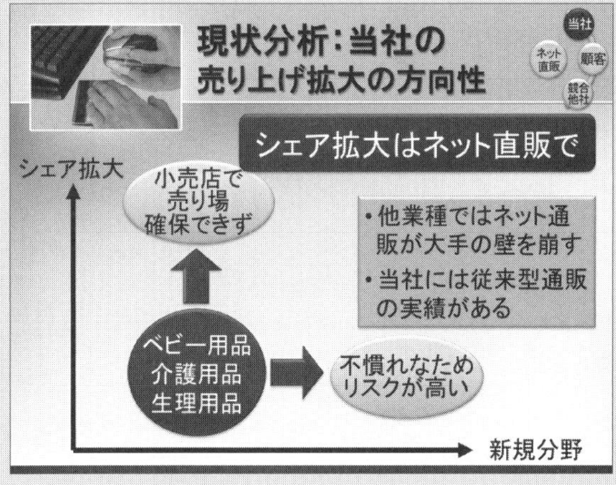

失敗例

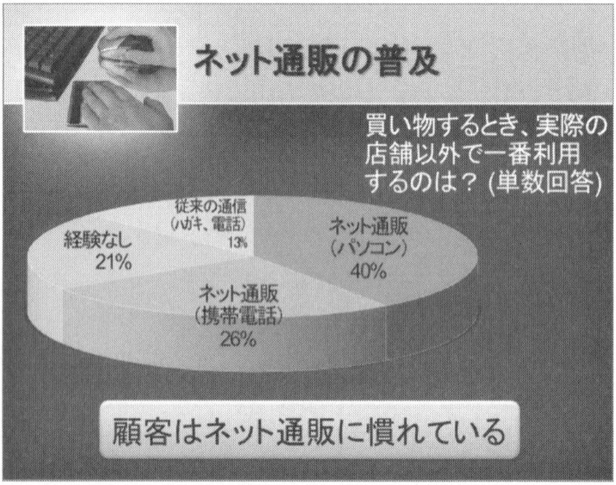
ネット通販の普及
買い物するとき、実際の
店舗以外で一番利用
するのは？ (単数回答)
従来の通信
（ハガキ、電話）
13%
ネット通販
（パソコン）
40%
経験なし
21%
ネット通販
（携帯電話）
26%
顧客はネット通販に慣れている

トピックが次々に変わるので、全体のロジックがつかめない

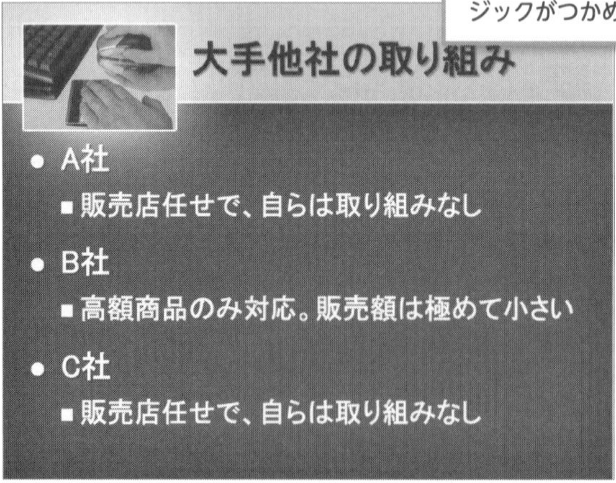
大手他社の取り組み
● A社
■ 販売店任せで、自らは取り組みなし
● B社
■ 高額商品のみ対応。販売額は極めて小さい
● C社
■ 販売店任せで、自らは取り組みなし

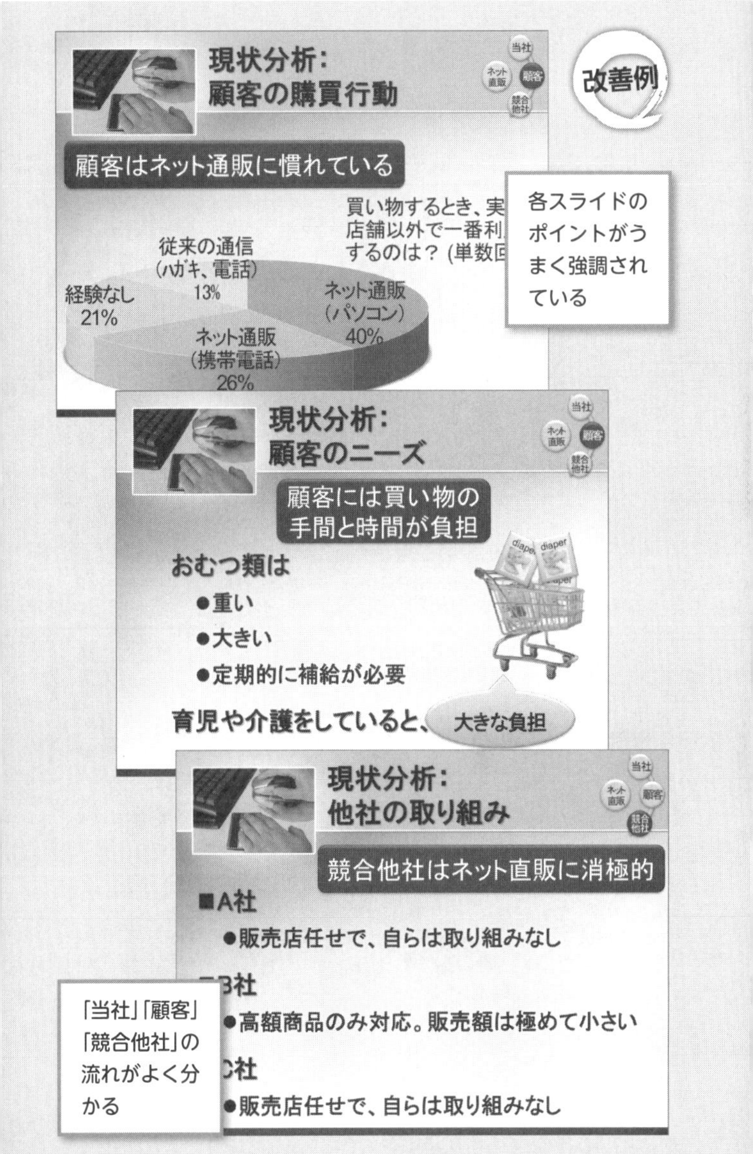
改善例
現状分析：
顧客の購買行動
当社
ネット直販
顧客
競合他社
顧客はネット通販に慣れている
買い物するとき、実
店舗以外で一番利
するのは？（単数回
従来の通信
（ハガキ、電話）
13%
経験なし
21%
ネット通販
（パソコン）
40%
ネット通販
（携帯電話）
26%
各スライドのポイントがうまく強調されている
現状分析：
顧客のニーズ
当社
ネット直販
顧客
競合他社
顧客には買い物の手間と時間が負担
diaper
diaper
おむつ類は
●重い
●大きい
●定期的に補給が必要
育児や介護をしていると、大きな負担
現状分析：
他社の取り組み
当社
ネット直販
顧客
競合他社
競合他社はネット直販に消極的
■A社
●販売店任せで、自らは取り組みなし
社
●高額商品のみ対応。販売額は極めて小さい
社
●販売店任せで、自らは取り組みなし
「当社」「顧客」「競合他社」の流れがよく分かる

失敗例

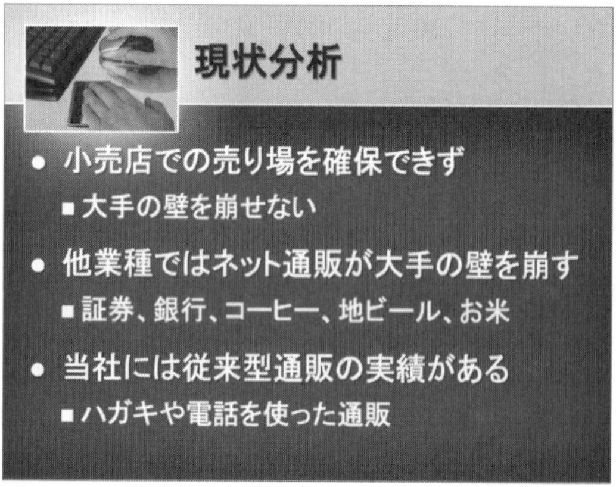

トピックが次々に変わるので、全体のロジックがつかめない

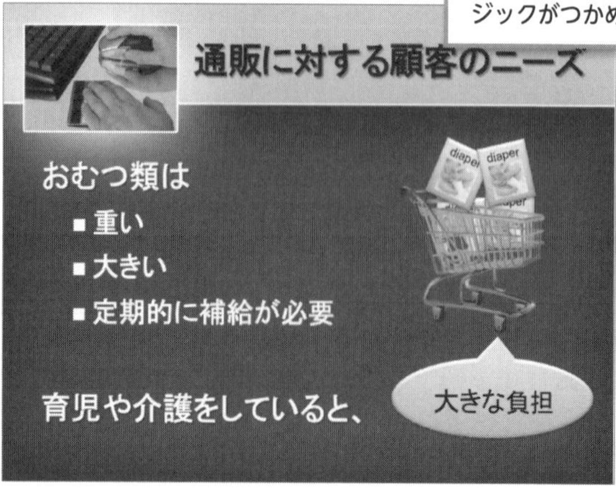

改善例

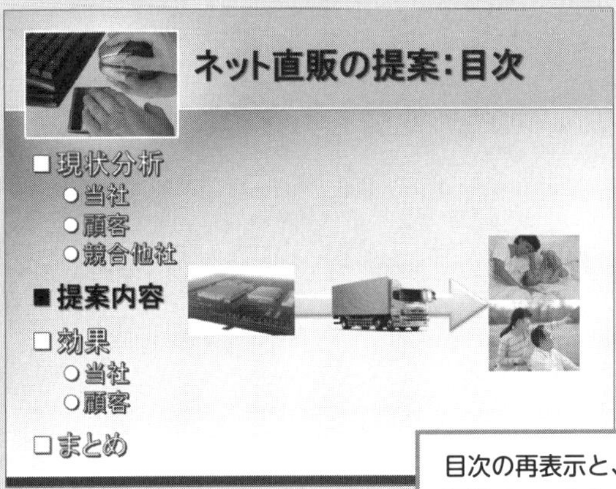

目次の再表示と、説明項目のハイライトによって、ロジックの流れとこれから説明する内容のポジションが明確に分かる

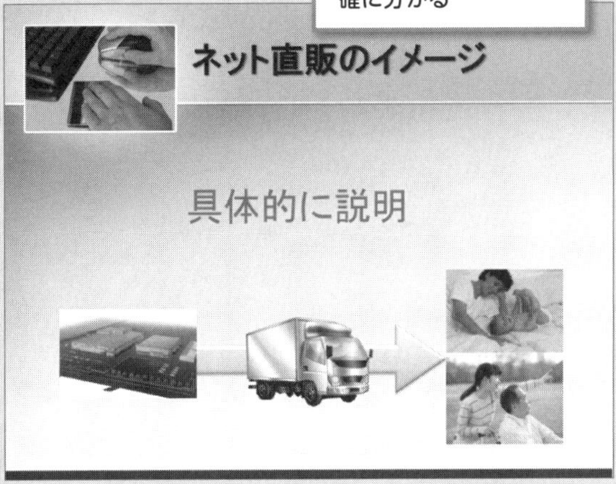

失敗例

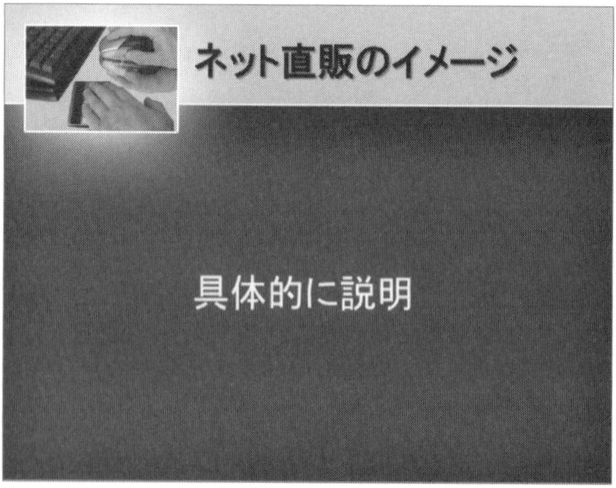

最初に述べたネット直販のメリットは輸送における時間とコストの節約ではないのか

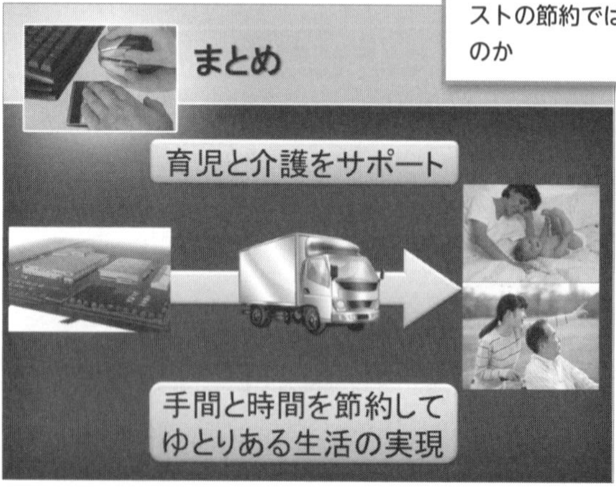

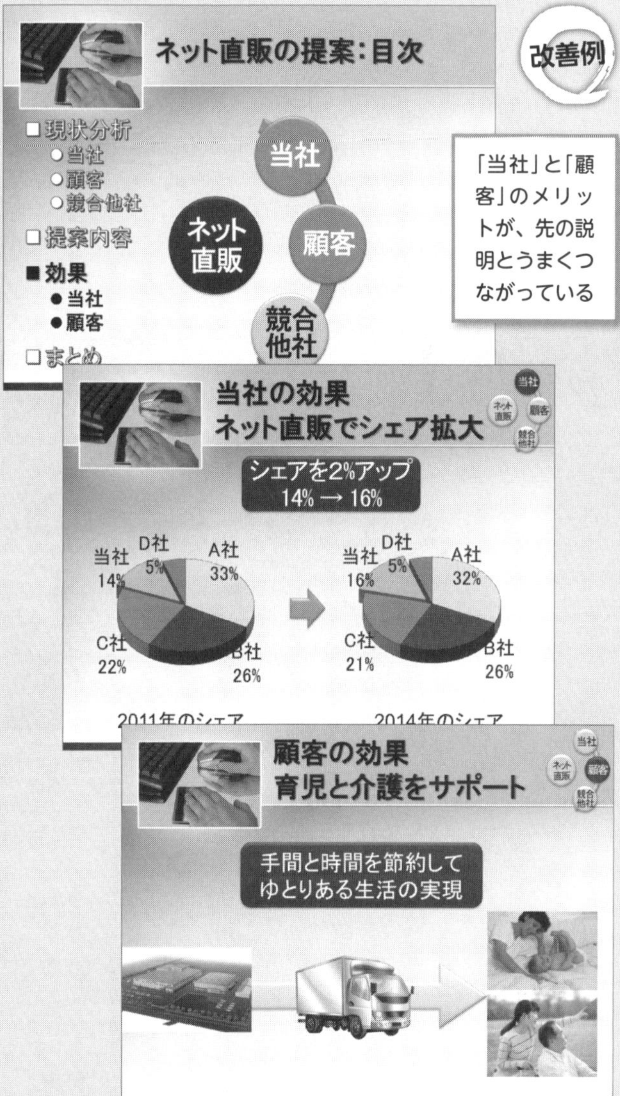
ネット直販の提案：目次
□現状分析
○当社
○顧客
○競合他社
□提案内容
■効果
●当社
●顧客
□まとめ
当社
ネット直販
顧客
競合他社
改善例
「当社」と「顧客」のメリットが、先の説明とうまくつながっている
当社の効果
ネット直販でシェア拡大
当社
ネット直販
顧客
競合他社
シェアを2%アップ
14% → 16%
当社 14%
D社 5%
A社 33%
C社 22%
B社 26%
当社 16%
D社 5%
A社 32%
C社 21%
B社 26%
2011年のシェア
2014年のシェア
顧客の効果
育児と介護をサポート
当社
ネット直販
顧客
競合他社
手間と時間を節約して
ゆとりある生活の実現

1.3 | 企業説明

ABC社の人事部は、新卒採用活動の一環として、自社の仕組みや活動を、会社説明会で紹介することとしました。

失敗例
ABC社の仕組みと活動
目次
人事方針と人事制度
積極的な環境保護活動
充実した研修制度
顧客満足を生むサプライチェーンマネージメントシステム「SCOTS」
４つの情報は横に並んでいるのか？
なぜこの４つを紹介したいのか？
この４つに関連性はあるのか？

ABC社の仕組みと活動
改善例
ABC社の仕組みと活動
お客様のために
ABC社
社員のために
社会のために
企業活動を3つに分類したところに論理性を感じる
ABC社の仕組みと活動
人事制度
研修制度
お客様のために
サプライチェーン
マネージメントシステム
SCOTS
環境保護活動
ABC社
社員のために
社会のために

失敗例

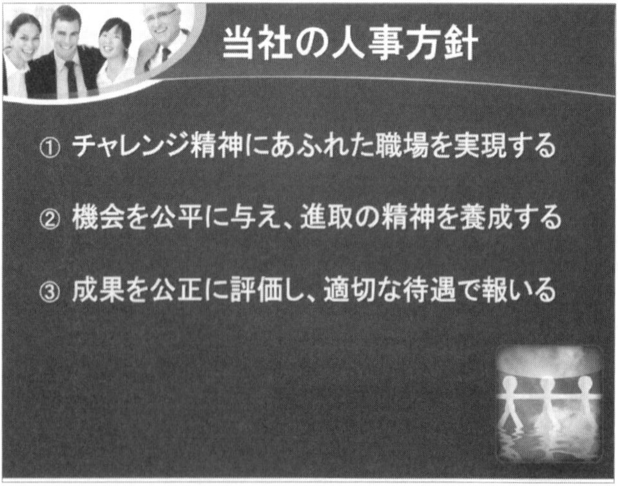

３つの方針は、どこから生まれたのか？単に、思いついた方針を思いついた順に並べたのか？

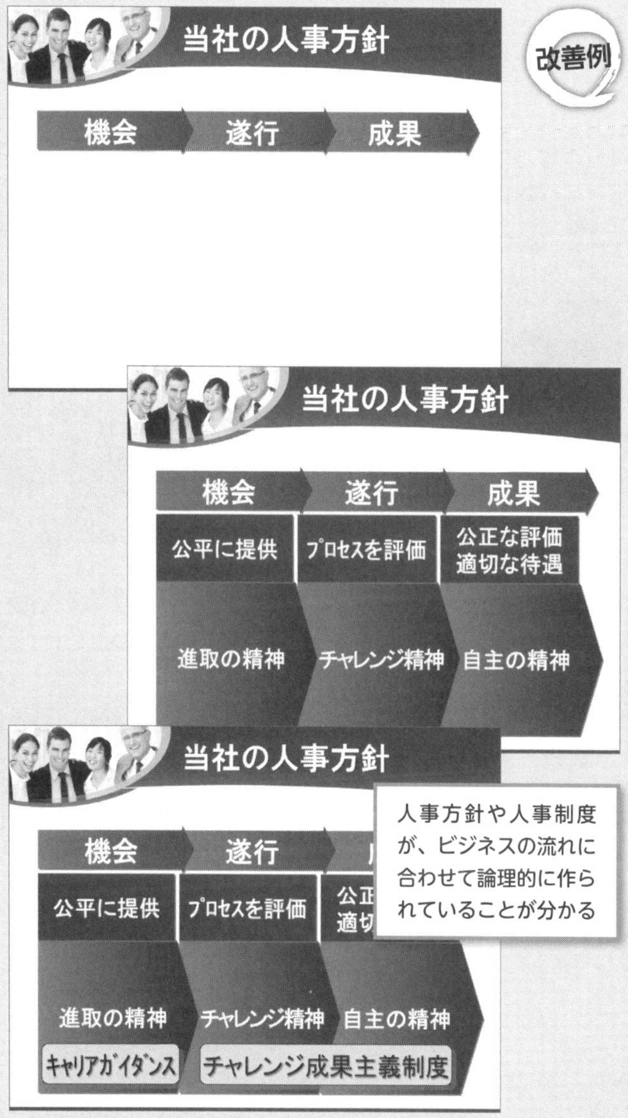
改善例
当社の人事方針
機会
遂行
成果
当社の人事方針
機会
遂行
成果
公平に提供
プロセスを評価
公正な評価
適切な待遇
進取の精神
チャレンジ精神
自主の精神
当社の人事方針
機会
遂行
公平に提供
プロセスを評価
進取の精神
チャレンジ精神
自主の精神
キャリアガイダンス
チャレンジ成果主義制度
人事方針や人事制度が、ビジネスの流れに合わせて論理的に作られていることが分かる

失敗例

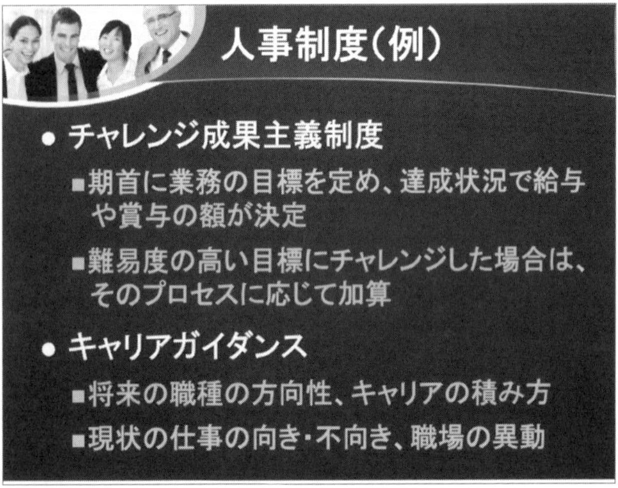

この「人事制度」は、「人事方針」で述べられている３つの方針と、どう関係しているのか？　方針とは別に制度を制定したのか？

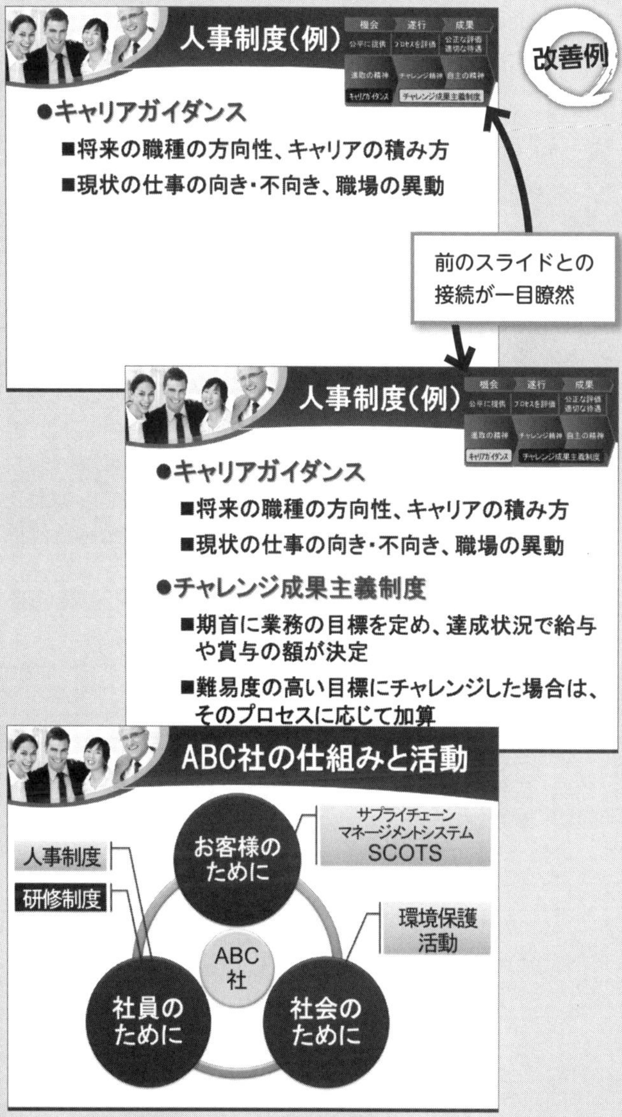
人事制度（例）
機会
遂行
成果
公平に提供
プロセスを評価
公正な評価
適切な待遇
進取の精神
チャレンジ精神
自主の精神
キャリアガイダンス
チャレンジ成果主義制度
改善例
●キャリアガイダンス
■将来の職種の方向性、キャリアの積み方
■現状の仕事の向き・不向き、職場の異動
前のスライドとの
接続が一目瞭然
人事制度（例）
機会
遂行
成果
公平に提供
プロセスを評価
公正な評価
適切な待遇
進取の精神
チャレンジ精神
自主の精神
キャリアガイダンス
チャレンジ成果主義制度
●キャリアガイダンス
■将来の職種の方向性、キャリアの積み方
■現状の仕事の向き・不向き、職場の異動
●チャレンジ成果主義制度
■期首に業務の目標を定め、達成状況で給与や賞与の額が決定
■難易度の高い目標にチャレンジした場合は、そのプロセスに応じて加算
ABC社の仕組みと活動
サプライチェーン
マネージメントシステム
SCOTS
お客様のために
人事制度
研修制度
環境保護
活動
ABC
社
社員のために
社会のために

失敗例

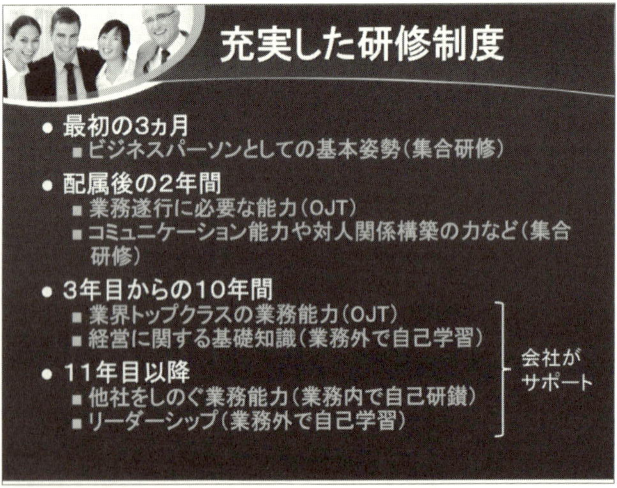

文字ばかりで分かりにくい
全体的なイメージがわきにくい

研修制度が、システマティックに構成されている印象が持てない

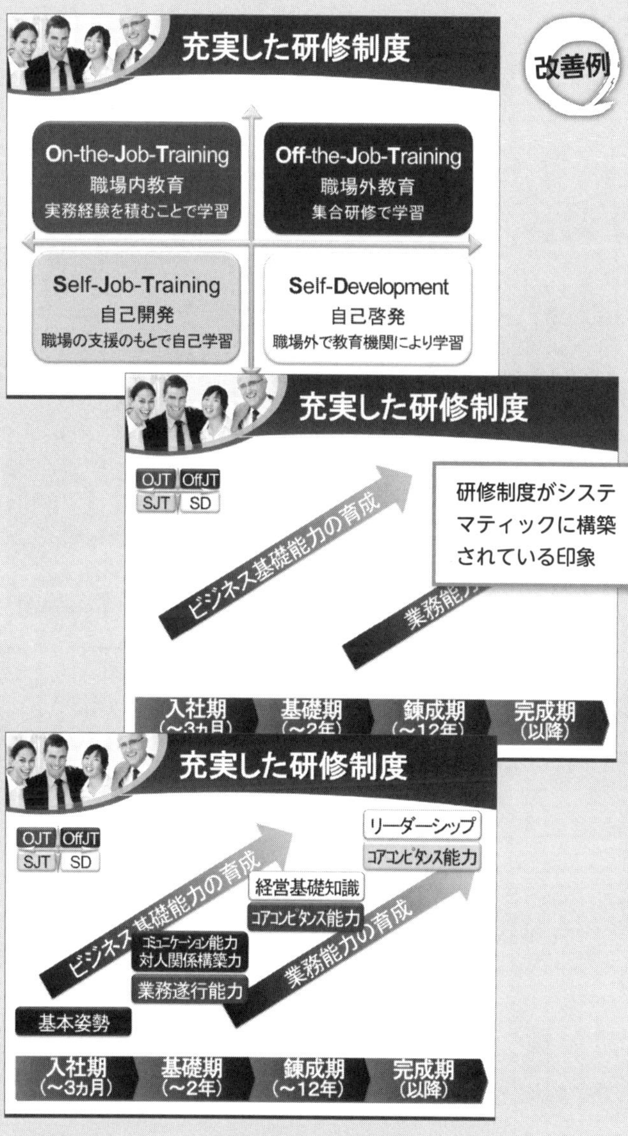
改善例
充実した研修制度
On-the-Job-Training
職場内教育
実務経験を積むことで学習
Off-the-Job-Training
職場外教育
集合研修で学習
Self-Job-Training
自己開発
職場の支援のもとで自己学習
Self-Development
自己啓発
職場外で教育機関により学習
充実した研修制度
OJT
OffJT
SJT
SD
ビジネス基礎能力の育成
研修制度がシステマティックに構築されている印象
入社期
基礎期
錬成期
完成期
（以降）
充実した研修制度
OJT
OffJT
SJT
SD
リーダーシップ
コアコンピタンス能力
経営基礎知識
コアコンピタンス能力
ビジネス基礎能力の育成
コミュニケーション能力
対人関係構築力
業務遂行能力
業務能力の育成
基本姿勢
入社期
（～3ヵ月）
基礎期
（～2年）
錬成期
（～12年）
完成期
（以降）

失敗例

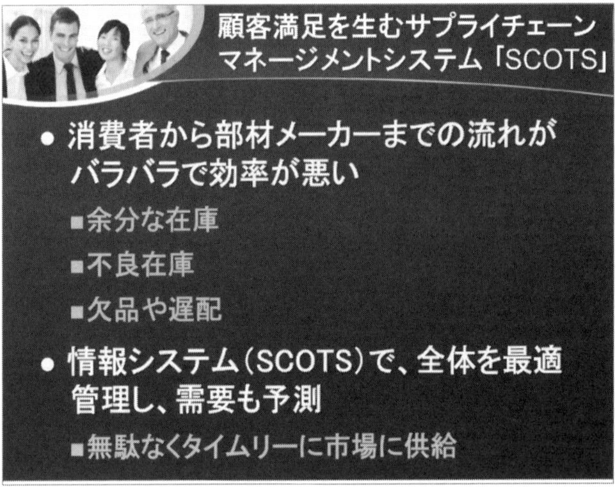
顧客満足を生むサプライチェーン
マネージメントシステム「SCOTS」
• 消費者から部材メーカーまでの流れがバラバラで効率が悪い
■余分な在庫
■不良在庫
■欠品や遅配
• 情報システム（SCOTS）で、全体を最適管理し、需要も予測
■無駄なくタイムリーに市場に供給

文字ばかりで分かりにくい
全体的なイメージがわきにくい

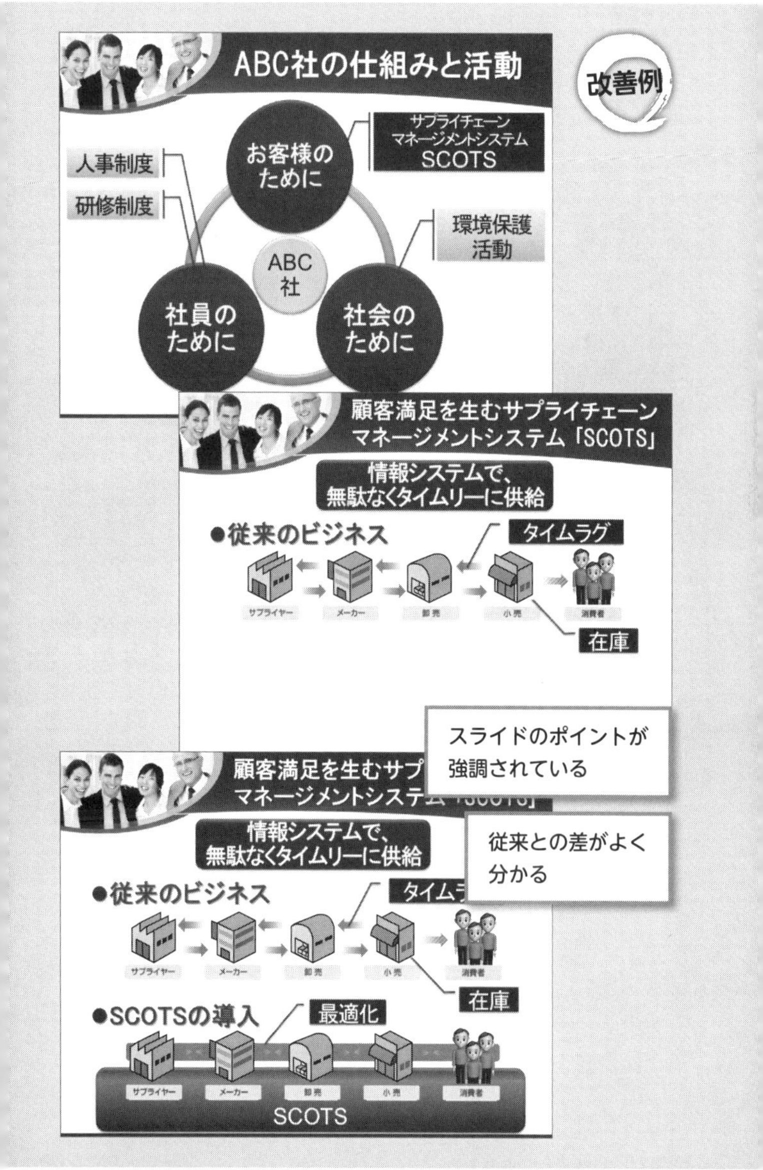
改善例
ABC社の仕組みと活動
お客様のために
サプライチェーン
マネージメントシステム
SCOTS
人事制度
研修制度
環境保護
活動
ABC
社
社員のために
社会のために
顧客満足を生むサプライチェーン
マネージメントシステム「SCOTS」
情報システムで、
無駄なくタイムリーに供給
●従来のビジネス
タイムラグ
サプライヤー
メーカー
卸売
小売
消費者
在庫
スライドのポイントが
強調されている
顧客満足を生むサプ
マネージメントシステム
情報システムで、
無駄なくタイムリーに供給
従来との差がよく
分かる
●従来のビジネス
タイム
サプライヤー
メーカー
卸売
小売
消費者
在庫
●SCOTSの導入
最適化
サプライヤー
メーカー
卸売
小売
消費者
SCOTS

失敗例

積極的な環境保護活動
● 『プロジェクト Green Earth』
■『環境活動に積極的な企業ランキング100』(西洋経済社)で毎年ベスト10内
■『地球環境保全大賞』受賞
● すべての企業活動で、省資源(Reduce)、再利用(Reuse)、再資源化(Recycle)への取り組み
● 近隣の美化運動や、国内外での森林保全
● 製品の消費する電力の低減、待機電力のゼロ化、廃棄時に分別しやすくする構造

文字ばかりで分かりにくい
全体的なイメージがわきにくい

並列できない情報が並列されている。思いついた環境活動の情報を、思いついた順に並べたのか？

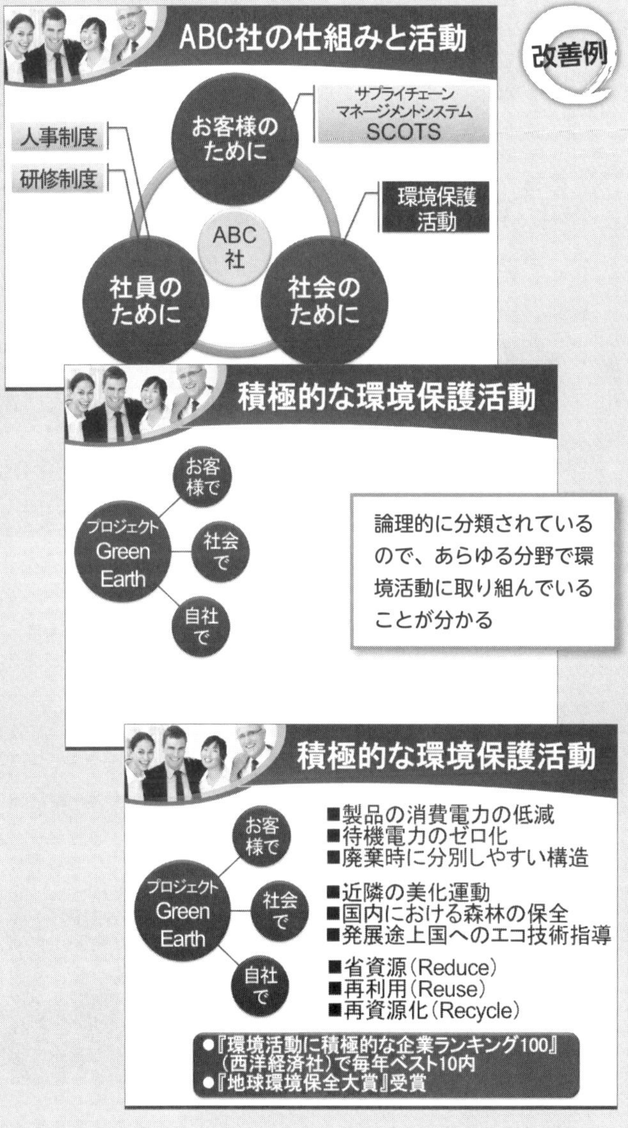
改善例
ABC社の仕組みと活動
お客様のために
サプライチェーンマネージメントシステム
SCOTS
人事制度
研修制度
環境保護活動
ABC社
社員のために
社会のために
積極的な環境保護活動
プロジェクト
Green Earth
お客様で
社会で
自社で
論理的に分類されているので、あらゆる分野で環境活動に取り組んでいることが分かる
積極的な環境保護活動
プロジェクト
Green Earth
お客様で
社会で
自社で
■製品の消費電力の低減
■待機電力のゼロ化
■廃棄時に分別しやすい構造
■近隣の美化運動
■国内における森林の保全
■発展途上国へのエコ技術指導
■省資源（Reduce）
■再利用（Reuse）
■再資源化（Recycle）
●『環境活動に積極的な企業ランキング100』（西洋経済社）で毎年ベスト10内
●『地球環境保全大賞』受賞

2 なぜ失敗するのか？ 何が必要か？

この章のPOINT

ロジック構築には、３つの力が必要です。まずは、まさにロジックを組む力です。次に、そのロジックを分かりやすく表現する力です。最後に、ロジックを組む力と表現する力を、複雑な状況で活用する力です。

2.1 ｜ロジックを組む力

プレゼンテーションが失敗するのは、情報をただ羅列するからです。ただの羅列ではなく、論理的に構成するには、情報を縦につなぐ力と、横に並べる力、さらに、縦横に接続した情報からロジックを組み上げる力が必要です。

情報をただ羅列したのでは論理性は生まれません。たとえば、「1.1 他社製品分析」（12ページ参照）の失敗例を見てみると、目次が右図のように示されています。このような情報の羅列は、聴衆に「目に留まった情報を、そのまま羅列した」と感じさせてしまいます。

論理性を生むためには、情報を縦接続、横並び、包含のいずれかで接続しなければなりません（下記参照）。

縦接続：原因－結果のように、論理的なつながりがある状態

横並び：原因1、原因2のように、同じ種類だが論理的なつながりがない状態

包含　：原因と原因1、原因2のように、一方が他方を含むつながりがある状態

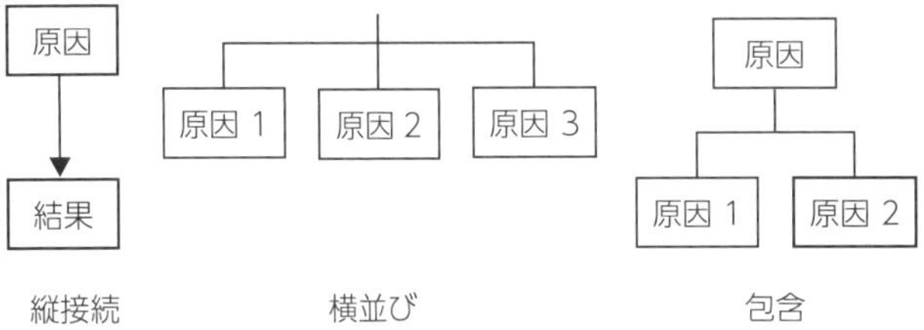

たとえば、「1.1他社製品分析」（12ページ参照）の改善例の目次を見てみると、次のように縦接続、横並び、包含の関係で構成されています。

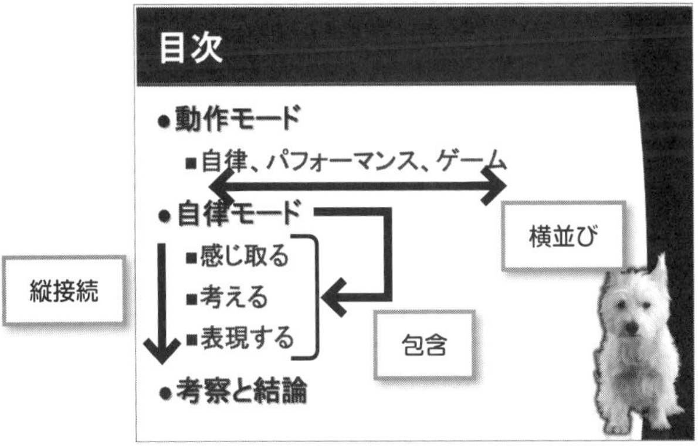

このうちの縦接続、つまり、情報を論理的な関係で接続するのが「縦につなぐ力」です。この縦接続には、原因－結果のように簡単な場合もあれば、前ページの例のように、「感じ取る」－「考える」－「表現する」のように、見出すのが難しい場合もあります。そのような場合でも、縦につながっている関係を見出せるのが「縦につなぐ力」です。

一方、横並び、つまり、情報を正しく並列するのが、「横に並べる力」です。正しく横に並べるためには、同じグループの情報を集めなければなりません。しかし、同じグループの情報でも、縦接続や包含の関係にあるのでは横に並べられません。さらに、並べるときには表現を揃えなければなりません。これが「横に並べる力」です。

包含という関係は、ロジック構築の上ではさほど重要ではありません。なぜなら、縦接続と横並びさえできてしまえば、包含関係は自然と正しく認識できるからです。情報が正しく横に並べられていれば、その情報を包含するグループを作るのは簡単です。逆にいえば、横に並んでいない情報を横に並べるから、グループが作れなくなるのです。

さらに、縦接続や横並びの関係を使って、1つのロジックにまとめるのが「組み上げる力」です。どんなに長いプレゼンテーションでも、すべての情報、すべてのスライドは、縦接続、横並び、包含のいずれかで接続されなければなりません。この縦接続、横並び、包含で、プレゼンテーション全体をまとめるのが「組み上げる力」です。

2.2｜組んだロジックを表現する力

プレゼンテーションが失敗するのは、ロジックを聴衆に伝えられないからです。ロジックを聴衆に伝えるには、まず聴衆に全体像を伝えます。次に、その全体像に沿って、ロジックをスライドという単位で伝えます。さらに、ロジックを分かりやすく図解することも大事です。

ロジックを伝えるには、全体像やポイントを、プレゼンテーションの最初で伝える力が必要です。ロジックの大まかな流れが最初から分かっていると、細かな流れが分かりやすくなります。たとえば、最初に「問題はAとBの2点あります」と述べたり、「本モジュールは、A、B、Cの3つのサブモジュールで構成されています」と述べたりするのも、ロジックの全体像を伝えている例です。

次に、ロジックをスライドで伝える力が必要です。とくに、ロジックを構成している縦接続、横並び、包含の3つの接続関係を明確に伝えなければなりません。前後のスライドが、3つの接続関係のどれに相当するか、はっきりと分かるような工夫が必要です。

最後に、ロジックを図解する力が求められてきます。スライドという狭い領域に、多くの情報を表現するには、文章より図解が効果的です。ポイントを的確に図で表現できるだけではなく、縦接続、横並び、包含の3つの接続関係を図解できる力が必要です。

2.3 ｜複雑な状況で活用する力

　プレゼンテーションが失敗するのは、ビジネスの現場のような複雑な状況下での応用を学習していないからです。複雑な状況下で応用するためには、個々の考え方や技法を組み合わせて活用する力が必要です。

　ビジネスの現場を単純化した事例は、基礎の習得には効果的です。単純な事例なら、学ぼうとしている考え方にフォーカスできるからです。たとえば、フレームワークという考え方（92ページ参照）を学ぶなら、フレームワークを適用すべき例で学習します。学習する側は、他の考え方をすべて捨てて、フレームワークだけを考えればよいのです。

　しかし、そのような単純な学習では、実際のビジネスの現場では通用しません。適用すべき考え方や技法は、そのときにより異なります。最初から、「フレームワークを適用すべき」と決まっているわけではありません。「フレームワークを適用すべき」と分かっていればできることも、どんな考え方や技法を適用すべきか分からない状況下では、適切な考え方ができなくなってしまうのです。

　したがって、実際の状況に近い、複雑な状況で活用する力が求められてきます。複雑な状況では、ある1つの考え方や技法ではなく、複数の考え方や技法を適用しなければなりません。最適な考え方や技法を使って、入り組んだロジックを組めて初めて、実践力と言えます。

第2部

ロジックを組む

　ロジックは、情報が縦につながり、横に並んで構成されています。情報を漫然と羅列しただけでは、ロジックを組んだことにはなりません。情報を正しく縦につなぎ、横に並べられて初めて、いろいろなロジックが組めるようになります。

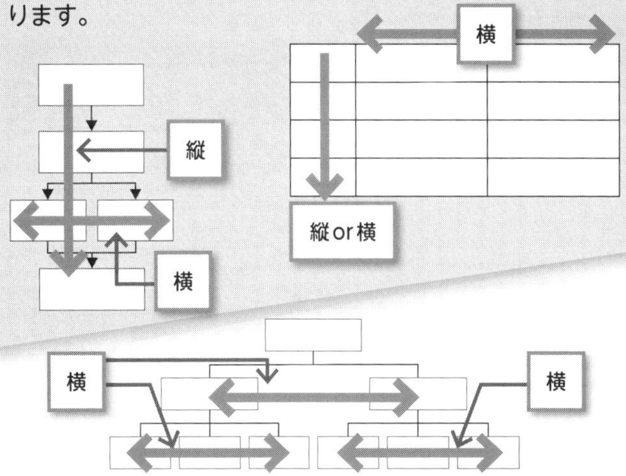

1 縦につなぐ

この章のPOINT 論理的なロジックでは、スライド内の情報や前後のスライドが論理的につながっていなければなりません。さらに、離れているスライドどうしでも、論理的につながっていなければなりません。

1.1 ｜スライド内の接続

ポイント

スライド内のすべての情報は、縦接続、横並び、包含のいずれかで接続されていなければなりません。羅列は横並びを意味します。縦接続や包含なら説明が必要です。

失敗例 1

右のスライドは、ある企業における、経営課題とその対策を説明するプレゼンテーションの一部です。しかし、このスライドでは、情報の接続が不十分なので、論理性が下がってしまっています。

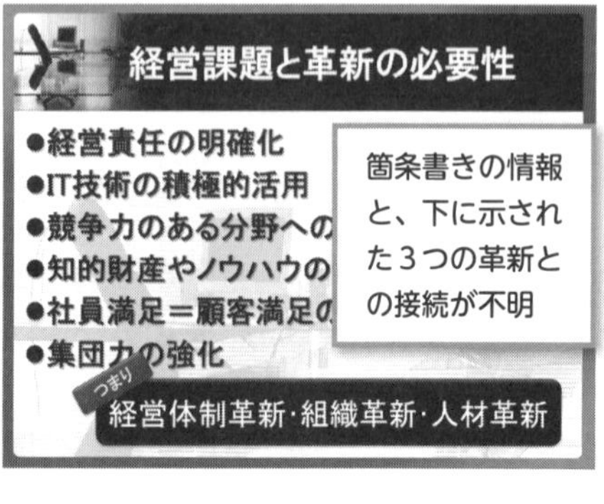
経営課題と革新の必要性
●経営責任の明確化
●IT技術の積極的活用
●競争力のある分野への
●知的財産やノウハウの
●社員満足＝顧客満足の
●集団力の強化
つまり
経営体制革新·組織革新·人材革新
箇条書きの情報と、下に示された3つの革新との接続が不明

改善例1

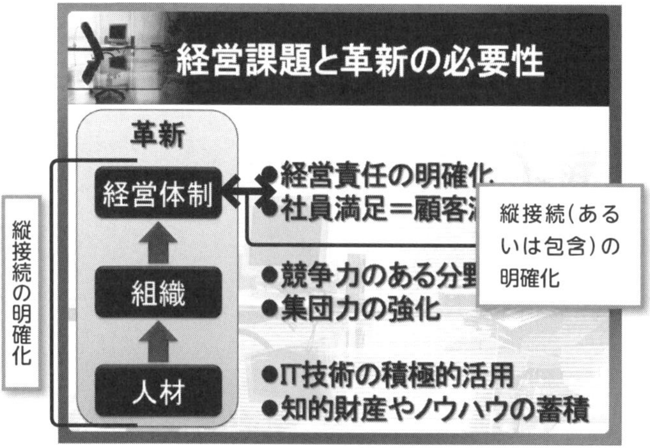

3つの接続関係

情報間の関係には、縦接続、横並び、包含の3つがあります（第1部の「2.1ロジックを組む力」42ページ参照）。

縦接続：原因－結果のように、論理的なつながりがある状態。情報は、論理的な接続順に並ぶ。

横並び：原因1、原因2のように、同じ種類だが論理的なつながりがない状態。情報は、重要な順などで、発信者によって並べ替えられる。

包含　：原因と原因1、原因2のように、一方が他方を含むつながりがある状態。情報は、階層として表現される。

羅列は横並びを意味する

情報を羅列しただけなら、その情報は横並びと判断すべきです。羅列しただけで関係が示されていないなら、関係がないと判断すべきです。たとえば、失敗例ではスライドの前半に経営課題が6つ羅列されています。この6つの課題は横並びと判断すべきです。同様に、スライドの下に示されている3つの革新も、横並びと判断すべきです。横並びなら、原則、重要な順に並んでいるはずです。

情報を羅列して、その接続関係を聴衆に推測させてはいけません。聴衆に推測させれば、人によって異なる関係に読み取りかねないからです。たとえば、失敗例における「経営体制革新・組織革新・人材革新」の3つの情報は、縦接続の関係とも疑えます。しかし、接続関係があるなら、プレゼンターがその関係を示さなければなりません。

縦接続と包含は明示する

情報が、縦接続か包含の関係を持つなら、その関係は聴衆にはっきり示さなければなりません。情報の羅列は、横並びの関係は示せますが、縦接続や包含は示せません。

失敗例では、下記の3つの接続関係（右ページの図も参照）が明確ではありません。横並びなら、羅列でかまいませんが、縦接続や包含なら、説明する必要があります。

①6つの経営課題の関係

②3つの革新の関係

③6つの経営課題それぞれと3つの革新との関係

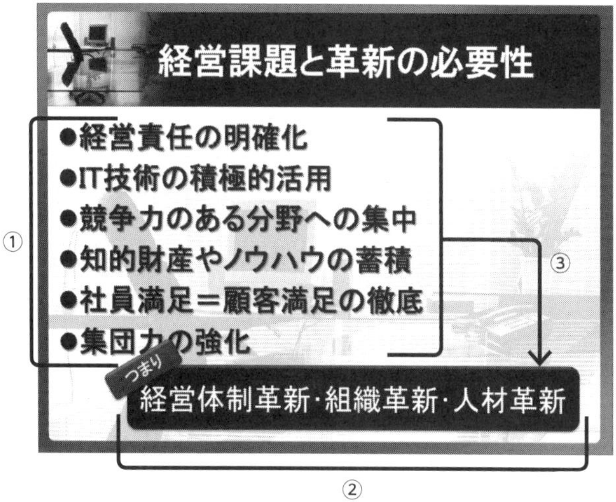
経営課題と革新の必要性
●経営責任の明確化
●IT技術の積極的活用
●競争力のある分野への集中
●知的財産やノウハウの蓄積
●社員満足＝顧客満足の徹底
●集団力の強化
つまり
経営体制革新･組織革新･人材革新
①
②
③

そこで、改善例では「経営体制革新・組織革新・人材革新」が縦接続であることを示しています。つまり、この3つの情報は、「人材が集まって組織を作り、その組織を経営陣が動かす」とつながっているとしたのです。改善例では、この縦接続を下から上への矢印で表現しましたが、横並びと考えて、ピラミッドを使った表現でもかまいません。

次に、改善例では、3つの革新と6つの課題を、縦接続または包含で接続しています。たとえば、「経営責任の明確化」のために、「経営体制革新」が必要だというなら縦接続です。「経営責任の明確化」が、「経営体制革新」の1つなら包含です。縦接続と包含のどちらかは、プレゼンターが言葉で説明してもよいでしょう。6つの課題はすべて、3つの革新のどれかと接続しなければなりません。なお、6つの課題は横並びですから、箇条書きでかまいません。

失敗例2

以下の文章は、S社のペットロボットについて調査したプレゼンテーションの冒頭説明です。しかし、この説明では、情報の接続が不十分なので、論理性が下がってしまっています。

> 先月、S社が発売したBOIAというペットロボットが、25万円と高額にもかかわらず、即日完売して話題となりました。そこで、当社の企画の参考にすべく、BOIAの機能について調査しました。
>
> BOIAは、コミュニケーションできる点が従来のロボットとは大きく異なります。人間と同じような「愛情欲」「探索欲」「運動欲」「充電欲（食欲）」といった本能に基づいて行動を起こします。また、「喜び」「悲しみ」「怒り」「驚き」「恐怖」「嫌悪」といった感情を表現します。さらにBOIAは、経験や環境から学習することで固有の性格を形成します。

下のパラグラフで述べられている4つの文は、縦につながっているのか、横に並んでいるのかが不明

改善例２

情報の解釈により、３通りの改善例が考えられます。

例①

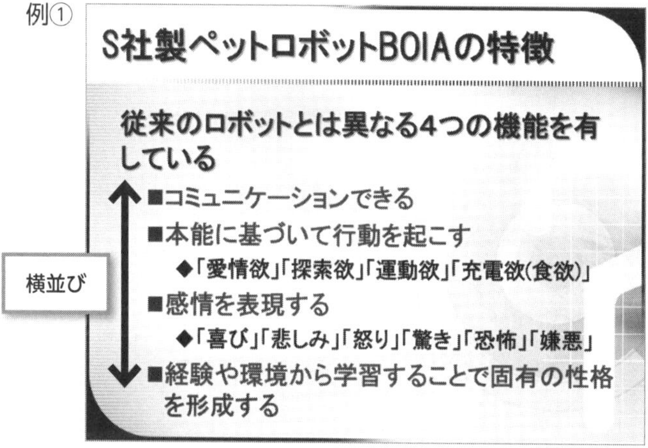
S社製ペットロボットBOIAの特徴
従来のロボットとは異なる4つの機能を有している
■コミュニケーションできる
■本能に基づいて行動を起こす
◆「愛情欲」「探索欲」「運動欲」「充電欲(食欲)」
■感情を表現する
◆「喜び」「悲しみ」「怒り」「驚き」「恐怖」「嫌悪」
■経験や環境から学習することで固有の性格を形成する
横並び

例②

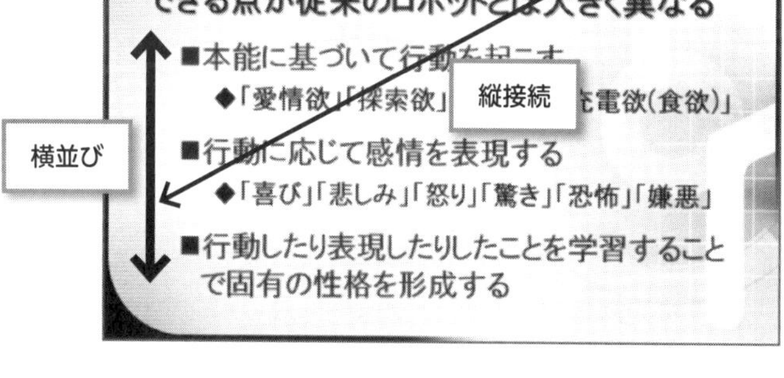
S社製ペットロボットBOIAの特徴
以下の3つの機能により、コミュニケーションできる点が従来のロボットとは大きく異なる
■本能に基づいて行動を起こす
◆「愛情欲」「探索欲」
電欲(食欲)」
縦接続
■行動に応じて感情を表現する
◆「喜び」「悲しみ」「怒り」「驚き」「恐怖」「嫌悪」
■行動したり表現したりしたことを学習することで固有の性格を形成する
横並び

例③

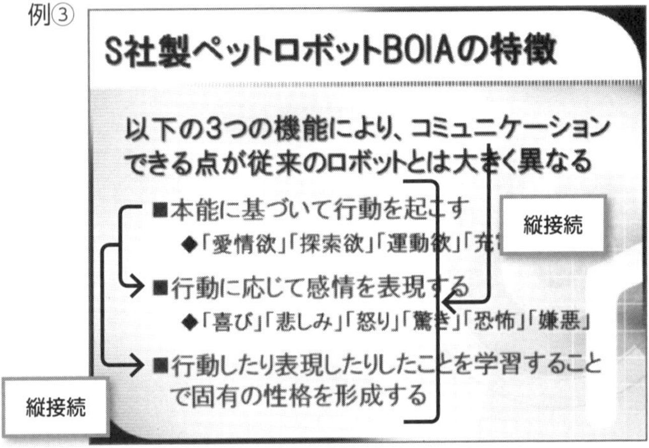
S社製ペットロボットBOIAの特徴
以下の3つの機能により、コミュニケーションできる点が従来のロボットとは大きく異なる
■本能に基づいて行動を起こす
◆「愛情欲」「探索欲」「運動欲」
縦接続
■行動に応じて感情を表現する
◆「喜び」「悲しみ」「怒り」「驚き」「恐怖」「嫌悪」
■行動したり表現したりしたことを学習することで固有の性格を形成する
縦接続

解説

羅列された情報を見たら、その羅列された情報が互いにどういう関係にあるかは必ず確認しましょう。これらの情報は、互いに独立している場合（横並び）もあれば、互いに関係を持っている場合（縦接続または包含）もあります。

情報を羅列しただけなら、その情報は互いに独立している、つまり横並びと見なすべきです。失敗例なら、本来、改善例①と判断すべきです。したがって、下図のように図解できます。羅列された情報を見て、受け手が勝手に接続関係を創作したり、推測したりしてはいけません。

例①

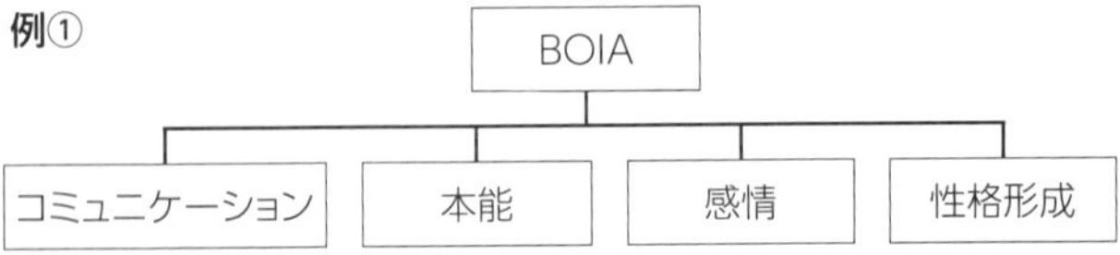
BOIA
コミュニケーション
本能
感情
性格形成

しかし、多くの人が、横並びではない情報を、ただ羅列してしまいます。羅列しておいて、その関係を聴衆に推測させてしまうのです。たとえば、失敗例のように情報を羅列しておきながら、改善例②や③の関係（下図参照）を読み取らせようとしてしまいます。このように、情報の関係を、読み手に推測させてはいけません。

例②

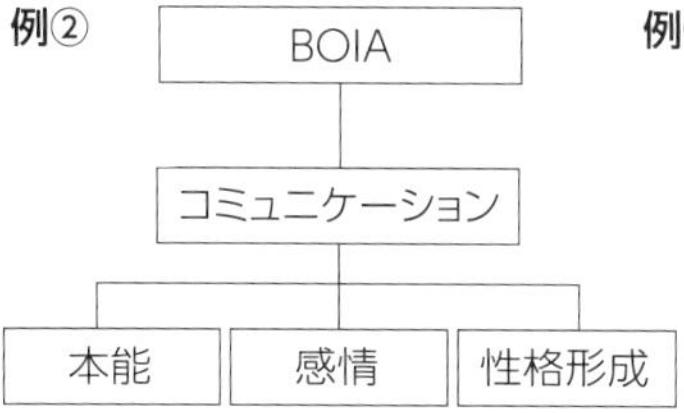

例③

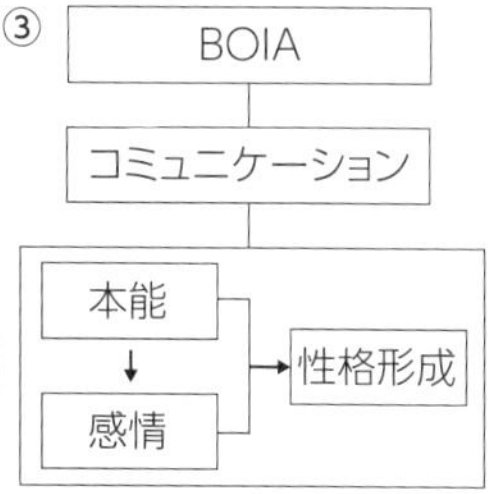

そこで、ロジックを組むときは、入手した情報（生データ）が、どのような接続関係なのかを確認しなければなりません。他人から入手した情報の場合、羅列されているにもかかわらず、接続関係が暗示されている場合もあります。改善例なら、例②や例③に相当します。その場合は、注意深くその関係を分析した上で、その関係を明示しなければなりません。

接続関係を見出したら、その関係が分かるように表記します。横並びなら、羅列してかまいません。しかし、横並びの情報の中に、縦接続や包含の関係の情報があるなら、これらの情報を、横並びの情報と一緒に羅列はできません。縦接続や包含の関係の情報は、その関係が分かるように表記しなければなりません。

1.2｜隣接するスライドの接続

ポイント

前後のスライドは論理的に接続されていなければなりません。また、この接続関係は明示されていなければなりません。

失敗例1

このスライドは、総務部の担当者が自己の仕事について説明するプレゼンテーションの一部です。しかし、このスライドでは、隣接するスライドで情報の接続が不十分なので、論理性が下がってしまっています。

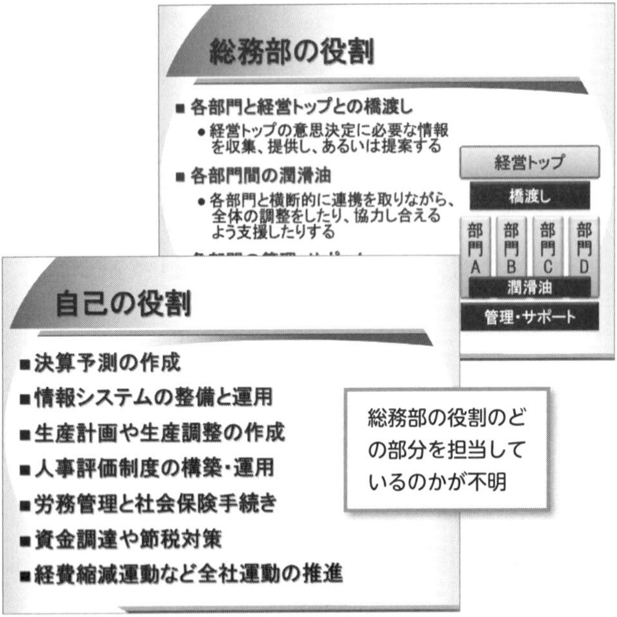
総務部の役割
■ 各部門と経営トップとの橋渡し
● 経営トップの意思決定に必要な情報を収集、提供し、あるいは提案する
■ 各部門間の潤滑油
● 各部門と横断的に連携を取りながら、全体の調整をしたり、協力し合えるよう支援したりする
経営トップ
橋渡し
部門A
部門B
部門C
部門D
潤滑油
管理・サポート
自己の役割
■決算予測の作成
■情報システムの整備と運用
■生産計画や生産調整の作成
■人事評価制度の構築・運用
■労務管理と社会保険手続き
■資金調達や節税対策
■経費縮減運動など全社運動の推進
総務部の役割のどの部分を担当しているのかが不明

改善例１

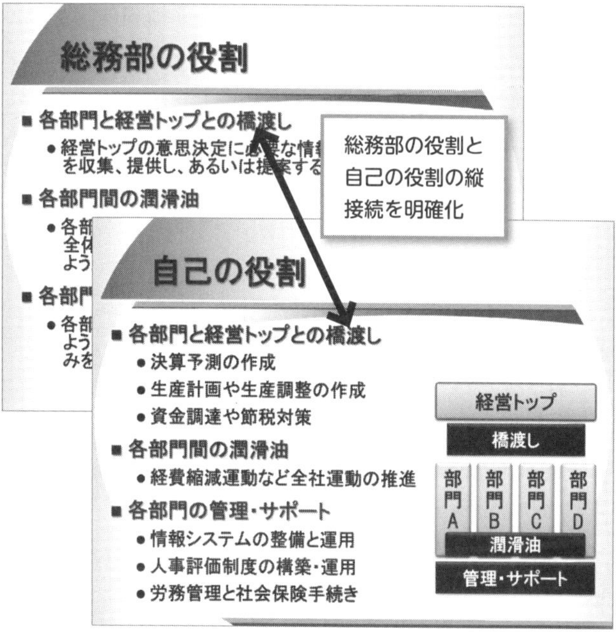
総務部の役割
■ 各部門と経営トップとの橋渡し
● 経営トップの意思決定に
を収集、提供し、あるいは
■ 各部門間の潤滑油
■ 各部門
総務部の役割と
自己の役割の縦
接続を明確化
自己の役割
■ 各部門と経営トップとの橋渡し
● 決算予測の作成
● 生産計画や生産調整の作成
● 資金調達や節税対策
■ 各部門間の潤滑油
● 経費縮減運動など全社運動の推進
■ 各部門の管理・サポート
● 情報システムの整備と運用
● 人事評価制度の構築・運用
● 労務管理と社会保険手続き
経営トップ
橋渡し
部門A
部門B
部門C
部門D
潤滑油
管理・サポート

前後のスライドをつなぐ

　情報間の関係（縦接続、横並び、包含）は、隣接するスライド間でも明確に伝えましょう。接続関係を明示しないで羅列だけすると、聴衆は横並びと判断します。

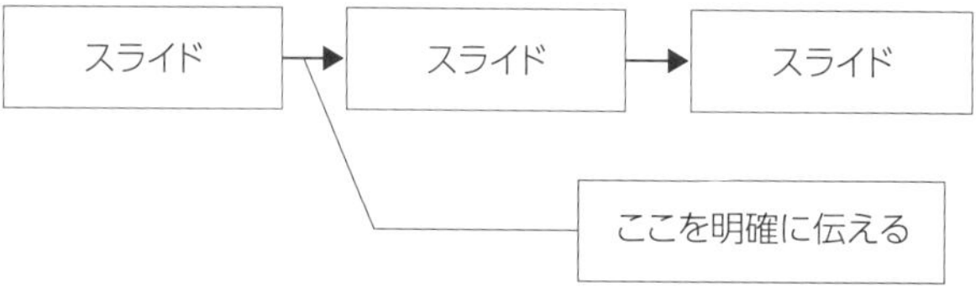
スライド
スライド
スライド
ここを明確に伝える

聴衆は、前後のスライドの接続を意識するのが苦手です。なぜなら、聴衆は、表示されている1枚のスライドしか見ていないため、前のスライドの内容を忘れてしまうからです。結果として、聴衆は、表示されているスライドだけを理解しようとします。前後のスライドが正しく接続されているのかを検証しようとはしないのです。

同様に、プレゼンターも前後のスライドの接続を忘れがちです。なぜなら、プレゼンターも準備しているときは、表示されている1枚のスライドしか見ていないからです。結果として、前のスライドと接続していない、あるいは接続が明確ではないスライドを作りがちです。前後のスライドがつながっていなくても、気がつかないのです。

失敗例では、1枚目のスライドで示した総務部の役割と、2枚目で示した自己の役割との接続が分かりません。たとえば、2枚目のスライドで述べている「決算予測の作成」は、1枚目のスライドで述べた、総務部が担う3つの役割のどれに相当するのでしょう。接続を明示して初めて、自己の役割の位置づけが論理的に伝わります。

改善例では、総務部の役割と自己の役割が、縦につながっていることを明確にしました。1枚目のスライドで述べた総務部の役割が、2枚目で示した自己の役割として具体化されています。情報が縦につながっていることを聴衆に意識させるために、2枚のスライドで、キーワードもレイアウトも共通にしました。

コラム｜質疑応答で気をつけるべきこと

質疑応答で、プレゼンターがまず気をつけるべきことは、その質問は他の聴衆と共有化する価値があるかどうかを判断することです。

他の聴衆と共有化する価値があるなら、その場で答えます。たとえば、誰もが抱きそうな疑問や、適用範囲が広い内容の場合です。プレゼンターの回答は、プレゼンテーションをより深く理解するために、すべての聴衆に有益な情報となるでしょう。

一方、他の聴衆と共有化する価値がないなら、その場で答えず、プレゼンテーションが終わってから個別に答えます。たとえば、重箱の隅を楊枝でほじくるような質問だったり、特別なケースで他の人には応用できない内容だったりする場合です。こういった質問に対して、聴衆全員の前で答えると、他の聴衆の時間を無駄遣いしてしまいます。

質疑応答で、もう１つ気をつけるべきことは、１人から複数質問が出た場合、質問の内容をメモすることです。メモを取らないと、１つ目の質問に答えている間に、２つ目の質問の内容を忘れてしまいます。その結果、「２つ目の質問は何でしたっけ？」と聞き返すことになります。このようなやり取りは、時間の無駄ですし、質問者に対しても失礼です。

失敗例２

以下は、日米における人材開発戦略の違いを分析したプレゼンテーションの一部です。しかし、このスライドでは、隣接するスライドで情報の接続が不十分なので、論理性が下がってしまっています。

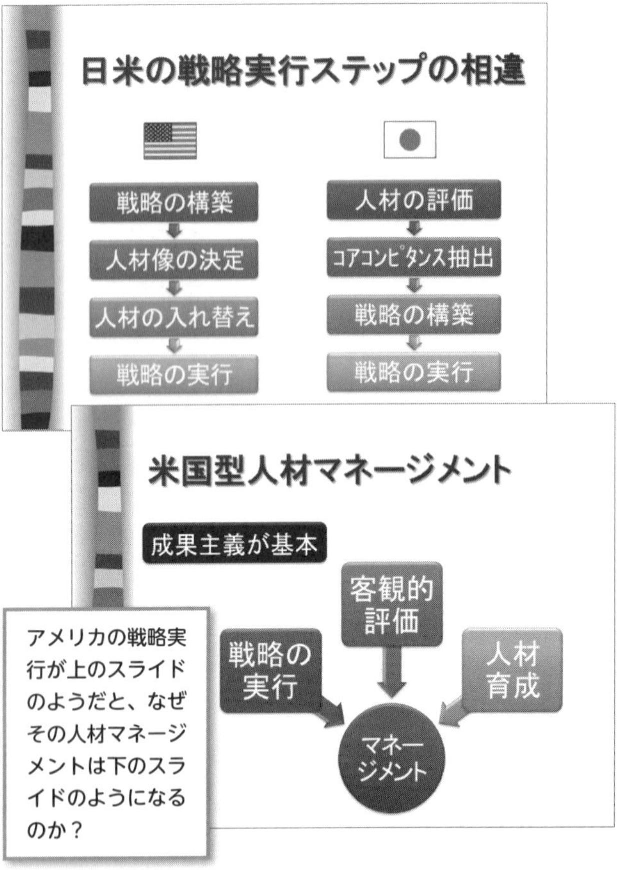

改善例２

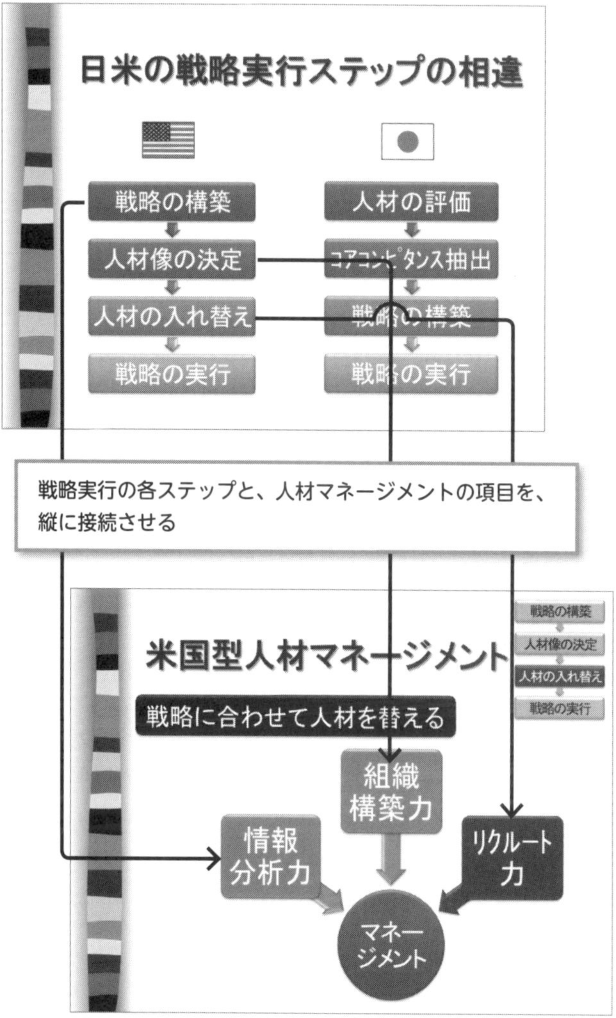
日米の戦略実行ステップの相違
戦略の構築
人材像の決定
人材の入れ替え
戦略の実行
人材の評価
コアコンピタンス抽出
戦略の構築
戦略の実行
戦略実行の各ステップと、人材マネージメントの項目を、縦に接続させる
米国型人材マネージメント
戦略に合わせて人材を替える
戦略の構築
人材像の決定
人材の入れ替え
戦略の実行
組織構築力
情報分析力
リクルート力
マネージメント

解説

アメリカの戦略実行ステップと人材マネージメントのポイントを縦に接続させ、その関係を明示しましょう。

失敗例では、戦略実行ステップと人材マネージメントが接続できていません。アメリカの戦略実行ステップが、「戦略の構築」–「人材像の決定」–「人材の入れ替え」–「戦略の実行」なら、なぜ、米国型人材マネージメントのポイントは、「戦略の実行」「客観的評価」「人材育成」なのでしょうか。とくに、「人材育成」は、戦略実行ステップと矛盾しています。なぜなら、アメリカの戦略実行では、必要な人材を育てるのではなく、入れ替えるからです。

改善例では、アメリカの戦略実行ステップと人材マネージメントを、以下のように接続してみました。

戦略実行ステップ	人材マネージメント
戦略の構築	情報分析力
人材像の決定	組織構築力
人材の入れ替え	リクルート力

この接続が聴衆に分かるように、2枚目のスライドを作ります。具体的には、1枚目のスライドで示した戦略実行ステップの図を、縮小して2枚目のスライドの右上に置きます。スライドの説明に合わせて、この縮小した図の一部の色を変えます（右ページの図参照）。この技法は、「第3部　ロジックを表現する」の「2.3各論のスライド間の関係を示す」（182ページ参照）で詳しく解説します。

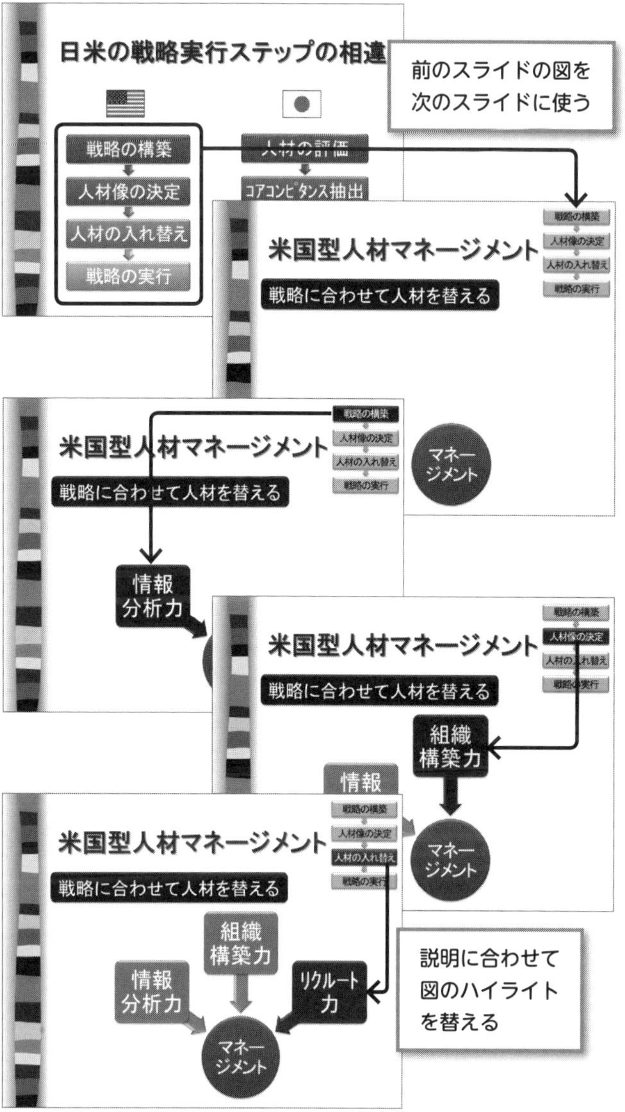
日米の戦略実行ステップの相違
戦略の構築
人材像の決定
人材の入れ替え
戦略の実行
コアコンピタンス抽出
前のスライドの図を
次のスライドに使う
米国型人材マネージメント
戦略に合わせて人材を替える
マネージメント
情報分析力
組織構築力
リクルート力
説明に合わせて
図のハイライト
を替える

1.3 | 離れたスライドの接続

ポイント

前後ではなく遠く離れたスライドであっても、接続関係があるなら、論理的に接続されていなければなりません。また、この接続関係は明示されていなければなりません。

失敗例1

以下は、ソフトウェア開発における業務改善を提案するプレゼンテーションの目次（1項がスライド1枚の目安）です。しかし、この論理構成では、離れたところで情報の接続が不十分なので、論理性が下がってしまっています。

1. はじめに
2. 問題点
   - 2.1　顧客要求の確認
   - 2.2　仕様設計
   - 2.3　コーディング
   - 2.4　デバッグ
   - 2.5　出荷試験
3. 改善ポイント
   - 3.1　情報システム活用
   - 3.2　業務手順改革
4. 改善施策
   - 4.1　情報システム活用
     - 4.1.1　顧客要求の確認
     - 4.1.2　デバッグ
   - 4.2　業務手順改革
     - 4.2.1　仕様設計
     - 4.2.2　コーディング
5. むすび

問題と施策の
接続が不十分

改善例1

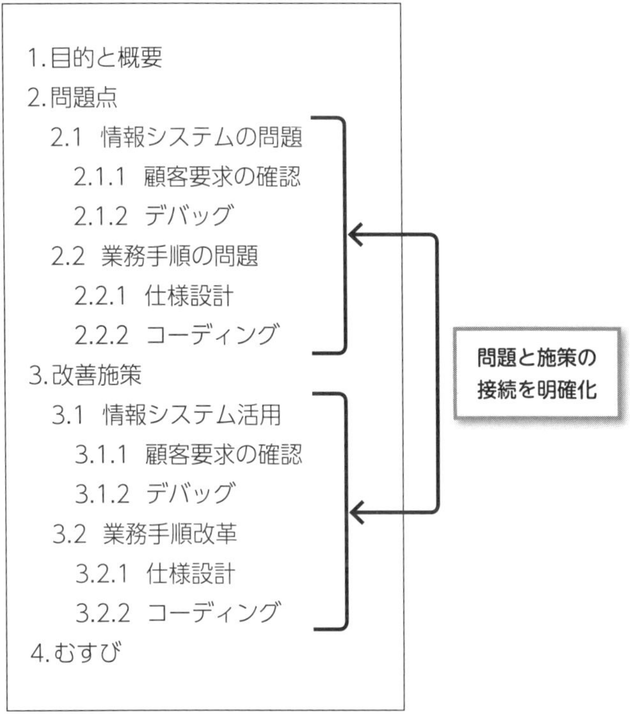

離れたスライドをつなぐ

情報間の関係を明示するのは、スライド内や隣り合ったスライドだけでなく、離れたスライド間でも同様です。

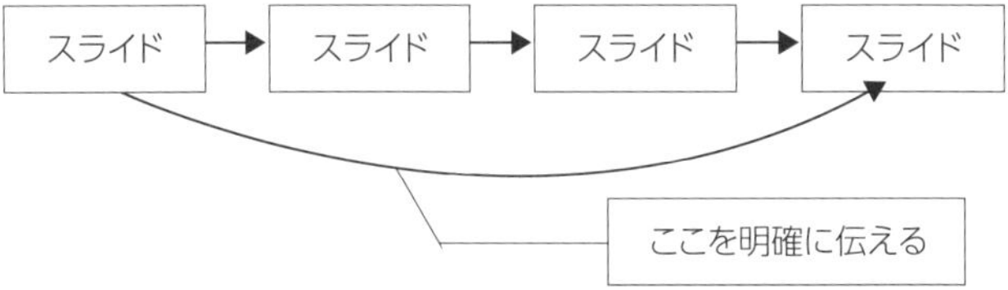

離れたスライド間で接続関係があるのは、たとえば以下のようなケースです。

- 現状の問題点と提案後の状況
- 特徴紹介と事例紹介
- 去年の反省と今年の施策

離れたスライド間でも接続関係を意識するのは、当たり前のようですが、意外とできません。長いプレゼンテーションでは、むしろできているケースのほうが珍しいです。スライドが数十枚になると、数十枚先のスライドと情報が接続しているかをチェックできなくなるのです。

失敗例では、「2. 問題点」と「4. 改善施策」で情報が接続されていません。2章は工程順なのに対し、4章は、3章の改善ポイントを意識した順です。その結果、2章と4章で情報の順番が合いません。さらに、「2.5 出荷試験」に至っては、改善施策が述べられていません。「3. 改善ポイント」と「4. 改善施策」は前後なので接続を意識しやすいですが、「2. 問題点」と「4. 改善施策」のように、離れた情報との接続は意識しにくいものです。

改善例では、「2. 問題点」と「4. 改善施策」を縦に接続させるために、「2. 問題点」を「4. 改善施策」に合わせました。その上で、「3. 改善ポイント」を「4. 改善施策」の見出しに反映しました。これによって、「3. 改善ポイント」を割愛しました。もちろん、「4. 改善施策」を「2. 問題点」に合わせることも可能です。

コラム｜アイコンタクトのコツ

聴衆の目を見て話すアイコンタクトは、聴衆の信頼を得る上でとても重要です。しかし、苦手な人も多いのではないでしょうか。

アイコンタクトが苦手な人は、聴衆の口を見て話すと少し楽です。人の目をじっと見て話すのは、慣れていないと気恥ずかしいものです。そこで、目ではなく口を見て話すのです。聴衆は、プレゼンターが口を見て話していても、自分の目を見て話していると思い込みます。

アイコンタクトが苦手な人は、スクリーンを絶対見ない強い意志が必要です。気恥ずかしいと、人はつい視線をスクリーンやパソコンに逃がします。その結果として、アイコンタクトができなくなります。スクリーンを見るのは、ポインティングするときだけにします。

スクリーンを見ないためにも、スクリーンに表示される内容を読んではいけません。スクリーンには、キーワードだけを表示し、話す内容はその場で考えます。

アイコンタクトするときは、聴衆全体に視線を向けます。このときに気をつけたいのが、最前列の左右端です。無意識に視線を振っていると、最前列の左右端の聴衆とはアイコンタクトが取れません。意識して視線を振りましょう。

失敗例2

下記はある文章（『明日の日本と新しい首都』国会等移転調査会）の目次です。この文章をプレゼンテーションに落とそうとしています。しかし、この論理構成では、離れたところで情報の接続が不十分なので、論理性が下がってしまっています。

はじめに

序章

1. 転換期を迎えた日本とその21世紀における新しい方向性
   - 1.1　価値観の多様化と「個」の確立
   - 1.2　改革・転換期にある政治・行政システム
   - 1.3　改革を求められる経済・社会
   - 1.4　冷戦構造の崩壊と新たな国際秩序の模索
   - 1.5　東京一極集中と国土利用のアンバランス
2. 首都機能移転の意義
   - 2.1　国政全般の改革
   - 2.2　首都機能移転の歴史的役割
   - 2.3　首都としての東京の限界
   - 2.4　政経分離と首都機能移転の必要性
   - 2.5　新しい日本は新しい革袋に
3. 首都機能移転の効果
   - 3.1　東京中心の社会構造の変革
   - 3.2　新しい視点に対応した政治・行政システムの確立
   - 3.3　新たな経済発展
   - 3.4　世界へ向けた日本の新しい姿
   - 3.5　国土構造の改編
4. 「新首都時代」の創出
   - 4.1　新首都の創造
   - 4.2　生まれ変わる東京と新首都の連携
   - 4.3　首都機能移転の問題点とその克服
   - 4.4　新首都づくりに当たってあらかじめ講ずべき措置
   - 4.5　「新首都時代」の展望
   - 4.6　「東京時代」から「新首都時代」へ

おわりに

改善例2

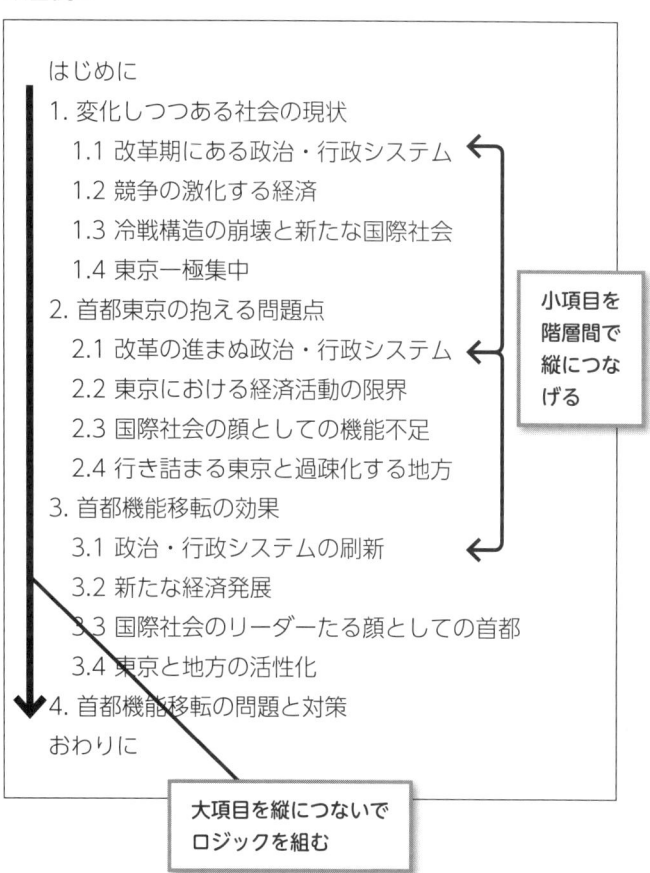

はじめに
1. 変化しつつある社会の現状
　1.1 改革期にある政治・行政システム
　1.2 競争の激化する経済
　1.3 冷戦構造の崩壊と新たな国際社会
　1.4 東京一極集中
2. 首都東京の抱える問題点
　2.1 改革の進まぬ政治・行政システム
　2.2 東京における経済活動の限界
　2.3 国際社会の顔としての機能不足
　2.4 行き詰まる東京と過疎化する地方
3. 首都機能移転の効果
　3.1 政治・行政システムの刷新
　3.2 新たな経済発展
　3.3 国際社会のリーダーたる顔としての首都
　3.4 東京と地方の活性化
4. 首都機能移転の問題と対策
おわりに

小項目を階層間で縦につなげる

大項目を縦につないでロジックを組む

解説

大項目を縦につなげてロジックの流れを作ります。小項目は、階層間で接続しているようなので、その接続がはっきり分かるように、キーワードを統一しましょう。

まずチェックすべきは、失敗例における大項目（下記）の縦接続です。

はじめに

序章

1. 転換期を迎えた日本とその21世紀における新しい方向性

2. 首都機能移転の意義

3. 首都機能移転の効果

4.「新首都時代」の創出

おわりに

しかし、この失敗例では、目次の大項目が論理的に接続されていません。たとえば、「はじめに」と「序章」の差や関係が分かりません。見出しだけから判断すると、この2つは同じような印象を受けます。さらに、「2. 首都機能移転の意義」と「3. 首都機能移転の効果」の差や関係も分かりません。意義と効果では、やはり同じ内容に感じます。「4.「新首都時代」の創出」に至っては、何を述べようとしているのかも、前とのつながりも分かりません。

次にチェックすべきは、失敗例における小項目間の縦接続です。この文章は、1章と3章の各小項目がそれぞれ縦に接続されているようです。たとえば、「1.2 改革・転換期にある政治・行政システム」と「3.2 新しい視点に対応した政治・行政システムの確立」です。同様に、「1.3 改革を求められる経済・社会」と「3.3 新たな経済発展」はつながっていそうです。他にも縦接続の関係が感じられます。

しかし、この小項目間の縦の接続がはっきりとは分かりません。1章と3章で情報の接続があるなら、なぜ2章もそれに合わせないのでしょう。各章で使われているキーワードも、1章では「経済・社会」なのに、3章では「経済」と揃っていないため、接続されていることがはっきり読み取れません。

そこで、改善例では、目次の大項目だけでロジックの流れが分かるようにしました。ロジックは、現状−問題点−効果−予想される問題への対策、と流れています。このロジック展開は、問題解決では定番です。このように、ロジックの流れは、見出しだけで分かるようにまとめます。

次に、改善例では、1、2、3章の小項目で、キーワードを揃え、内容にも関連を持たせることで、情報の縦接続を明確にしました。たとえば、「1.1 改革期にある政治・行政システム」で政治・行政の現状を述べ、「2.1 改革の進まぬ政治・行政システム」で政治・行政の問題点を述べ、「3.1 政治・行政システムの刷新」で政治・行政の問題点が首都移転により解決することを述べています。同じ接続関係を、1、2、3章の残り3項目にも作り込んでいます。

このような情報の接続が論理性を生みます。しかし、プレゼンテーションが長くなると、部分ばかりを見ているために、全体を見渡せなくなります。離れたところにある情報の接続にも目を向ける必要があります。

2 横に並べる

この章のPOINT

ロジックを組むには、羅列されている情報が、本当に横並びの関係にあって、かつ、正しく揃っている必要があります。情報を正しく横に並べると、モレがなくダブりのない状態（MECE：ミッシー）ができやすくなります。MECEな情報で、フレームワークと呼ばれる組み合わせを作れば、ロジックの論理性がさらに高まります。

2.1 ｜同じ種類で独立しているか？

ポイント

横に並ぶ情報は、互いに同じ種類で、かつ、独立していなければなりません。異なる種類の情報や、縦につながっている情報、包含関係にある情報は、横に並びません。

失敗例1

このスライドは、なぜ自社はヒット商品を多く生み出せるのかを分析したプレゼンテーションの一部です。しかし、このスライドでは、並列している情報が独立していないので、論理性が下がってしまっています。

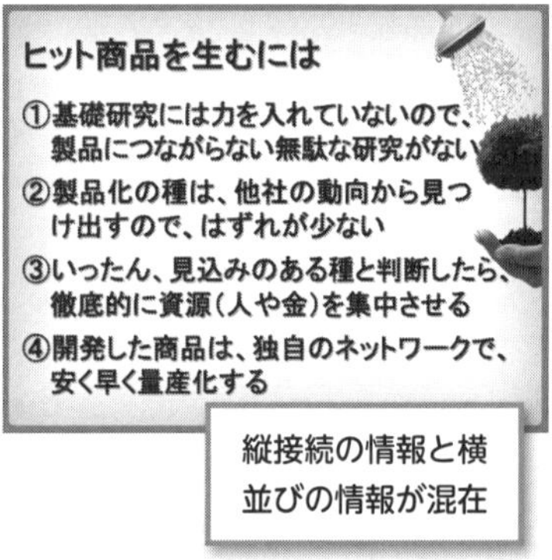
ヒット商品を生むには
①基礎研究には力を入れていないので、製品につながらない無駄な研究がない
②製品化の種は、他社の動向から見つけ出すので、はずれが少ない
③いったん、見込みのある種と判断したら、徹底的に資源（人や金）を集中させる
④開発した商品は、独自のネットワークで、安く早く量産化する
縦接続の情報と横並びの情報が混在

改善例1

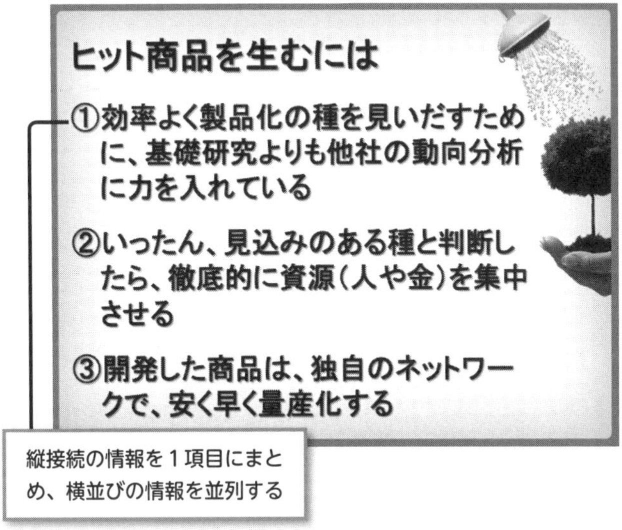
ヒット商品を生むには
①効率よく製品化の種を見いだすために、基礎研究よりも他社の動向分析に力を入れている
②いったん、見込みのある種と判断したら、徹底的に資源（人や金）を集中させる
③開発した商品は、独自のネットワークで、安く早く量産化する
縦接続の情報を1項目にまとめ、横並びの情報を並列する

横並びとは、同じ種類で独立

情報を横に並べられるのは、その情報が同じ種類に属し、かつ、独立している場合です。独立しているとは、縦接続の関係でも包含の関係でもない状態です。改善例は、3つの項目が、原因という同じ種類に属し、かつ、それぞれが独立です（下図参照）。

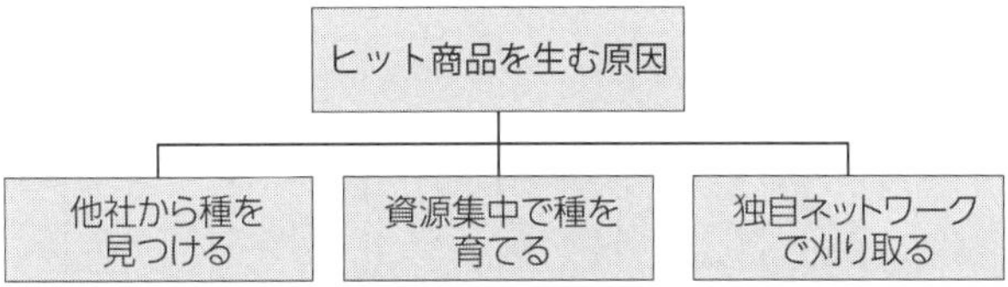
ヒット商品を生む原因
他社から種を見つける
資源集中で種を育てる
独自ネットワークで刈り取る

横並びの場合、並べる順番は自由に設定できます。そこで、意味のある順に並べ直します。一般的には重要な順がよく使われます。改善例では、時系列に並べてあります。

異なる種類では横並びではない

異なる種類の情報は横には並べられません。下記の例では、6つの情報のうち、「マネージメント」だけが別の種類なので、他とは横に並べられません。最初の5つの情報は、工程ごとの問題ですが、「マネージメント」は工程ではなく、全体に共通する問題です（下記の階層図参照）。

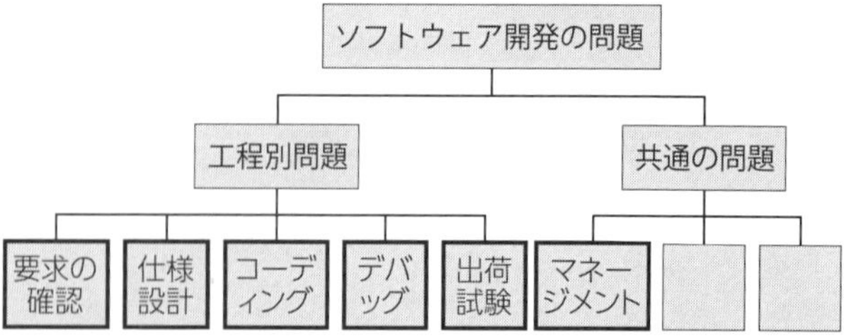

縦につながっていたら横並びではない

　縦接続の情報は、横並びの情報と一緒に並べられません。失敗例（下記のスライド）は、情報①と情報②が縦接続の関係です。情報①「基礎研究には力を入れていない」ので、情報②「製品化の種は、他社の動向から見つけ出す」必要があるのです。あるいは、情報②「製品化の種は、他社の動向から見つけ出す」ので、情報①「基礎研究には力を入れていない」のです（下記の階層図参照）。

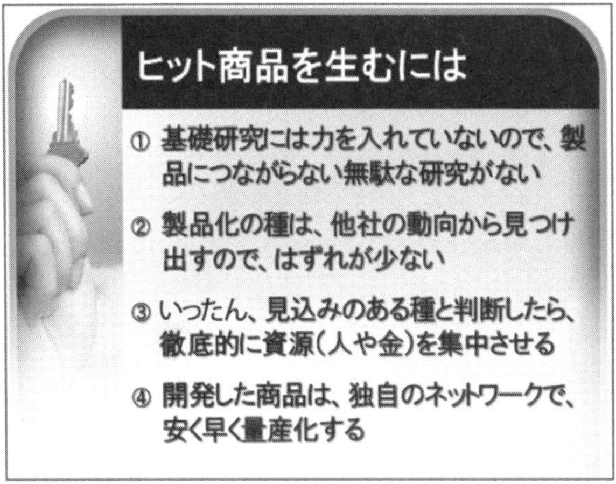
ヒット商品を生むには
① 基礎研究には力を入れていないので、製品につながらない無駄な研究がない
② 製品化の種は、他社の動向から見つけ出すので、はずれが少ない
③ いったん、見込みのある種と判断したら、徹底的に資源（人や金）を集中させる
④ 開発した商品は、独自のネットワークで、安く早く量産化する

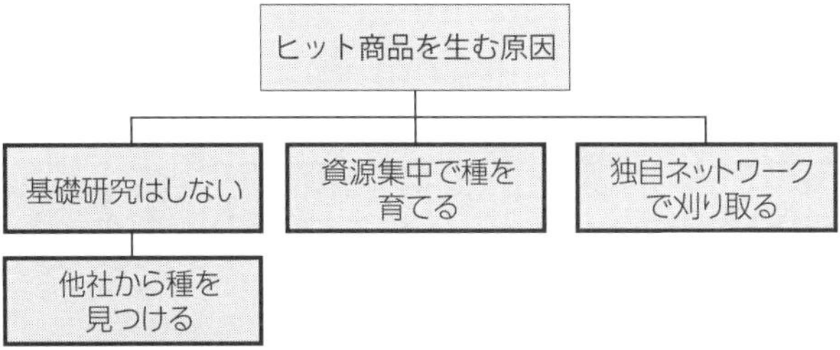
ヒット商品を生む原因
基礎研究はしない
資源集中で種を育てる
独自ネットワークで刈り取る
他社から種を見つける

包含関係は横並びではない

包含関係の情報は、横並びの情報と一緒に横に並べられません。下記の例では、「論理的に構成をする」は、「同じ種類の項目を横に並べる」や「接続関係を明確にする」を包含する上位概念です（下記の階層図参照）。上位概念と下位概念は横に並べられません。

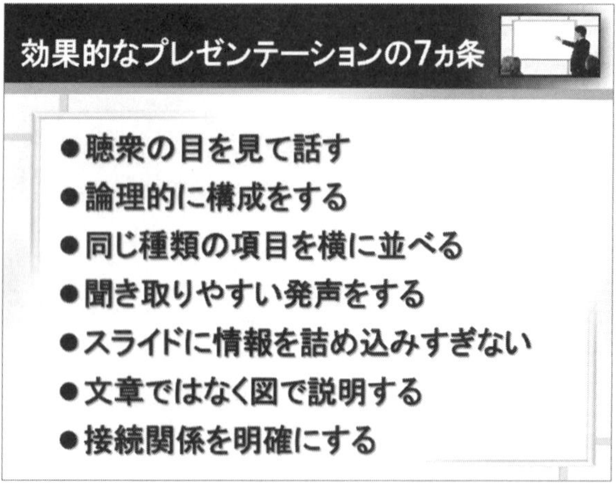
効果的なプレゼンテーションの7ヵ条
●聴衆の目を見て話す
●論理的に構成をする
●同じ種類の項目を横に並べる
●聞き取りやすい発声をする
●スライドに情報を詰め込みすぎない
●文章ではなく図で説明する
●接続関係を明確にする

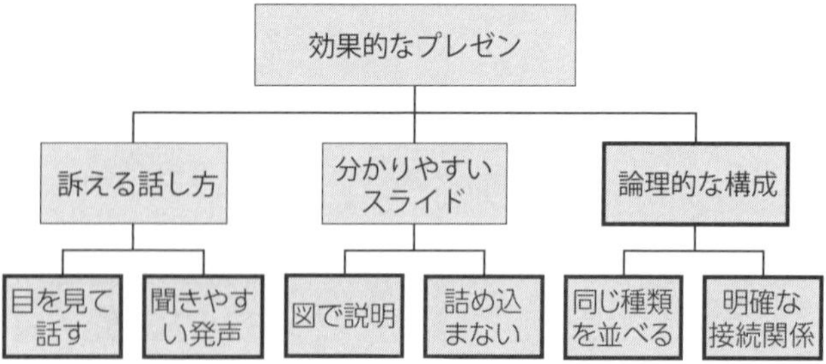
効果的なプレゼン
訴える話し方
分かりやすいスライド
論理的な構成
目を見て話す
聞きやすい発声
図で説明
詰め込まない
同じ種類を並べる
明確な接続関係

縦接続の情報も箇条書きできる

横並びの情報でなくても、縦接続の情報だけなら箇条書きできます。下記の例では、箇条書きされていますが、横に並んでいるわけではありません。つながっている工程を時系列に説明しているのです。したがって、前後に接続関係があるので、説明順も変更できません。横並びの情報の場合、情報は重要な順など他の順序に並べ替えられます。

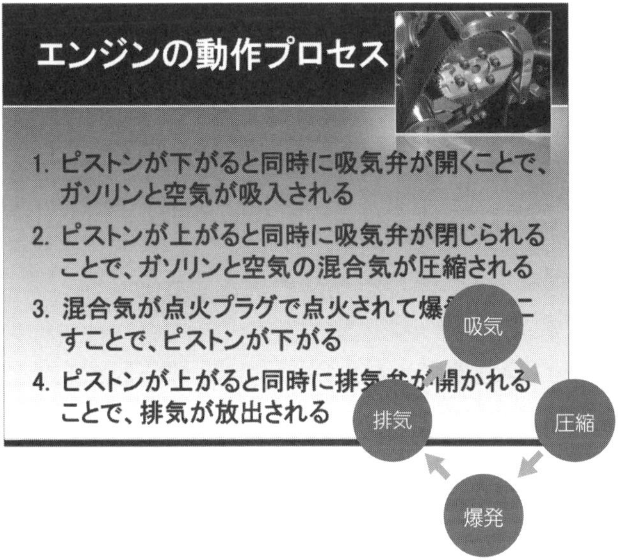
エンジンの動作プロセス
1. ピストンが下がると同時に吸気弁が開くことで、ガソリンと空気が吸入される
2. ピストンが上がると同時に吸気弁が閉じられることで、ガソリンと空気の混合気が圧縮される
3. 混合気が点火プラグで点火されて爆
すことで、ピストンが下がる
4. ピストンが上がると同時に排気
開かれる
ことで、排気が放出される
吸気
圧縮
爆発
排気

縦接続の情報を箇条書きする場合は、行頭に数字を置きます（上記参照）。数字が順位づけしたことを意味するのです。一方、横並びを箇条書きする場合は、行頭に黒丸（●）などの記号を置きます。ただし、横並びの箇条書きでも、参照する都合上、行頭に数字を置くこともあります。

失敗例2

最近、LOHASと呼ばれる、健康と地球環境に対する高い意識を持ったライフスタイルが注目を浴びています。そこで、LOHAS層をターゲットに新たなビジネスを提案しようとしています。その提案理由として次の4点をスライドにまとめました。しかし、この4つの情報は互いに独立はしていない、つまり横に並んでいないので、論理性が下がってしまっています。

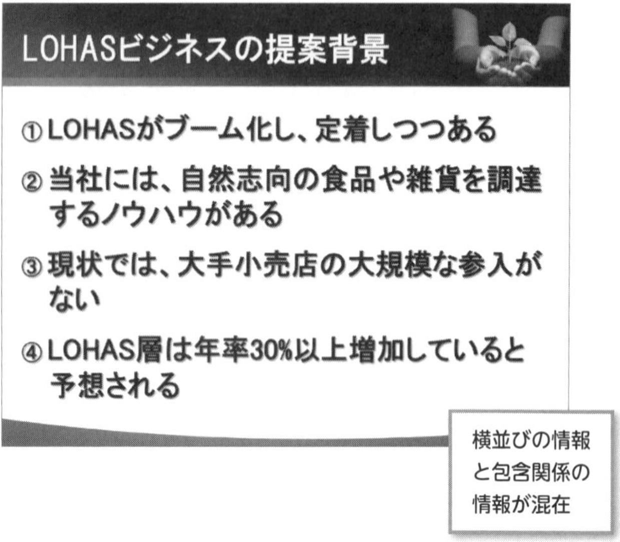
LOHASビジネスの提案背景
①LOHASがブーム化し、定着しつつある
②当社には、自然志向の食品や雑貨を調達するノウハウがある
③現状では、大手小売店の大規模な参入がない
④LOHAS層は年率30%以上増加していると予想される
横並びの情報と包含関係の情報が混在

改善例2

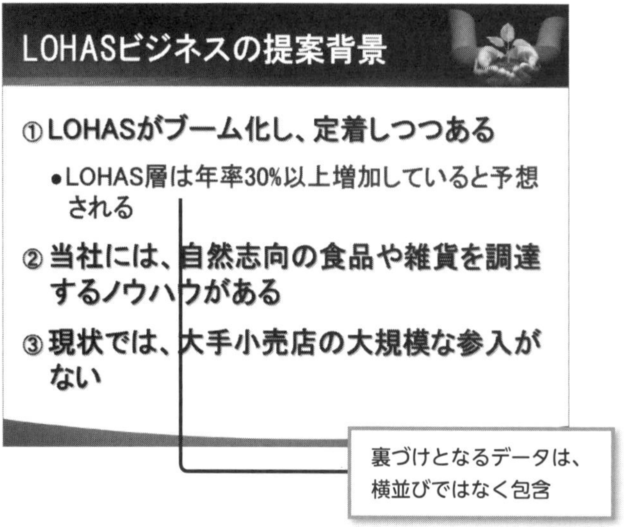
LOHASビジネスの提案背景
①LOHASがブーム化し、定着しつつある
●LOHAS層は年率30%以上増加していると予想される
②当社には、自然志向の食品や雑貨を調達するノウハウがある
③現状では、大手小売店の大規模な参入がない
裏づけとなるデータは、横並びではなく包含

解説

失敗例は、情報④だけが数値を含んでいます。この数値は、情報①を裏づけるデータです。つまり、情報④は情報①〜③と横に並ぶのではなく、情報①に包含されています。情報①〜③を、より正しく横に並べるには、情報②、③にも数値（データ）が必要です。

横に並んだ情報の中で、ある情報だけが数値を含んでいる場合、次の2つの関係が考えられます。

a）横並びの情報だが、その情報だけが具体化された（次ページの図参照）

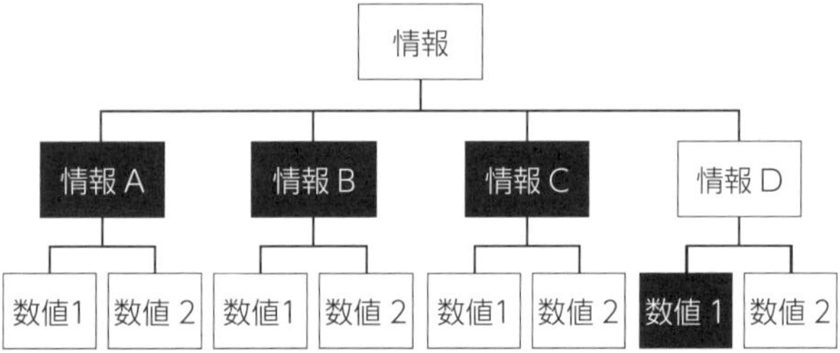

b）他の情報に包含される情報が、誤って横に並べられた（下図参照）

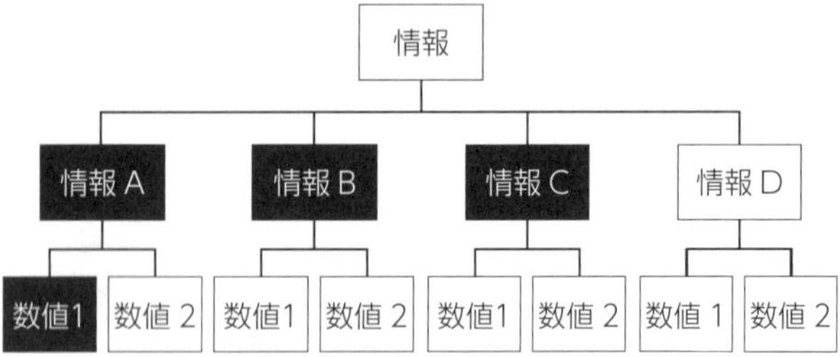

そこで、改善例では、このb)のケースと判断して、情報④は情報①の下に配置しました（下図参照）。つまり、情報④「LOHAS層の増加」は、情報①「LOHASが定着」に含まれるとしたのです。横に並ぶ情報は、互いに独立していなければなりません。

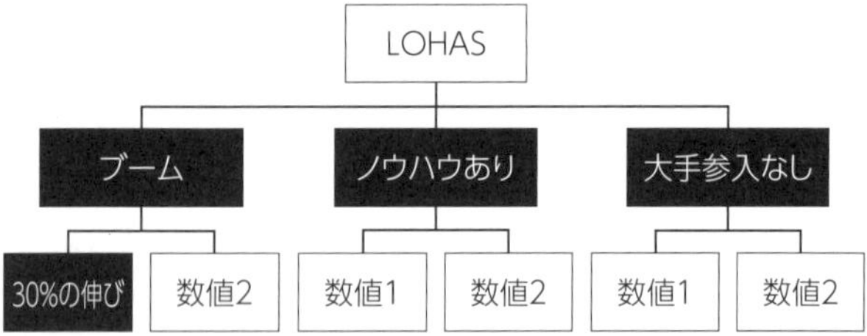

この例では、情報②や情報③にも裏づけるためのデータを追加することで、情報①、②、③が、よりきれいに横に並びます（下記参照）。

①LOHASがブーム化し、定着しつつある
→LOHAS層は年率30%以上増加していると予想される

②当社には、自然志向の食品や雑貨を調達するノウハウがある
→自然志向の食品や雑貨を○年以上、○○円を売り上げている

③現状では、大手小売店の大規模な参入がない
→マーケットシェアで、10%を超える大手小売店はない

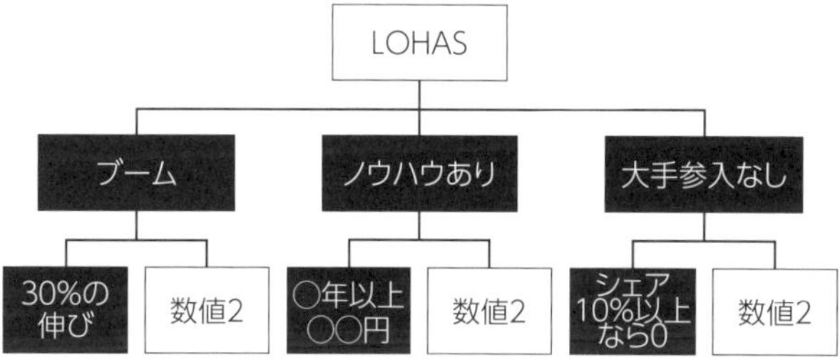

このように、同じ種類の情報だからといって横並びとは限りません。縦接続や包含の関係の情報も、同じ種類に見えてきます。横に並べるなら、同じ種類で、かつ、互いに独立していなければならないのです。とくに、数値が入っている情報と入っていない情報が羅列された場合、横並びではなく、包含の関係が疑えます。ほんのわずかな不揃いを注意深く検証することが、論理性へとつながります。

2.2 | 互いに揃っているか？

ポイント

横に並ぶ情報は、同じ種類で、かつ、独立しているだけではなく、さらに他の情報と揃っていなければなりません。以下のような不揃いに気をつけましょう。

- 主語・主体の不揃い
- 構成の不揃い
- 抽象度の不揃い
- 比較対象の不揃い
- 時間や場所の不揃い

失敗例1

このスライドは、最近の大学生が学力低下を起こしている原因を分析したプレゼンテーションの一部です。しかし、このスライドでは、並列する情報が互いに揃っていないので、論理性が下がってしまっています。

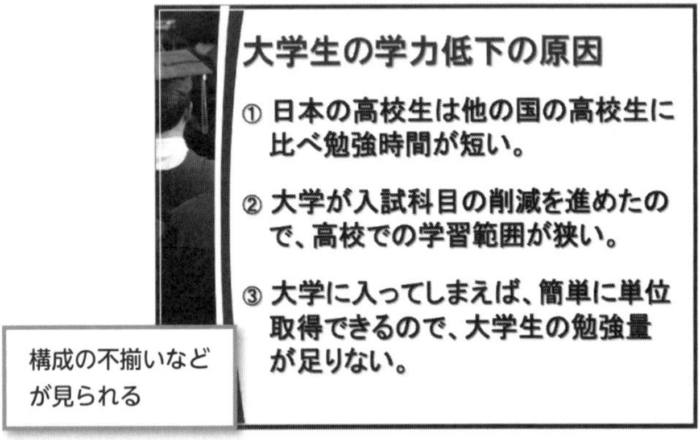
大学生の学力低下の原因
① 日本の高校生は他の国の高校生に比べ勉強時間が短い。
② 大学が入試科目の削減を進めたので、高校での学習範囲が狭い。
③ 大学に入ってしまえば、簡単に単位取得できるので、大学生の勉強量が足りない。
構成の不揃いなどが見られる

改善例1

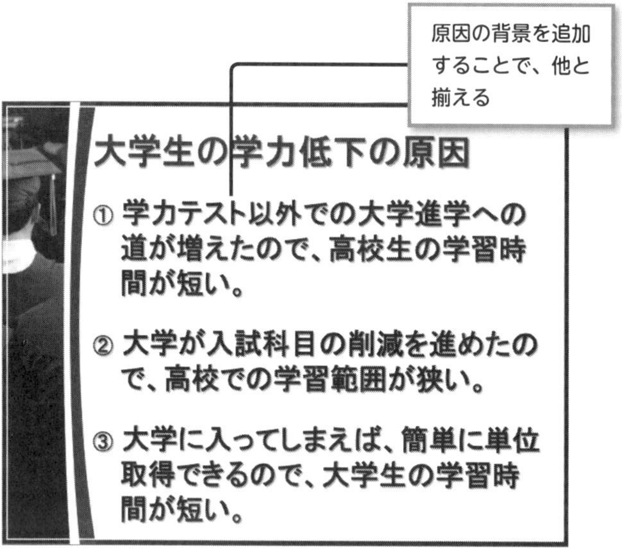
原因の背景を追加することで、他と揃える
大学生の学力低下の原因
① 学力テスト以外での大学進学への道が増えたので、高校生の学習時間が短い。
② 大学が入試科目の削減を進めたので、高校での学習範囲が狭い。
③ 大学に入ってしまえば、簡単に単位取得できるので、大学生の学習時間が短い。

主語・主体を揃える

文の主語や話の中心である主体を揃えます。日本語は、主語を明示しないことも多いので、主語が揃っていなくても気がつきにくいです。しかし、主語や主体が揃わないと論理性や伝達性が下がります。

失敗例では、主語・主体が揃っていません。主体、つまり直接的な責任はどこにあるかを考えると、情報②は学校です。高校が学習範囲を狭めたのです。しかし、情報①と③は学生です。高校生や大学生が勉強しないので、学力が低下したのです。

しかし、改善例では、この不揃いを修正しませんでした。学校と学生のどちらに問題があっても、学力低下の原因には違いありません。したがって、この不揃いは、論理性を下げてはいません。ただし、この不揃いを認識していれば、責任主体別に分類するという選択肢が生まれます。

構成を揃える

情報の構成要素も揃えます。たとえば、原因＋結果で構成した情報を横に並べるなら、すべての情報で原因＋結果の構成を取ります。ある1つの情報だけ、原因が示されていないというように、構成に不揃いがあると論理性や伝達性が下がります。

失敗例では、構成が揃っていません。情報①だけ「～ので、～」となっていません。情報②と③は、「直接的な原因＋その奥にある原因」という2段の構成です。しかし、情報①は「直接的な原因」しか述べていません。

そこで、改善例では、情報①を「～ので、～」の構成に揃えました。つまり、「その奥にある原因」として、「学力テスト以外での大学進学への道が増えたので」を追加しました。これで、情報の①～③が、「直接的な原因＋その奥にある原因」という2段の構成で揃いました。

抽象度を揃える

情報の抽象度も揃えます。たとえば、数量を数値で示した情報を横に並べるなら、すべての情報で数量を数値で示します。抽象度に不揃いがあれば、論理性や伝達性が下がります。

失敗例では、3つの情報の抽象度に大きな差はありません。情報①、②、③で、直接の原因が「勉強時間が短い」「学習範囲が狭い」「勉強量が足りない」です。情報②、③で述べている、奥にある原因も「大学が入試科目の削減を進めた」「大学に入ってしまえば、簡単に単位取得できる」です。いずれもやや抽象的な表現になっています。情報が具体的に数値で説明されているわけではありません。

比較対象を揃える

情報の比較対象も揃えます。たとえば、他社と比較した情報を横に並べるなら、すべて他社と比較した情報で統一します。比較対象に不揃いがあると論理性や伝達性が下がります。

失敗例では、比較対象が不揃いです。情報①の比較対象は他の国の高校生です。一方で、情報②は、比較対象が明示されていませんが、「大学が入試科目の削減を進めた」ということから、過去と比べていると判断できます。情報③でも明示されていませんが、「大学に入ってしまえば、簡単に単位取得できる」ということから、これも比較対象は過去、それもかなり昔です。

そこで、改善例では、情報①も過去と比べるように修正しました。「学力テスト以外での大学進学への道が増えた」

としたので、比較対象は近い過去です。スライドのトピック「大学生の学力低下の原因」を考えると、近い過去との比較が妥当です。

時間や場所を揃える

情報の時間や場所も揃えます。たとえば、過去の出来事を示した情報を横に並べるなら、すべて過去の出来事で統一します。ある1つの情報だけが、現在の状況が示されていないというように、時間や場所に不揃いがあると論理性や伝達性が下がります。

失敗例では、時間が不揃いです。情報①と②は高校在学時の話です。しかし、情報③だけが大学在学時です。この高校と大学の違いは、場所の不揃いともいえます。

しかし、改善例では、この不揃いを修正しませんでした。3つの情報は、高校－受験－大学と、時系列に並べられているのです。揃っていない時間軸を使って並べているのです。時系列に並べることに問題はありません。

不揃いが必ずしも悪いわけではない

揃っていないことが必ずしも悪いわけではありません。この例では、主語・主体の不揃いや時間や場所の不揃いは問題ではありません。しかし、この不揃いに気がつけば、主体別に分類したり、時系列に並べたりという選択肢が増えます。よく使う重要な順も、重要性が揃っていないから、揃っていないところを利用して順位づけしているのです。

コラム｜手はそのまま下におろして話す

　プレゼンテーションで重要なボディランゲージと、話す姿勢には深いかかわりがあります。

　ボディランゲージは、プレゼンテーションにアクセントをつける意味で重要です。直立不動のまま話されたのでは、単調すぎて聴衆は飽きてしまいます。

　ボディランゲージは、自然な動作が望ましいです。動作そのものに意味がなくてもかまいません。無意識に出る動作のほうが、聴衆は受け入れやすいです。あまりにオーバーな、意図的な動作は、わざとらしく滑稽に感じる場合すらあります。

　では、どうすれば自然な動作が生まれるかというと、両手をそのまま下におろして話すのです。この姿勢は、手が居心地の悪い場所にあるため、手はその場所から出ようとします。つまり、自然と体が動き出します。あとは、動く手に任せて自然に話せばいいのです。

　逆にやってはいけない姿勢は、手を居心地のいい場所に置く姿勢です。たとえば、手を体の前や後ろで組んだり、手をポケットに入れたり、腕組みをしたりすることです。手を居心地のいい場所に置くと、手はその場所から出ようとはしません。つまり、ずっと同じ姿勢のまま話し続けてしまうのです。

失敗例2

以下は、あるデジタルカメラ用プリンタの特徴を、お客様に対してプレゼンテーションするためのスライドです。しかし、このスライドでは、横に並んでいる情報が揃っていないので、論理性が下がってしまっています。

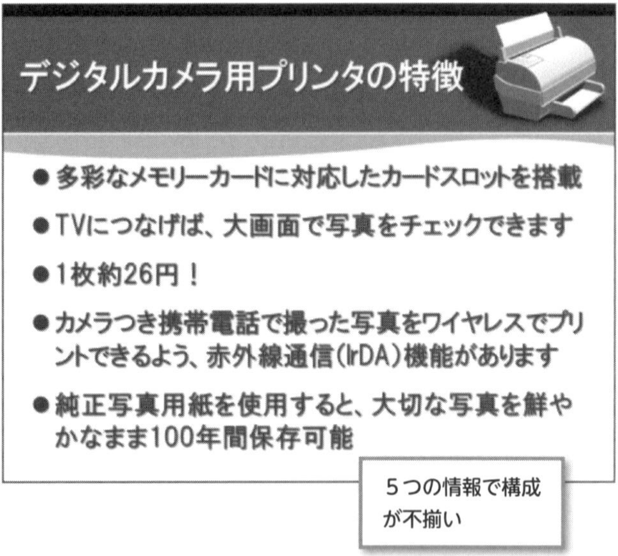
デジタルカメラ用プリンタの特徴
● 多彩なメモリーカードに対応したカードスロットを搭載
● TVにつなげば、大画面で写真をチェックできます
● 1枚約26円！
● カメラつき携帯電話で撮った写真をワイヤレスでプリントできるよう、赤外線通信(IrDA)機能があります
● 純正写真用紙を使用すると、大切な写真を鮮やかなまま100年間保存可能
５つの情報で構成が不揃い

改善例2

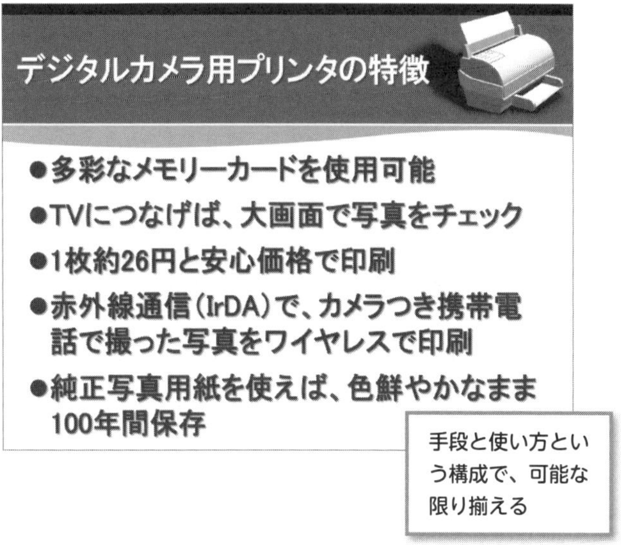
デジタルカメラ用プリンタの特徴
●多彩なメモリーカードを使用可能
●TVにつなげば、大画面で写真をチェック
●1枚約26円と安心価格で印刷
●赤外線通信（IrDA）で、カメラつき携帯電話で撮った写真をワイヤレスで印刷
●純正写真用紙を使えば、色鮮やかなまま100年間保存
手段と使い方という構成で、可能な限り揃える

解説

気をつけるべき不揃い5項目（82ページ参照）のうち、「主語・主体」と「構成」が揃っていません。この2項目を中心に揃えていきます。しかし、現実には揃えきれない部分も生じてしまいます。

まず、失敗例では、主体がプリンタとユーザーで揃っていません。たとえば、「カードスロットを搭載」の主体はプリンタです。しかし、「大画面で写真をチェックできます」の主体はユーザーです。同様に、「赤外線通信（IrDA）機能があります」の主体はプリンタです。しかし、「100年間保存」の主体はユーザーです。

次に、情報の構成が、手段と使い方で揃っていません。たとえば、「多彩なメモリーカードに対応したカードスロットを搭載」は、便利に使うための手段です。一方、「大画面で写真をチェックできます」は使い方です。ある情報は手段だけが、またある情報は使い方だけが、またある情報はその両方が示されている、というように揃っていません。

「主語・主体」と「構成」をともに揃えるには、使い方を中心に、手段は補足の位置づけで統一すればよいでしょう。使い方を中心にまとめれば、「主語・主体」はユーザーになります。このプレゼンテーションはユーザー向けなのですから、「主語・主体」をユーザーで統一すべきです。さらに、使い方を中心に、手段は補足の位置づけとすれば、「構成」も自然と揃ってきます。

そこで、失敗例のスライドの情報を、手段と使い方で分析してみると以下のようになります。

手段	使い方
多彩なメモリーカードに対応したカードスロット	
TVにつなぐ（機能）	大画面で写真をチェック
	1枚約26円（と安価にプリント）
赤外線通信（IrDA）機能	カメラつき携帯電話で撮った写真をワイヤレスでプリント
純正写真用紙	大切な写真を鮮やかなまま100年間保存

改善例では、第１項のメモリーカードについては使い方だけを明示しました。つまり、「多彩なメモリーカードに対応したカードスロット」ではなく、「多彩なメモリーカードからプリントできる」ことを示しました。手段を省略したのは、「多彩なメモリーカードに対応したカードスロット」という手段で、「多彩なメモリーカードからプリントできる」のは当たり前だからです。わざわざ両方を書く必要性を感じないので、使い方のほうだけを明示しました。

同様に、改善例では、「１枚約26円」という使い方に対する手段は明示しませんでした。手段が推測できないからです。たとえ手段が分かったとしても、手段を明示できない場合もあります。たとえば、「原材料を安い海外ものに換えた」などです。そういう場合は、手段を明示しても意味がありません。

改善例では、文章表現も揃えました。失敗例は、文末が名詞で終わっていたり、動詞で終わっていたりしています。主体をユーザーにして、使い方を中心にまとめると、文末表現は「〜できます」になります。しかし、プレゼンテーションのスライドですから、より短く表現するために、「〜できます」を示唆する名詞で終わるよう統一しました。

最後に、改善例では、手段＋使い方という説明順も揃えました。４項目の赤外線通信機能では、使い方＋手段と、説明順が逆転しています。そこで、「赤外線通信機能でワイヤレス印刷」と、説明順を他と揃えました。

2.3 ｜ MECEとフレームワーク

ポイント

情報を正しく横に並べられるようになると、ダブりもなければモレもない状態（MECE）を作れるようになります。MECEに並べられた情報はフレームワークと呼ばれ、論理的なまとめ方に活用できます。フレームワークは、情報を正しく横に並べられて初めて活用できます。

失敗例1

このスライドは、遅れているスケジュールをリカバリーする手段を説明するプレゼンテーションの一部です。しかし、このスライドでは、並列する情報がMECEになっていないので、論理性が下がってしまっています。

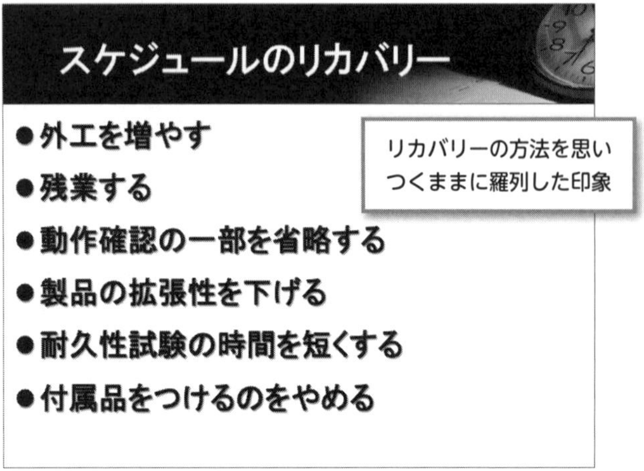
スケジュールのリカバリー
●外工を増やす
●残業する
●動作確認の一部を省略する
●製品の拡張性を下げる
●耐久性試験の時間を短くする
●付属品をつけるのをやめる
リカバリーの方法を思いつくままに羅列した印象

改善例１

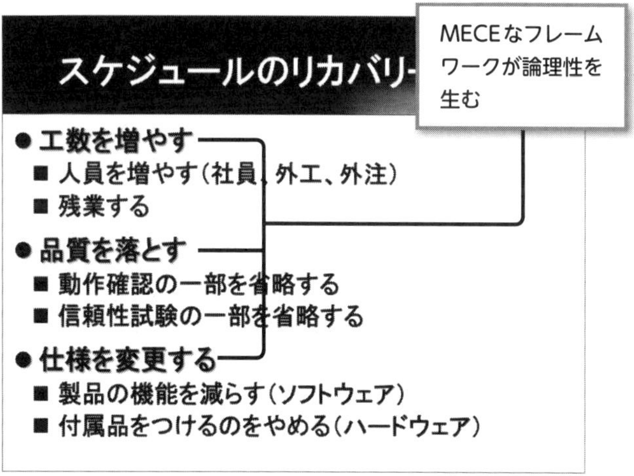
スケジュールのリカバリ
MECEなフレームワークが論理性を生む
●工数を増やす
■人員を増やす（社員、外工、外注）
■残業する
●品質を落とす
■動作確認の一部を省略する
■信頼性試験の一部を省略する
●仕様を変更する
■製品の機能を減らす（ソフトウェア）
■付属品をつけるのをやめる（ハードウェア）

横並びからMECEへ

MECEとは、ダブりもなければモレもない横並び状態（Mutually Exclusive and Collectively Exhaustive）のことです。MECEに考えると、情報を論理的に分析しやすくなります。MECEは、論理的思考法における定番の考え方です。

たとえば、ビール飲料の特徴をMECEに分析するなら、味、価格、イメージ、付加価値の４つで整理すれば論理的になります。ここで、５つ目の特徴として原料という項目を加えると、味や価格（原料によって味や税率が変わる）とダブります。付加価値という項目を抜かすと、「糖質０」のような特徴を分析する項目がなくなります。

MECEな状態を作るには、情報を正しく横に並べなければなりません。たとえば、学生を分類したとき、下記のように横に並ぶ情報で分類すれば、MECEになります。

- 小学生
- 中学生
- 高校生
- 大学生

しかし、横に並ばない情報を使うとMECEにはなりません。たとえば、人を年代別に分類したとき、下記の分類ではMECEになりません。「大学生」が他と横に並ばないために、ダブりを生じています。

- 幼年
- 少年
- 大学生
- 青年
- 中年
- 壮年
- 老年

失敗例は、MECEにまとまっていません。「製品の拡張性を下げる」と「付属品をつけるのをやめる」にはダブりがあります。製品の拡張性の一部が付属品でしょう。また、「外工を増やす」と「残業する」だけではモレがあります。工数を増やす手段は、他にも「他のプロジェクトから人を連れてくる」や「作業を外注する」などがあります。

MECEからフレームワークへ

MECEな情報の組み合わせがフレームワークです。フレームワークを使うと、論理的に思考しやすくなります。

たとえば、「経営課題」を解決するために、「経営体制革新・組織革新・人材革新」と考えたのがフレームワークです（49ページおよび下図参照）。企業は人材の集まりで構成され、この集まりが組織であり、その組織を運営（＝経営）して活動しています。この3つの革新でMECEとなるので、改善策は必ずこの3つのどれかに分類できます。

経営課題と革新
MECEな
フレームワーク
革新
経営体制
組織
人材
●経営責任の明確化
●社員満足＝顧客満足の徹底
●競争力のある分野への集中
●集団力の強化
●IT技術の積極的活用
●知的財産やノウハウの蓄積

改善例では、遅れたスケジュールを取り戻すための手段が、フレームワークにまとめられています。

- 工数を増やす
- 品質を落とす
- 仕様を変更する

この3つの手段はMECEにまとめられています。なお、スケジュールが遅れる前に打つべき手（たとえば「適材適所に人員を配置する」）は、遅れたスケジュールを取り戻すための手段として考慮に入れていません。

このフレームワークは、プロジェクト・マネジメントといわれる分野でも活用されています。プロジェクト・マネジメントでは、プロジェクトへのリスクとして、以下の4つをMECEにまとめています。

- コスト
- スケジュール
- スコープ（プロジェクトの範囲）
- 品質

フレームワークを作るコツ

正しいフレームワークを見出すには、少ない数で、横に並んでいるとはっきり分かる言葉の組み合わせを用いるのがコツです。

フレームワークを作るときに、項目が少ないと、モレに気づきやすくなります。たとえば、3項目をリストアップするときに、1項目がモレていればすぐに気がつきます。しかし、これが10項目もリストアップするなら、1項目がモレていても気がつきにくくなります。

また、横に並んでいるとはっきり分かる言葉の組み合わせなら、MECEかどうかがすぐ分かります。たとえば、下記のような組み合わせです。

- 上・中・下
- ハードウェア・ソフトウェア
- 精神的・物理的

- 質・量
- IN・OUT

一方、横に並んでいるとはっきり分からない組み合わせを用いると、MECEになりにくいです。たとえば、「製造業において粗利を上げる方法をMECEで考えましょう」という課題で、以下の5つの手法を思いついたとします。この5つは、はっきり横に並んでいる組み合わせを用いていないので、MECEかどうか分かりません。

- 値上げする
- 製品の価値を高める
- 原価を低減する
- 営業力を強化する
- 企業イメージの向上を図る

フレームワークは思考するのに便利ですが、既存のフレームワークを覚えようとしてはいけません。フレームワークは無限にあります。したがって、その場に適したフレームワークを考え出す力が必要なのです。たとえば、失敗例を「人・モノ・金」というフレームワークで考える人がいます。「人・モノ・金」は、ビジネスでは有名なフレームワークです。しかし、「人員を増やす」は「人」でもあり、人件費という「金」でもあります。この課題で、「人・モノ・金」というフレームワークは、ダブりもモレも生じているのです。別のフレームワークを考え出さなければなりません。

失敗例2

下記は、ミラクルサプリというサプリメントの特徴を説明したスライドです。しかし、このスライドでは、並列する情報がMECEになっていないので、論理性が下がってしまっています。

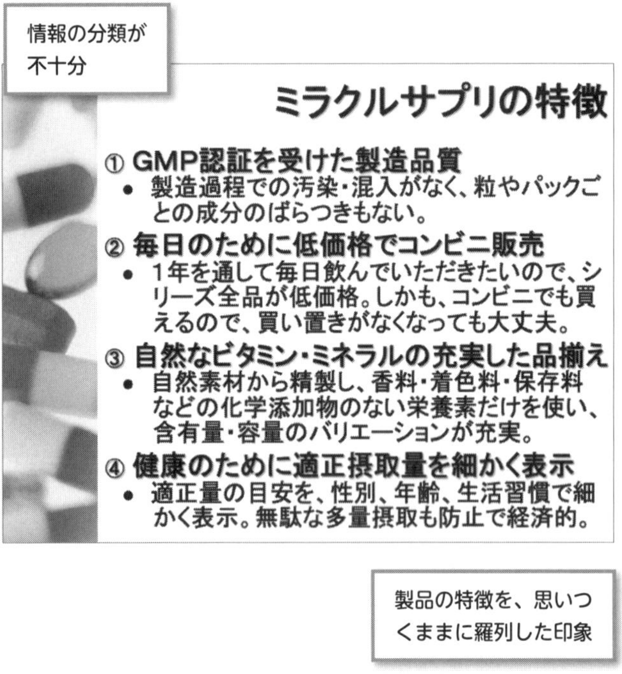
情報の分類が
不十分
ミラクルサプリの特徴
① GMP認証を受けた製造品質
● 製造過程での汚染・混入がなく、粒やパックごとの成分のばらつきもない。
② 毎日のために低価格でコンビニ販売
● 1年を通して毎日飲んでいただきたいので、シリーズ全品が低価格。しかも、コンビニでも買えるので、買い置きがなくなっても大丈夫。
③ 自然なビタミン・ミネラルの充実した品揃え
● 自然素材から精製し、香料・着色料・保存料などの化学添加物のない栄養素だけを使い、含有量・容量のバリエーションが充実。
④ 健康のために適正摂取量を細かく表示
● 適正量の目安を、性別、年齢、生活習慣で細かく表示。無駄な多量摂取も防止で経済的。
製品の特徴を、思いつくままに羅列した印象

改善例2

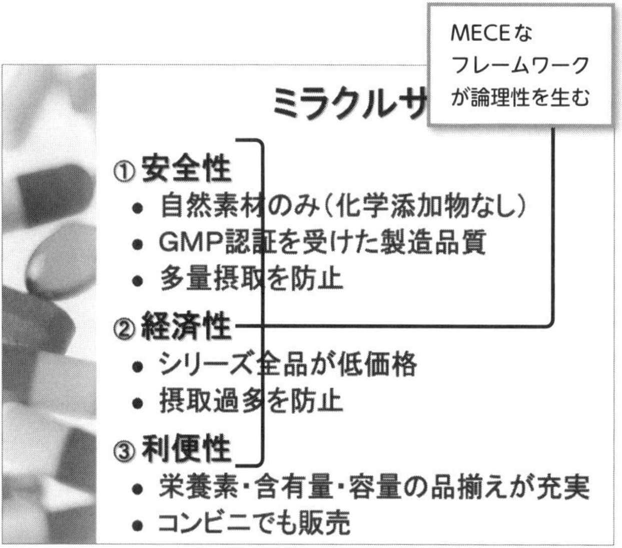
MECEな
フレームワーク
が論理性を生む
ミラクルサ
①安全性
● 自然素材のみ（化学添加物なし）
● GMP認証を受けた製造品質
● 多量摂取を防止
②経済性
● シリーズ全品が低価格
● 摂取過多を防止
③利便性
● 栄養素・含有量・容量の品揃えが充実
● コンビニでも販売

解説

失敗例で示されている4項目は横に並んではいますが、無理な分類をしているために論理性が感じられません。この4項目に含まれる情報を切り出して、正確に分析した上で、フレームワークにまとめましょう。

並列した情報を正確に分析する上で役に立つのが、「2.2 互いに揃っているか？」で学習した「構成を揃える」（84ページ参照）という考え方です。表記されている情報に対して、暗示されている情報を加えることで、すべての情報の構成を揃えると、情報間の関係が分かりやすくなります。たとえば、「コンビニでも買えるので、買い置きがなくなっても大丈夫」なら、「製造過程での汚染・混入がないので、何？」と考えるのです。

そこで、「○○なので、××」という原因－結果で構成を揃えると、たとえば以下のようになります。

①GMP認証を受けた製造品質
　汚染・混入がないので、安全
　粒やパックごとの成分のばらつきもないので、安心
②毎日のために低価格でコンビニ販売
　シリーズ全品が低価格なので、経済的
　コンビニでも買えるので、買い置き不要
③自然なビタミン・ミネラルの充実した品揃え
　自然素材から精製されているので、安全
　化学添加物がないので、安全
　バリエーションが充実なので、最適な選択が可能
④健康のために適正摂取量を細かく表示
　適正量の目安を表示してあるので、安全
　無駄な多量摂取を防止できるので、経済的

こうして分析すると、「安全・安心」と「経済的」という2つの分類が見えてきます（下図参照）。

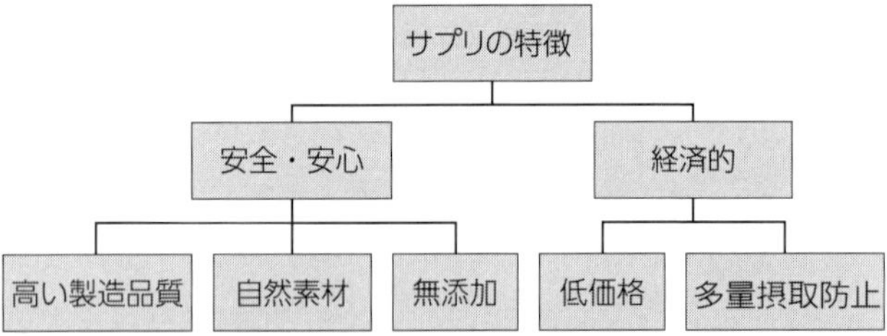

次に、「安全・安心」「経済的」の横に並び、フレームワークになる第3の分類を見つけましょう（下図参照）。「安全・安心」「経済的」に対して、「買い置き不要」や「最適な選択が可能」を横に並べたのでは、フレームワークになりません。

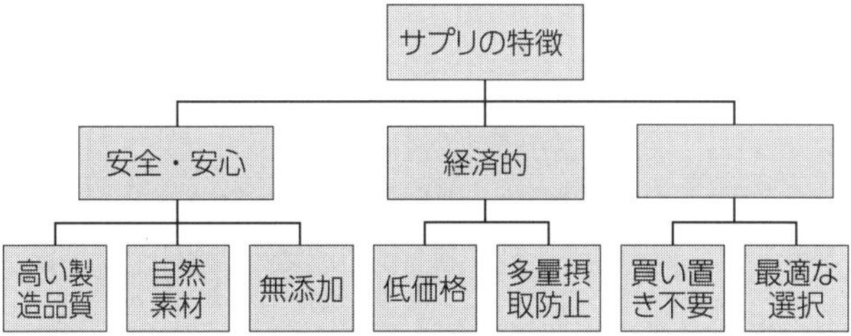

そこで、「安全性」「経済性」「利便性」というフレームワークを見つけます。「買い置き不要」や「最適な選択が可能」を合わせて、「便利」と考えたのです。「買い置き不要だから便利」なのですし、「最適な選択が可能だから便利」なのです。「安全・安心」「経済的」「便利」とすれば、よりMECEに近づきます。あとは、言葉を「○○性」と揃えます。さらに、重複感のある「自然素材」と「無添加」を1つにまとめました。

フレームワークを作るには、正しく横に並んだ情報を使わなければなりません。正しく横に並んだ情報とは、同じ種類で独立していて（72ページ参照）、かつ、互いに揃っている（82ページ参照）ということです。そこで、この例のように、正しく横に並んだ状態に情報を作り替えるところから始めると効果的です。

失敗例３

以下は、「第１部　論理的なプレゼンには何が必要か」の「1.3 企業説明」の失敗例で示した、ある会社の人事制度の基本方針をまとめたスライドです（32ページ参照）。しかし、このスライドでは、並列する情報がMECEになっていないので、論理性が下がってしまっています。

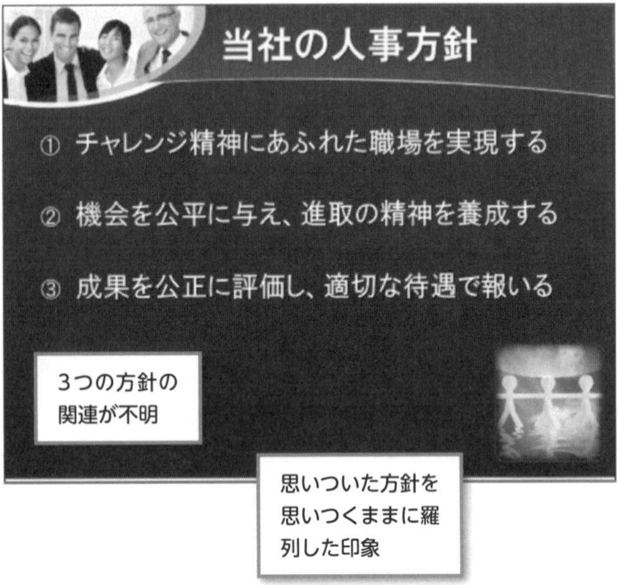
当社の人事方針
① チャレンジ精神にあふれた職場を実現する
② 機会を公平に与え、進取の精神を養成する
③ 成果を公正に評価し、適切な待遇で報いる
3つの方針の関連が不明
思いついた方針を思いつくままに羅列した印象

改善例3

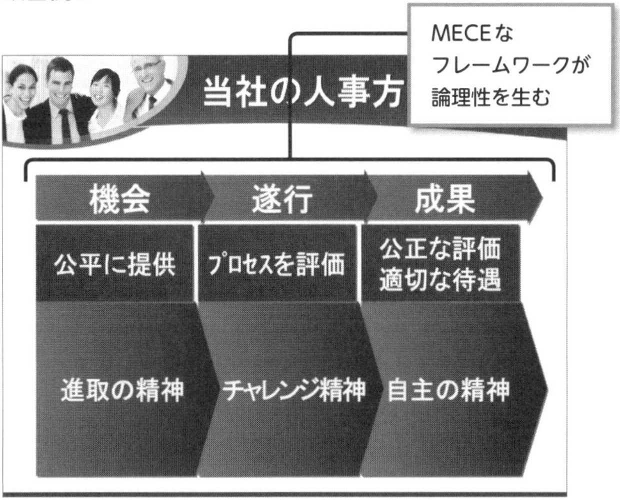

解説

失敗例で示されている3つの情報が正しく横に並んでいるのかをチェックします。問題点を見つけたら、そこを糸口に情報をMECEにまとめていきましょう。

情報が少なくて判断しきれませんが、失敗例で示されている3つの情報は、同じ種類で独立していると判断しました。3つの情報が、「人事方針」という同じ種類です。しかし、独立しているかは若干疑問です。情報③「成果を公正に評価し、適切な待遇で報いる」結果として、情報①「チャレンジ精神にあふれた職場を実現する」とも読めるからです。しかし、情報が少なくて判断できないので、独立しているとします。

しかし、3つの情報で、情報の混在が微妙な不揃いを生じています。情報①と情報②には、「精神」という言葉が含まれていますが、情報③には、「精神」に類する言葉が含まれていません。つまり、3つの情報には、精神的なことを述べた情報と、それ以外の情報が混在しているのです。この混在が、不揃いを生んでいるようです。

この不揃いを生んでいる混在は、結果として生まれる「精神」と、その精神を持たすための「会社側の手段」です。つまり、「機会を公平に与え」ることや、「成果を公正に評価し、適切な待遇で報いる」ことは、社員にある精神を育成するために、会社側が採っている手段です。この3つの情報の中で、手段と結果が混在しているのです。

そこで、会社側の手段と、その結果である社員の精神を表にまとめると（下表）、情報の抜けが見つかります。

	手段	結果
情報①		チャレンジ精神
情報②	機会を公平に提供	進取の精神
情報③	成果を公正に評価 適切な待遇を提供	

横並び

縦接続

この表で抜けている情報を埋めるとき、表の縦と横の両方を意識しなければなりません。つまり、手段（横並び）が、情報①～③でMECEになり、かつ、その手段が結果を生む（縦接続）ように考えます。たとえば、情報①の手段（表の左上の空欄）を考えたとき、その手段が、「機会を公平に提供」や「成果を公正に評価、適切な待遇を提供」とMECEになり、かつ、社員に「チャレンジ精神」を生まなければなりません。

そこで、情報①～③から、「機会提供－業務遂行－成果評価」というMECEな組み合わせ、つまりフレームワークを見つけ出します。情報②で「機会」、情報③で「成果」や「待遇」とあるので、時間軸で考えれば、情報①は、その中間に位置する「業務遂行」だと分かります。つまり、ビジネスは、機会を与えられ、それに応じて業務遂行し、出た成果を評価され、またそれに応じて機会を与えられる、の繰り返しと考えるのです。こう考えると、オリジナル情報は、意味のない順に並べられていることにも気がつきます。

このフレームワークをもとに、左上のマス目には、「（成果だけでなく）プロセスも評価する」を入れます。このマス目には、MECEな組み合わせを考慮すると、「業務遂行」にかかわる情報が入ります。それと同時に、手段－結果という縦の接続を考えると、「チャレンジ精神」を生む手段が入るはずです。「業務遂行」というステップで、「チャレンジ精神」を生む手段と考えて、プロセスの評価を見つけ出します。業務遂行時にプロセスを評価してもらえるなら、失敗を恐れずにチャレンジすると考えられます。

次に、表の右下のマス目には、「自主の精神」を入れました。このマス目は、すでに手段が情報①～③でMECEになっていますので、手段－結果という縦の接続だけを考えます。つまり、「成果を公正に評価し、適切な待遇で報いる」ことの結果として生じる社員の精神を考えます。

以上を表にまとめると、以下のようになります。

	手段	結果
情報①	プロセスも評価	チャレンジ精神
情報②	機会を公平に提供	進取の精神
情報③	成果を公正に評価 適切な待遇を提供	自主の精神

あとは、上記の表にフレームワークをつけたし、順番を変更して完成させます（下表参照）。

フレームワーク	手段	結果
機会提供	機会を公平に提供	進取の精神
業務遂行	プロセスも評価	チャレンジ精神
成果評価	成果を公正に評価 適切な待遇を提供	自主の精神

改善例では、この表を図で表現しています。表をそのまま載せるよりは、図解にしたほうが効果的です。時間軸を横にとって、機会提供－業務遂行－成果評価と流します。その下に対応する手段と結果としての精神を示します。こうすることにより、フレームワークが強調できますし、情報の接続も明確になります。

コラム｜大きな声は、説得力が３割増し

プレゼンテーションでは、大きな声で話すことはとても重要です。それだけで、説得力が30%アップするといっても過言ではありません。

大きな声は、プレゼンターの自信を感じさせます。自信のある内容なら、声が大きくなり、自信のない内容なら、声が小さくなるのは、人の自然な心理です。自信のない内容でも、プレゼンターが大きな声で話せば、聴衆はその内容を信じやすくなります。

大きな声は、プレゼンターの熱意を感じさせます。熱心に伝えようとすればするほど、声が大きくなるものです。大きな声の熱意のある態度なら、聴衆が好意を抱きます。声が小さいと、プレゼンテーションをやらされているという印象を与えかねません。

大きな声は、内容の理解にも役立ちます。そもそも話が聞こえなければ内容は理解できません。それでは説得できるはずもありません。

そこで、最初の一声だけでも意識して大きな声を出しましょう。第一印象はとっても大事です。その後は小さな声になってしまっても、第一印象によって、大きな声のプレゼンターという印象が残ります。

3 基本ロジックを組む

この章のPOINT 情報を縦につなぎ、横に並べられて初めて、複雑なロジックが組めます。どのロジックも、基本的にはブロック図、テーブル、ピラミッドの組み合わせでできています。そこで、この基本ロジックを押さえておくことが、複雑なロジックを組む上で重要になります。

3.1 ｜ブロックで流れを作る

ポイント

複数の情報を、縦につないだり、横に並べたりする場合は、ブロック図をイメージしたロジックになります。縦接続と横並びをはっきりと区別することが重要です。

失敗例1

このスライドは、経営がうまくいっているA病院の成功要因を分析したプレゼンテーションの目次です。しかし、このスライドでは、ブロック図のようなロジックが読み取れません。

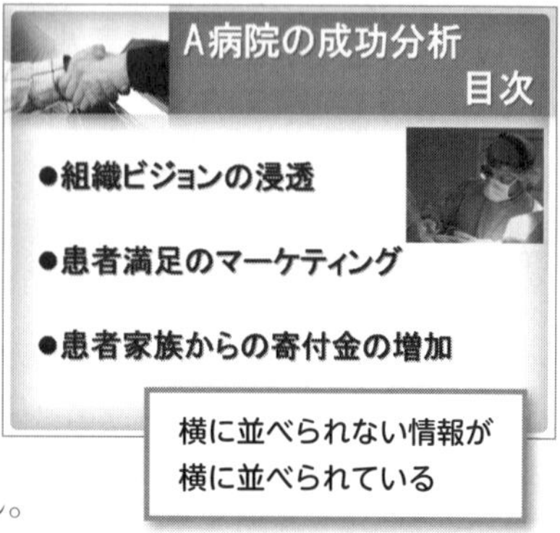
A病院の成功分析
目次
●組織ビジョンの浸透
●患者満足のマーケティング
●患者家族からの寄付金の増加
横に並べられない情報が
横に並べられている

改善例1

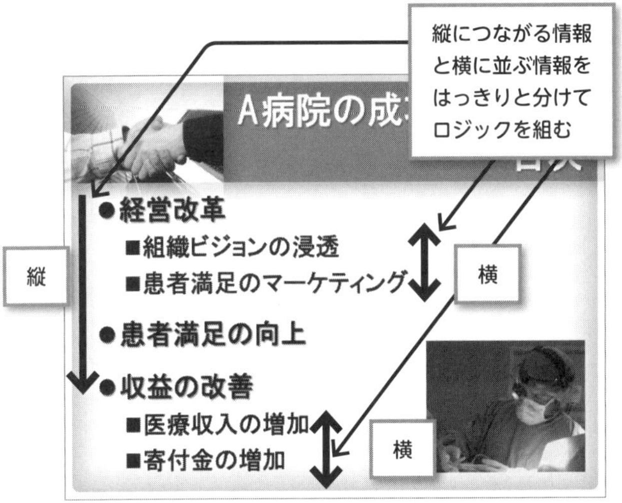
縦につながる情報と横に並ぶ情報をはっきりと分けてロジックを組む
A病院の成
●経営改革
■組織ビジョンの浸透
■患者満足のマーケティング
●患者満足の向上
●収益の改善
■医療収入の増加
■寄付金の増加
縦
横
横

ブロック図のロジックとは

ブロック図のロジックとは、次ページの上図のようなブロックの流れとして表現できるロジックです。このロジックは、ほとんどすべてのプレゼンテーションで、全体の骨組みとして使われます。

ブロック図のロジックでは、情報が大きく縦につながりながら流れつつ、その中で情報が横に並びます。すべてのロジックの基本は、このブロック図のロジックです（次ページの上図参照）。ブロック図でロジックが流れていく中で、ある部分を、テーブルで比較（「テーブルで比較対照する」118ページ参照）したり、ピラミッドで分類（「ピラミッドで分類する」126ページ参照）したりします。

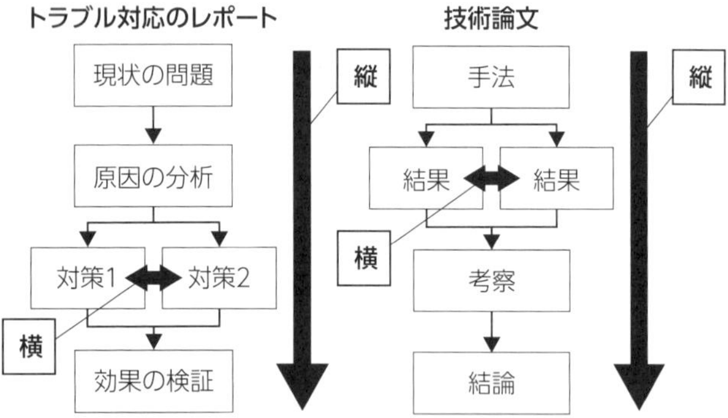

このブロック図のロジックは、複雑化すると階層構造として表現されます。たとえば、提案書のロジックを階層構造で表現すると下図のようになります。

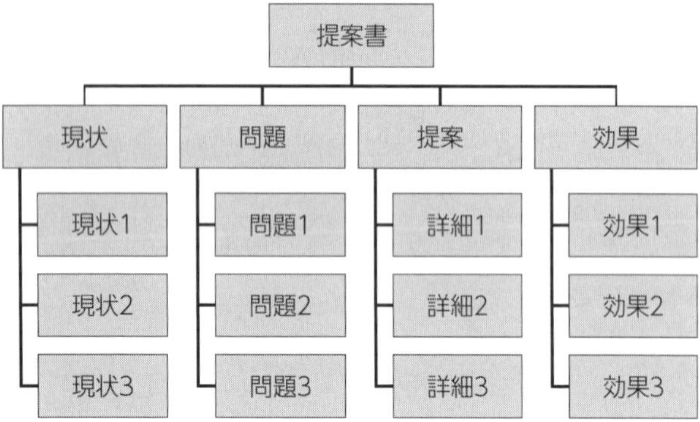

ブロック図のロジックを組むには

ブロック図のロジックを組むには、縦接続の情報と横並びの情報をはっきりと区別することが重要です。

失敗例では、横には並ばない3つの情報を横に並べてしまっています。「組織ビジョンの浸透」「患者満足のマーケティング」「寄付金の増加」は横には並びません。「寄付金の増加」は、「組織ビジョンの浸透」や「患者満足のマーケティング」の結果として生じたと考えられます。

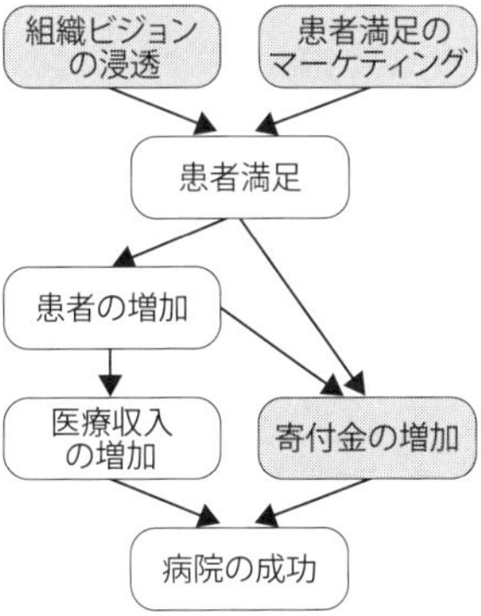

そこで改善例では、縦接続と横並びを、より正確に分析しました（右図参照）。まず、「寄付金の増加」は、「組織ビジョンの浸透」や「患者満足のマーケティング」の結果として生じたと考え、「組織ビジョンの浸透」と「患者満足のマーケティング」を横に並べ、この２つの情報と「寄付金の増加」を、「患者満足」や「患者の増加」を挟んで縦につなぎました。また、「寄付金の増加」は、「患者の増加」だけではなく、患者満足によって、家族あたりの寄付額が増えることも表現しました。さらに、「寄付金の増加」と「医療収入の増加」を横に並べました。

ブロック図のロジックを表現するには

ブロック図のロジックを表現するには、情報が縦につながっているのか、横に並んでいるのかを、はっきりと説明することが重要です。とくに情報が縦につながっている場合は、その接続関係を明示しなければなりません。その説明を省略して、聴衆に読み取らせてはいけません。

失敗例２

　以下は、ある論文の目次です。この論文からプレゼンテーションを起こそうとしています。しかし、この目次ではブロック図のようなロジックが読み取れないので、論理性が下がってしまっています。

1.　はじめに
2.　日本の地域型ベンチャー企業の現状
　2.1.　GDPの4%前後を達成
　2.2.　急激な経済規模拡大の背景
3.　地域型ベンチャー企業の特徴
　3.1.　メリット
　3.2.　デメリット
4.　地域型ベンチャー企業の課題
　4.1.　脆弱な経営基盤
　4.2.　認知不足
　4.3.　人材不足
5.　地域型ベンチャー企業先進国アメリカの場合
　5.1.　地域型ベンチャー企業を育む文化的風土
　5.2.　アメリカの地域型ベンチャー企業の規模
6.　地域型ベンチャー企業の成功の条件
　6.1.　人材の確保
　6.2.　地域でのネットワーク
　6.3.　大企業との提携
　6.4.　革新的発想
　6.5.　認知度向上
7.　おわりに

大項目が縦につながっていない

小項目には、情報の接続があるようだが、情報の数が合わない

改善例２

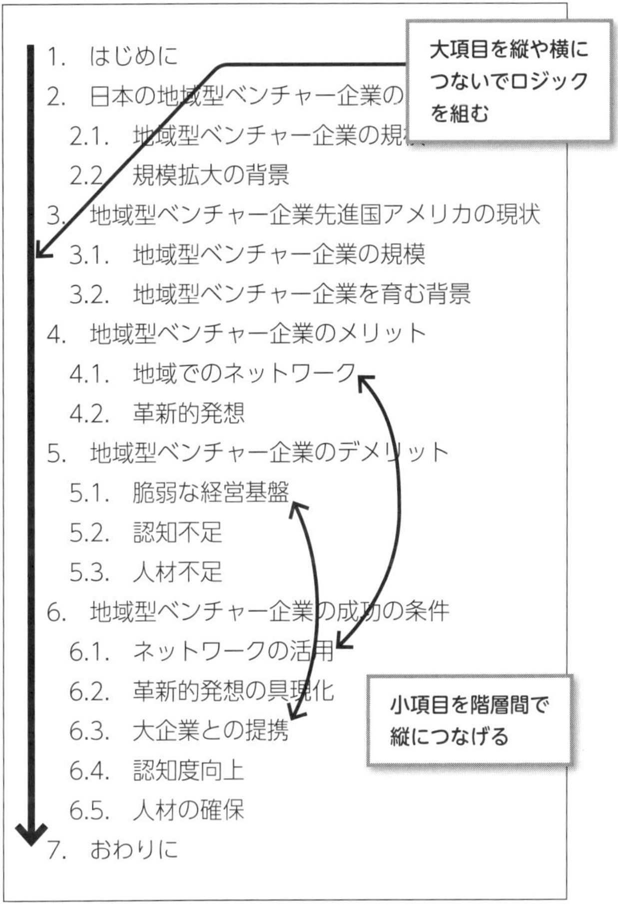

解説

失敗例に見られる次の２つの問題を改善していきます。

•「5. 地域型ベンチャー企業先進国アメリカの場合」が

前後とつながっていない。

- 「4. 地域型ベンチャー企業の課題」と「6. 地域型ベンチャー企業の成功の条件」で情報が縦につながっているようだが、情報の数も順序も合っていない。

そこで、改善例では「5. 地域型ベンチャー企業先進国アメリカの場合」を、「2. 日本の地域型ベンチャー企業の現状」の後ろに移動しました。失敗例のように、「4. 地域型ベンチャー企業の課題」と「6. 地域型ベンチャー企業の成功の条件」の間で、「5. 地域型ベンチャー企業先進国アメリカの場合」では、話が前後でつながりません。日米を比較すると考えれば、6章は、「2. 日本の地域型ベンチャー企業の現状」とつながりそうです。

さらに、改善例では、「5. 地域型ベンチャー企業先進国アメリカの場合」を移動した上で、2章と揃えました。まず、見出しを「3. 地域型ベンチャー企業先進国アメリカの現状」として表現を揃えました。さらに、内容と順序も規模と背景で揃えました。失敗例を見ると、どちらの章とも、表現と順番は違いますが、規模と背景を述べている点では共通です。

規模：「2.1.　GDPの4％前後を達成」
背景：「2.2.　急激な経済規模拡大の背景」
背景：「5.1.　地域型ベンチャー企業を育む文化的風土」
規模：「5.2.　アメリカの地域型ベンチャー企業の規模」

次に失敗例で改善したいのが、「4. 地域型ベンチャー企業の課題」と「6. 地域型ベンチャー企業の成功の条件」における情報の不十分な接続です。6章の「6.2. 地域でのネットワーク」と「6.4. 革新的発想」に接続すべき情報が、「4. 地域型ベンチャー企業の課題」に記載されていません。記載順も整合していません（下図参照）。

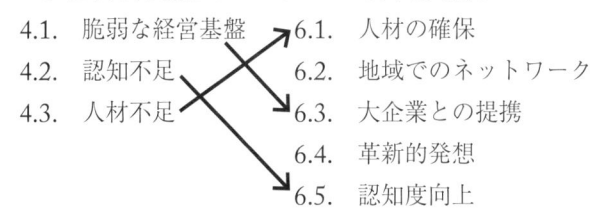

4.1.　脆弱な経営基盤
4.2.　認知不足
4.3.　人材不足

6.1.　人材の確保
6.2.　地域でのネットワーク
6.3.　大企業との提携
6.4.　革新的発想
6.5.　認知度向上

「6.2. 地域でのネットワーク」と「6.4. 革新的発想」に接続する情報を4章に追加しようとしても、うまくいきません。これらの2つの情報を、「4. 地域型ベンチャー企業の課題」に追加するなら、「住民とネットワーク不足」と「革新的発想の欠如」になります。「住民とネットワーク不足」はともかくとして、ベンチャー企業なのに「革新的発想の欠如」は考えにくいです。一般的には、「革新的発想」こそ、ベンチャー企業の強みなのですから。

そこで、接続できない2つの情報は課題ではなく、別の種類、強みであると考えます。つまり、課題を克服すること以外に強みを伸ばすという道を考えます。「弱みを克服する」と「強みを伸ばす」と考えればMECEです。したがって、「6.4. 革新的発想」は、革新的発想を具現化することです。同様に考え、「地域でのネットワーク」は、すでに構築しているネットワークを活用することです。

伸ばすべき強みを示すため、改善例では、「地域型ベンチャー企業のメリット」という階層を作りました。この階層は、失敗例の「4. 地域型ベンチャー企業の課題」と対比関係にあります。この階層を設ければ、失敗例の「3. 地域型ベンチャー企業の特徴」で述べている「3.1. メリット」と「3.2. デメリット」が不要になります。「3.1. メリット」が、新たに追加した「地域型ベンチャー企業のメリット」であって、「3.2. デメリット」が、もとからあった「4. 地域型ベンチャー企業の課題」のはずだからです。

最後に、目次の文言を揃え、情報の順番を揃えれば、以下のような情報の接続が完成します。

4.1. 地域でのネットワーク	6.1. ネットワークの活用
4.2. 革新的発想	6.2. 革新的発想の具現化
5.1. 脆弱な経営基盤	6.3. 大企業との提携
5.2. 認知不足	6.4. 認知度向上
5.3. 人材不足	6.5. 人材の確保

ただし、これでも完全ではありません。このロジックでは、「3. 地域型ベンチャー企業先進国アメリカの現状」と「4. 地域型ベンチャー企業のメリット」が接続されていません。つまり、地域型ベンチャー企業を日米で比較した結果と、地域型ベンチャー企業のメリット・デメリットとで、話が変わってしまうような印象です。地域型ベンチャー企業を日米で比較した結果、地域型ベンチャー企業のメリット・デメリットが明らかになると理想的です。しかし、この部分までは情報不足で改善できませんでした。

コラム｜ポインターの使いすぎに注意

プレゼンテーションに不慣れな人に共通する問題の1つが、ポインターの使いすぎです。

多くのプレゼンターがポインターを使いすぎています。ポインティングは強調したいときだけで十分です。話している箇所を、いちいちすべてポインティングする必要はありません。中には、スライドに書いた文を読み上げると同時に、それに合わせて読み上げている位置を、ずっとポインティングしながらなぞる人がいます。うるさいだけです。

アニメーションを使ったプレゼンテーションでは、ポインティングする必要はほとんどないはずです。アニメーションによって、今どこを話しているかは、ポインティングしなくても分かるからです。

ポインティングが増えると、アイコンタクトがおろそかになりがちです。ポインティングするには、どうしてもスライドを見なければなりません。ポインティングに夢中になって、聴衆を見なくなります。

ポインティングしながら無理にアイコンタクトを取ろうとすると、こんどはポインティングがおろそかになります。聴衆を見ているために、ポインティングしている場所が、プレゼンターの意図とずれてしまうのです。気になって話に集中できません。

3.2 | テーブルで比較対照する

ポイント

複数の情報を横に並べた上で、比較対照する場合は、テーブル、つまり表をイメージしたロジックを組みます。表の横方向が横並びに、縦方向が縦接続、横並び、包含のいずれか、または混在になります。

失敗例1

以下のスライドは、マイケル・ポーターが提唱している経営基本戦略を説明するプレゼンテーションの一部です。しかし、このスライドはテーブルでロジックを組んでいないので、論理性が下がってしまっています。

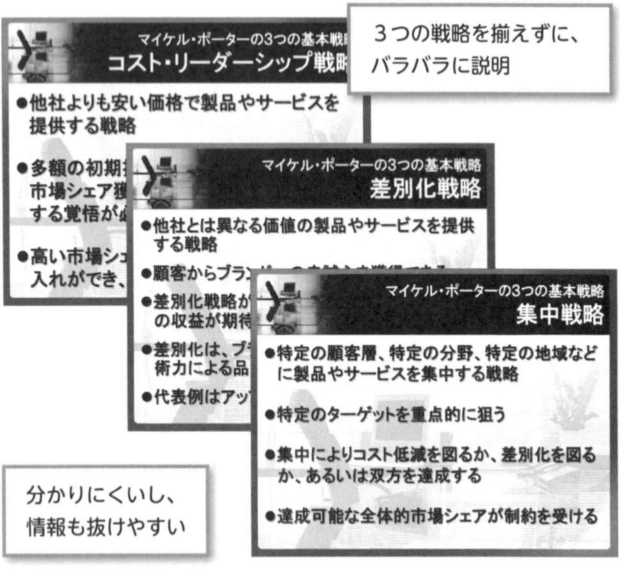
マイケル・ポーターの3つの基本戦
コスト・リーダーシップ戦
●他社よりも安い価格で製品やサービスを提供する戦略
●多額の初期
市場シェア獲
する覚悟が
●高い市場シ
入れができ、
３つの戦略を揃えずに、
バラバラに説明
マイケル・ポーターの3つの基本戦略
差別化戦略
●他社とは異なる価値の製品やサービスを提供する戦略
●顧客からブラン
●差別化戦略が
の収益が期待
●差別化は、ブ
術力による品
●代表例はアッ
マイケル・ポーターの3つの基本戦略
集中戦略
●特定の顧客層、特定の分野、特定の地域などに製品やサービスを集中する戦略
●特定のターゲットを重点的に狙う
●集中によりコスト低減を図るか、差別化を図るか、あるいは双方を達成する
●達成可能な全体的市場シェアが制約を受ける
分かりにくいし、
情報も抜けやすい

改善例1

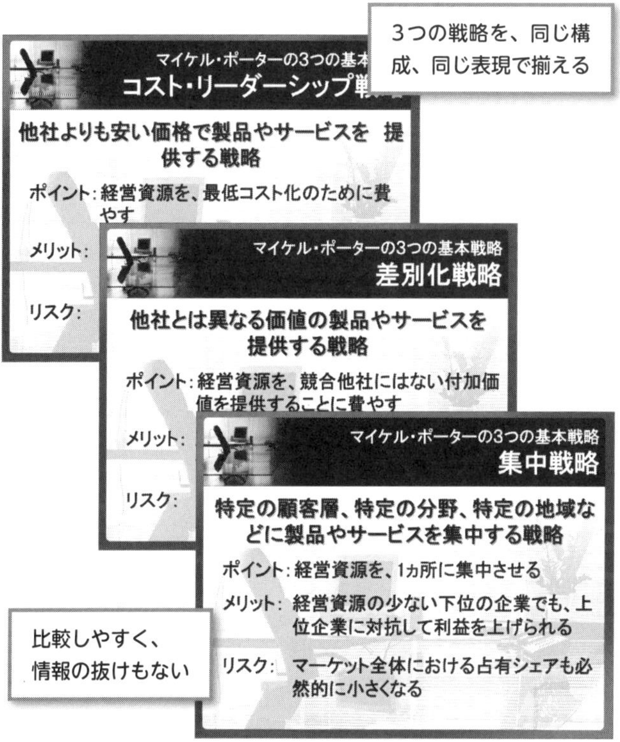
3つの戦略を、同じ構成、同じ表現で揃える
マイケル・ポーターの3つの基本
コスト・リーダーシップ戦
他社よりも安い価格で製品やサービスを 提供する戦略
ポイント：経営資源を、最低コスト化のために費やす
メリット：
リスク：
マイケル・ポーターの3つの基本戦略
差別化戦略
他社とは異なる価値の製品やサービスを提供する戦略
ポイント：経営資源を、競合他社にはない付加価値を提供することに費やす
メリット：
リスク：
マイケル・ポーターの3つの基本戦略
集中戦略
特定の顧客層、特定の分野、特定の地域などに製品やサービスを集中する戦略
ポイント：経営資源を、1ヵ所に集中させる
メリット：経営資源の少ない下位の企業でも、上位企業に対抗して利益を上げられる
リスク：マーケット全体における占有シェアも必然的に小さくなる
比較しやすく、
情報の抜けもない

テーブルのロジックとは

テーブルのロジックとは、次ページのような表として表現できるロジックです。このロジックは、情報を比較対照する場合に用います。

たとえば、改善例のロジックは、次のような表にまとめられます（表の中の情報は省略）。

	コスト・リーダーシップ戦略	差別化戦略	集中戦略
概略説明			
経営資源の用途			
メリット			
リスク			

このロジックは、比較対照しやすいだけでなく、情報の抜けがなくなるので論理的になります。逆にテーブルを意識しないと、情報抜けを起こしてしまいがちで、結果として論理性が下がります。たとえば失敗例で、ある戦略だけメリットが書かれていなければ、メリットのない戦略がなぜ存在するのか分かりません。逆に、ある戦略だけリスクが書かれていなければ、誰もが採用するはずだと考えてしまいます。

テーブルのロジックを組むには

テーブルのロジックでは、表の横方向は横並びとなり、縦方向は縦接続、横並び、包含となります。

このロジックでは、表の1行目の見出しが正しく横に並んでいなければなりません（下図参照）。つまり、同じ種類で互いに独立している情報が揃えて表現されていなければなりません。さらに、この情報がフレームワークになっていれば理想的

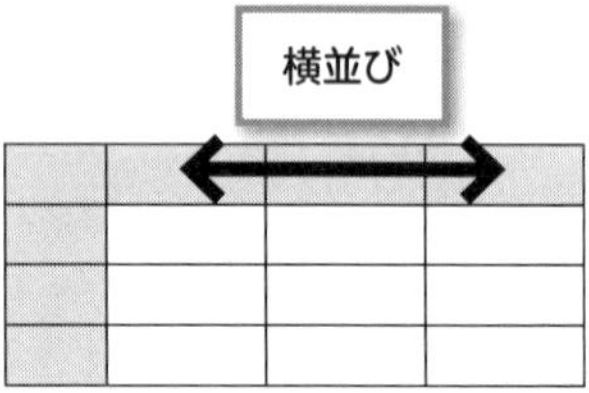

です。横に並んでいる情報ですから、重要な順などの意味のある順に並べます。改善例では、3つの戦略が正しく横に並び、しかも、フレームワークを構成しています。

一方、表の1列目の見出しは、縦接続、横並び、包含のいずれでも、混在でもかまいません。たとえば、改善例は、1列目第1項は、概略説明なので他の情報とは包含関係です。1列目第2～4項は、経営資源の使い方の説明から、どんなメリットやデメリットが生まれるかの説明なので、第2項と第3、4項は縦接続で、第3項と第4項は横並びの関係です。

1行目と1列目の見出しがともに、フレームワークを構成すると、論理的なテーブルができます。右の表は、経営戦略を分析するツール（SWOT分析表）として有名です。

		外部環境	
		O(機会)	T(脅威)
内部環境	S(強み)		
	W(弱み)		

テーブルのロジックを表現するには

テーブルを使ったロジックでは、聴衆がテーブルを意識できるような表現を使いましょう。とくに、ロジックを複数枚のスライドで表現するときには注意が必要です。具体的には、キーワード、文章表現、レイアウトなどを揃えます。改善例でも、キーワードやレイアウトが揃っています。ロジックがテーブルで構成されていることを、聴衆が意識できて初めて、このロジックは意味を成します。

失敗例2

　以下は、「社内公用語を英語にすべきである」というプレゼンテーションにおいて、メリットの説明をしているスライドです。しかし、このスライドはテーブルでロジックを組んでいないので、論理性が下がってしまっています。

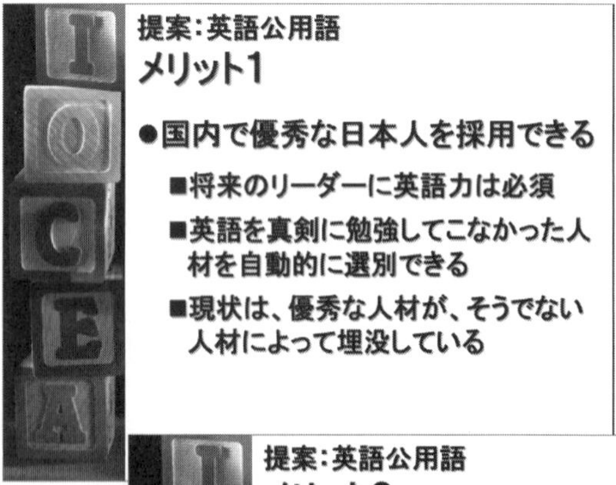
提案:英語公用語
メリット1
●国内で優秀な日本人を採用できる
■将来のリーダーに英語力は必須
■英語を真剣に勉強してこなかった人材を自動的に選別できる
■現状は、優秀な人材が、そうでない人材によって埋没している

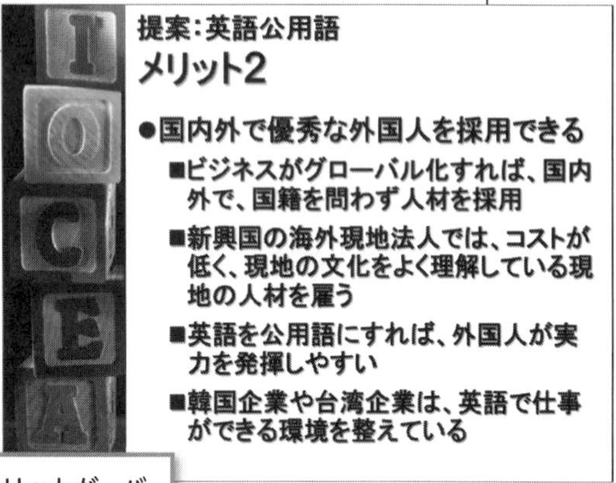
提案:英語公用語
メリット2
●国内外で優秀な外国人を採用できる
■ビジネスがグローバル化すれば、国内外で、国籍を問わず人材を採用
■新興国の海外現地法人では、コストが低く、現地の文化をよく理解している現地の人材を雇う
■英語を公用語にすれば、外国人が実力を発揮しやすい
■韓国企業や台湾企業は、英語で仕事ができる環境を整えている

2つのメリットが、バラバラに説明されているので分かりにくい

改善例2

メリット1とメリット2を、構成も表現も揃える

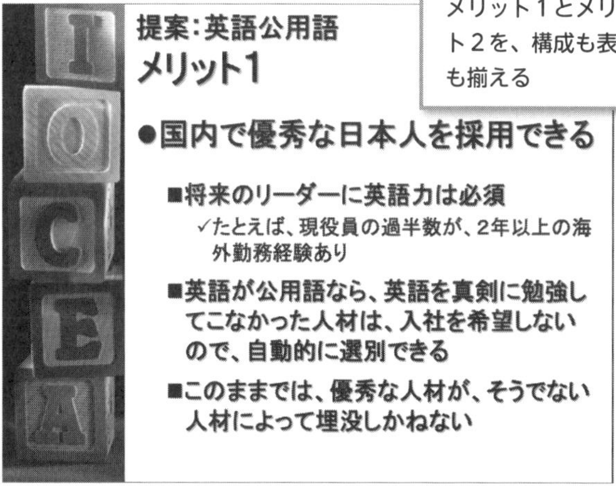
提案：英語公用語
メリット1
●国内で優秀な日本人を採用できる
■将来のリーダーに英語力は必須
✓たとえば、現役員の過半数が、2年以上の海外勤務経験あり
■英語が公用語なら、英語を真剣に勉強してこなかった人材は、入社を希望しないので、自動的に選別できる
■このままでは、優秀な人材が、そうでない人材によって埋没しかねない

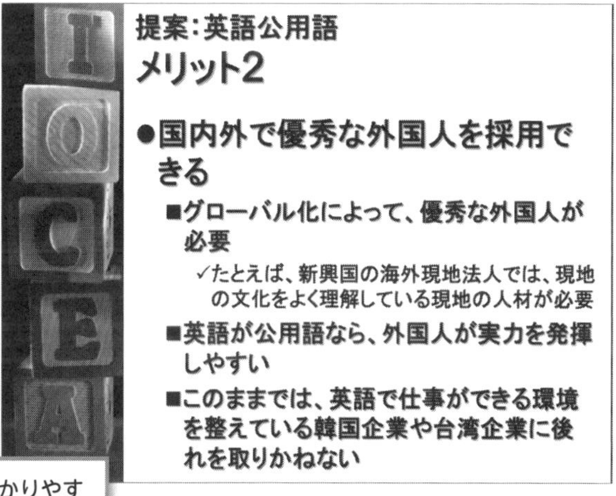
提案：英語公用語
メリット2
●国内外で優秀な外国人を採用できる
■グローバル化によって、優秀な外国人が必要
✓たとえば、新興国の海外現地法人では、現地の文化をよく理解している現地の人材が必要
■英語が公用語なら、外国人が実力を発揮しやすい
■このままでは、英語で仕事ができる環境を整えている韓国企業や台湾企業に後れを取りかねない

分かりやすいし、論理的な印象

解説

失敗例では、メリット1で「日本人を採用できる」、メリット2で「外国人を採用できる」と、横に並べつつ対比していますが、詳細説明がメリット1と2で揃っていません。そこで、この2つをテーブルのロジックを使って揃えます。

改善例では、メリット1とメリット2を、以下のようなテーブルで対比するロジックを組んでいます。

	メリット1	メリット2
メリット	優秀な日本人の採用	優秀な外国人の採用
背景	リーダーには英語力が必要	グローバル化対応のため優秀な外国人が必要
背景の具体例	役員の過半数に海外勤務経験あり	海外現地法人には現地の人材が必要
英語を公用語にすると	英語を勉強してこなかった人材を自動的に選別	外国人が実力を発揮しやすい
英語を公用語にしないと	優秀な人材が埋没	優秀な人材を他企業に取られる

改善例では、メリット1とメリット2がテーブルのロジックを組んでいることをレイアウトや表現でも伝えています。まず、基本レイアウトが同じです。また、文章表現が、「優秀な○○人を採用できる」や「英語が公用語なら」「このままでは」のように揃っています。このように、くどいぐらいに揃えてしまうほうが、比較対照していることを聴衆にはっきりと伝えられます。

コラム｜聴衆を味方に

プレゼンテーションを成功させるには、聴衆に好感を抱かせることが大事です。

まず、プレゼンテーションを始める前に、身だしなみをチェックしましょう。着こなしがちゃんとしているか、事前に確認が必要です。上着の前ボタンは留めておきます。ネクタイも直しておきます。長い髪はまとめておいたほうがいいでしょう。

次に、必ず笑顔とともに挨拶をしましょう。笑顔は、老若男女問わず、聴衆を味方にする最大の武器です。とはいえ、ずっと笑顔で話し続けられるわけではありませんので、せめて最初だけでも笑顔を心がけます。

このとき、声や姿勢、目配りにも配慮が必要です。大きな声で、はきはきと話し始めます。背筋を伸ばして胸を張ります。さらに、聴衆を見渡しながら話します。こういうことが苦手な人でも、最初だけは心がけます。

最初に話す内容も重要です。ジョークが得意な人は、ジョークから入るのも手です。ユーモアは聴衆に好感を抱かせます。ジョークが得意でないなら、聴衆の気持ちをつかむような内容を話しましょう。たとえば、「お客様のニーズがつかめなくてお困りではありませんか？　今日はそのことに対するソリューションをご提案します」と始めます。

3.3｜ピラミッドで分類する

ポイント

　複数の情報を分類する場合は、ピラミッドをイメージしたロジック（ロジックツリーと呼ばれる）を組みます。ロジックツリーは、MECEなフレームワークを階層構造に組み上げて作ります。

失敗例1

　このスライドは、定年を延長した場合のメリットとデメリットを説明するプレゼンテーションの一部です。しかし、このスライドはピラミッドでロジックを組んでいないので、論理性が下がってしまっています。

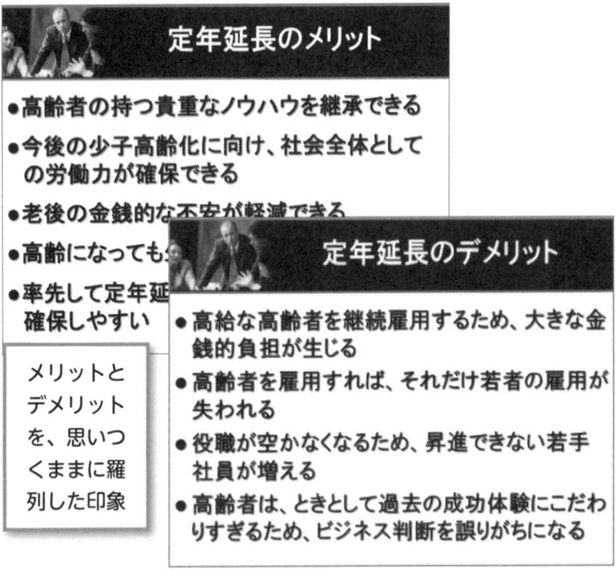
定年延長のメリット
●高齢者の持つ貴重なノウハウを継承できる
●今後の少子高齢化に向け、社会全体としての労働力が確保できる
●老後の金銭的な
●高齢になっても
●率先して定年延
確保しやすい
定年延長のデメリット
●高給な高齢者を継続雇用するため、大きな金銭的負担が生じる
●高齢者を雇用すれば、それだけ若者の雇用が失われる
●役職が空かなくなるため、昇進できない若手社員が増える
●高齢者は、ときとして過去の成功体験にこだわりすぎるため、ビジネス判断を誤りがちになる
メリットとデメリットを、思いつくままに羅列した印象

改善例1

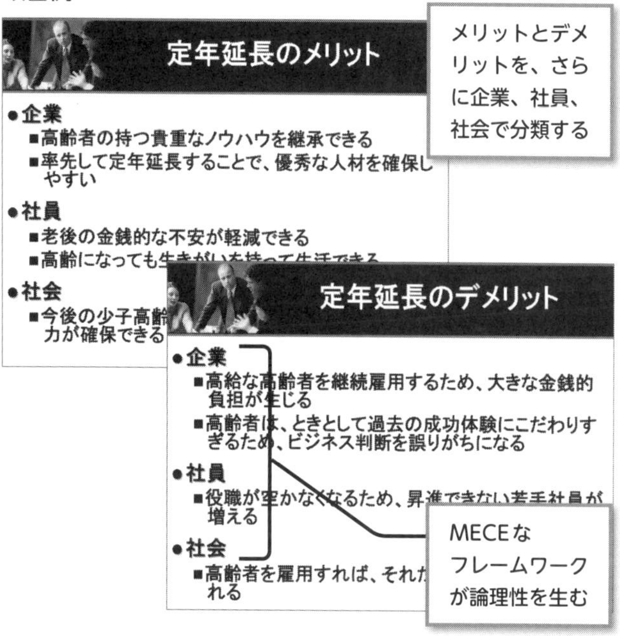
定年延長のメリット
●企業
■高齢者の持つ貴重なノウハウを継承できる
■率先して定年延長することで、優秀な人材を確保しやすい
●社員
■老後の金銭的な不安が軽減できる
■高齢になっても
●社会
■今後の少子高齢
力が確保できる
メリットとデメリットを、さらに企業、社員、社会で分類する
定年延長のデメリット
●企業
■高給な高齢者を継続雇用するため、大きな金銭的負担が生じる
■高齢者は、ときとして過去の成功体験にこだわりすぎるため、ビジネス判断を誤りがちになる
●社員
■役職が空かなくなるため、昇進できない若手社員が増える
●社会
■高齢者を雇用すれば、それだ
れる
MECEなフレームワークが論理性を生む

ピラミッドのロジックとは

ピラミッドのロジックとは、下図のようなツリー構造で表現できるロジックです。ピラミッドのロジックとMECE（93ページ参照）という考え方を組み合わせると、ロジックツリーと呼ばれる構造が組み上がります。ロジックツリーは、情報を分類したり、リストアップしたりする場合に用います。

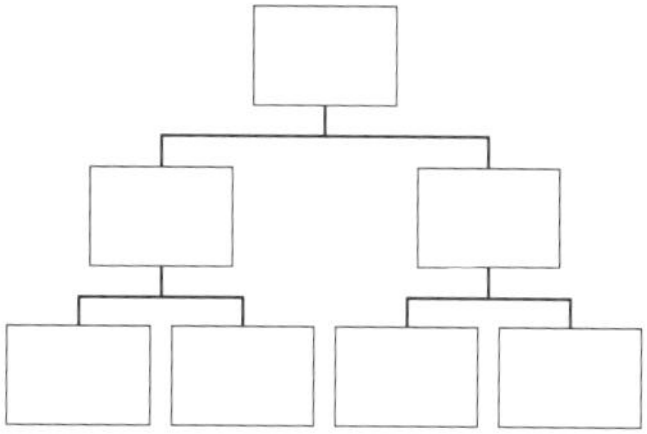

ロジックツリーは、MECEな組み合わせの情報、つまりフレームワークで、上から下へと展開したピラミッド構造のことです。たとえば、改善例は、以下のようなロジックツリーで構成されています。

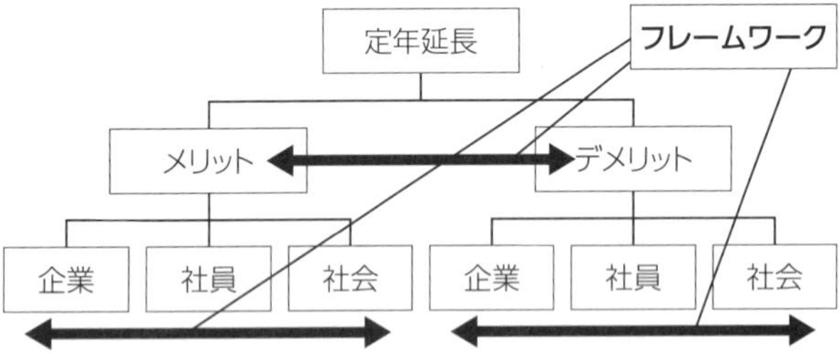

ロジックツリーを、多くの情報を分類するために使うときは、ボトムアップで組み上げます。たとえば、他社製品の特徴をまとめたり、顧客のニーズをアンケートからまとめたりする場合です。集めた情報をベースに、下から上へと階層構造を作ります。論理的で分かりやすい形に分類できます。

ロジックツリーを、情報を網羅的にリストアップするために使うときは、トップダウンで組み上げます。たとえば、改善例のように、定年を延長したとき、どのようなメリットやデメリットがあるかを検討する場合です。ロジックツリーを構成して、最下層の階層ごとに内容を考えれば、網羅的にリストアップできます。これを失敗例のように、単にメリットやデメリットという大くくりでリストアップすると、どうしてもリストアップのモレが生じてしまいます。

ピラミッドのロジックを組むには

ロジックツリーでは、各階層がMECEになっていなければなりません。つまりは、各階層がフレームワークになっていなければなりません。

改善例では、各階層がMECEになっています。まず、メリットとデメリットがMECEな状態で、フレームワークになっています。さらにその下の、企業－社員－社会も同様です。人事システムを考える場合、影響を受けるのはこの三者しかいないので、モレもないダブりもない状態といえます。

各階層をMECEな状態にするには、その情報が同じ階層内に分類できるのかを見分けることが大事です。同じ階層内の情報に限ってMECEにまとめられるのです。異なる階層間の情報や、階層の上下間では、MECEにはなりません。たとえば、改善例で「高齢者を雇用すれば、それだけ若者の雇用が失われる」と「役職が空かなくなるため、昇進できない若手社員が増える」が、異なる階層間の情報であることに気がついて初めて、MECEにまとめられるのです。

ピラミッドのロジックを表現するには

ロジックツリーでは、ピラミッド構造が伝わるような表現が重要です。プレゼンテーションでは、ピラミッドのロジックを、ピラミッドの絵で表現することはまれです。むしろ、複数のスライドで表現することが多くなります。そこで、ピラミッド構造を伝えるために、フレームワークから先に説明すること（156ページ参照）が大事になります。

失敗例２

以下は、専門職大学院の今後の課題をまとめたスライドです。しかし、このスライドはピラミッドでロジックを組んでいないので、論理性が下がってしまっています。

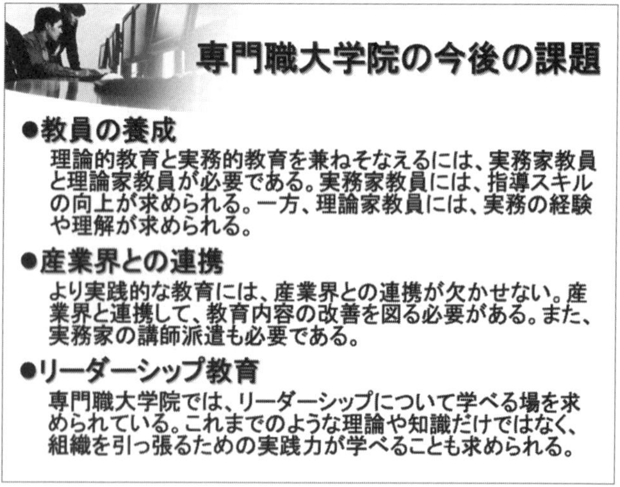
専門職大学院の今後の課題
●教員の養成
理論的教育と実務的教育を兼ねそなえるには、実務家教員と理論家教員が必要である。実務家教員には、指導スキルの向上が求められる。一方、理論家教員には、実務の経験や理解が求められる。
●産業界との連携
より実践的な教育には、産業界との連携が欠かせない。産業界と連携して、教育内容の改善を図る必要がある。また、実務家の講師派遣も必要である。
●リーダーシップ教育
専門職大学院では、リーダーシップについて学べる場を求められている。これまでのような理論や知識だけではなく、組織を引っ張るための実践力が学べることも求められる。

並列できない情報を
並列しているので、
分析に論理性がない

改善例２

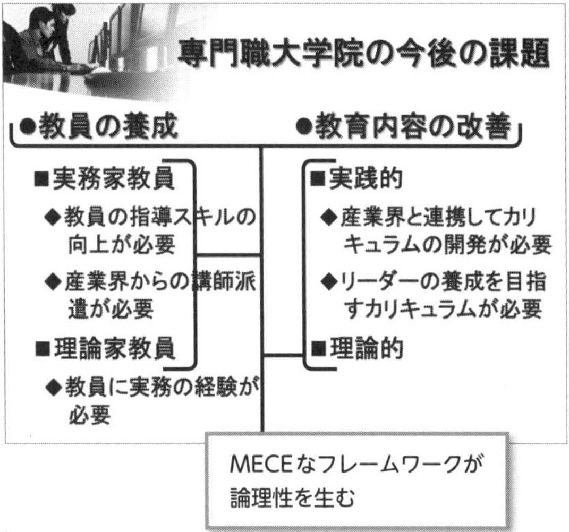
専門職大学院の今後の課題
●教員の養成
●教育内容の改善
■実務家教員
◆教員の指導スキルの向上が必要
◆産業界からの講師派遣が必要
■理論家教員
◆教員に実務の経験が必要
■実践的
◆産業界と連携してカリキュラムの開発が必要
◆リーダーの養成を目指すカリキュラムが必要
■理論的
MECEなフレームワークが論理性を生む

解説

　はっきりとMECEと分かる言葉の組み合わせで、情報をロジックツリーに分類しましょう。ロジックツリーを構成するには、階層とその階層に入れる要素の区別が重要です。

　まず、失敗例では、見出しの３つが横に並んでもいなければ、フレームワークにもなっていません。３つの情報は、下図のような横並びではありません。３つの情報は、互いに関連し合っています。「教員の養成」で述べている実務家教員は、「産業界との連携」で派遣してもらうのです。「産業界との連携」で述べ

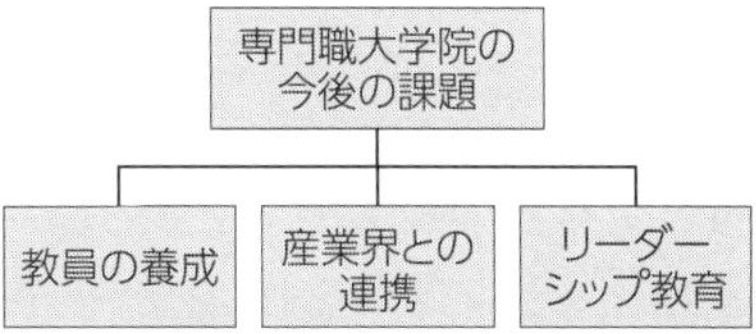
専門職大学院の今後の課題
教員の養成
産業界との連携
リーダーシップ教育

ている教育内容の改善の例が「リーダーシップ教育」です。

そこで、失敗例からフレームワークを探すと、「実務」-「理論」や「実践」-「理論」が見つかります。この組み合わせは、はっきりとMECEだと分かります。したがって、同一階層に「理論」「実践」以外の情報を並べてはいけません。

次に、別のフレームワークを見つけるために、繰り返し出てくる「教員」や「講師」という単語に注目します。「教員」や「講師」のような指導者とMECEになる情報を探すのです。つまり、よい教育には、よい指導者である「教員」と何が必要かを考え、失敗例から該当する情報を見つけ出します。

そう考えれば、「教員」-「教育内容」というフレームワークが見えてきます。よい教育には、教える人と教える内容の改善が必要ということです。当然ですが、「教員」-「産業界との連携」や、「教員」-「リーダーシップ」などという組み合わせを作ってはいけません。これらの組み合わせが横に並んでいるとはとうてい思えないからです。

改善例では、上記2つのフレームワーク、「理論」-「実践」「教員」-「教育内容」を組み合わせてロジックツリーを組んでいます（右ページの図参照）。すべての課題は、このロジックツリーの最下層部にある4つの項目のいずれかに分類できるはずです。たとえば、「リーダーシップ教育」は、「教育内容」という階層の「実践」という項目に分類できます。

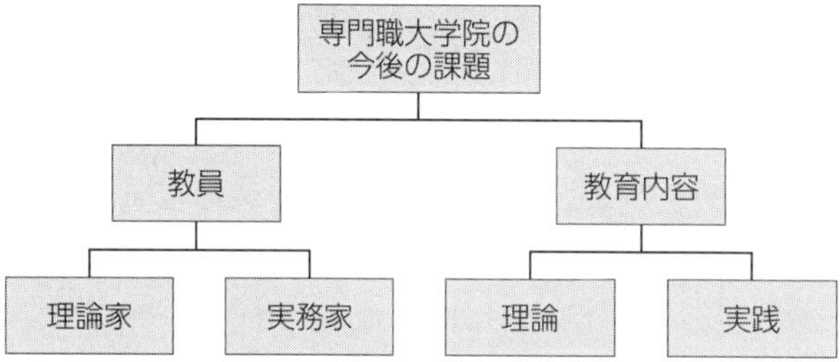

ロジックツリーは、リストアップ漏れの防止にも役立ちます。失敗例に示されている課題を、改善例のようにロジックツリーに分類してみると、「教育内容」の「理論」という階層に、課題が分類されていません。課題をリストアップするときに抽出しそこねたのかもしれません。

この例が、先の定年延長の例（改善例1）より難しく感じるのは、ロジックツリーを構成する階層と、その階層に入れる要素が混在しているからです。定年延長の例では、階層に入れる要素だけから、階層構造化してロジックツリーを組み上げました。一方、この例では、示されている情報が、ロジックツリーを構成する階層なのか、その階層に入れる要素なのかを、自ら判断しなければならないので難しくなります。

しかし、ビジネスの現場でロジックツリーを組もうとするなら、手元にある情報が、階層に入れる要素である保証はありません。むしろ、ロジックツリーを構成する階層と、その階層に入れる要素が混在していると考えるべきです。最初から階層に入れる要素だけを用意し、そこからロジックツリーが組めるだけでは実践的ではないのです。

コラム｜伝わらないのはプレゼンターの責任

プレゼンテーションのような一方通行のコミュニケーションの場合、コミュニケーションの責任は発信者、つまりプレゼンター側にあります。この責任を受信者である聴衆に押しつけてはいけません。

ところが、伝わらないと怒り出すプレゼンターが時々います。たとえば、質疑応答で、すでに説明した内容をそのまま質問された場合です。プレゼンターがムッとしながら、「それはさっき説明しましたが」などと言って、不機嫌に説明することがあります。

しかし、伝わらなかったのはプレゼンターの責任です。すでに説明した内容を質問されたとしたら、なぜ自分の説明では伝わらなかったのかを考えるべきです。仮に、伝わらなかった理由が、聴衆が聞いていなかったからだとしても、なぜ聞いてもらえなかったのかを考えるべきです。

伝わらないのを受信者の責任にするのは、日本の国語教育の影響かもしれません。国語教育では、分かりにくい文章を正しく読み取ることが求められます。読み間違えれば減点です。まさに、受信者に責任を負わせているのです。

しかし、ビジネスの社会では、分かりにくい説明をする側が悪いのです。伝わらなくて一番困るのは、プレゼンターのはずです。

第3部

ロジックを表現する

ロジックをスライドで表現するには、まず全体を概略から詳細へと展開します。その上で、ロジックをスライドで強調します。さらに、スライド内を、文章ではなく図を使って論理的に表現します。

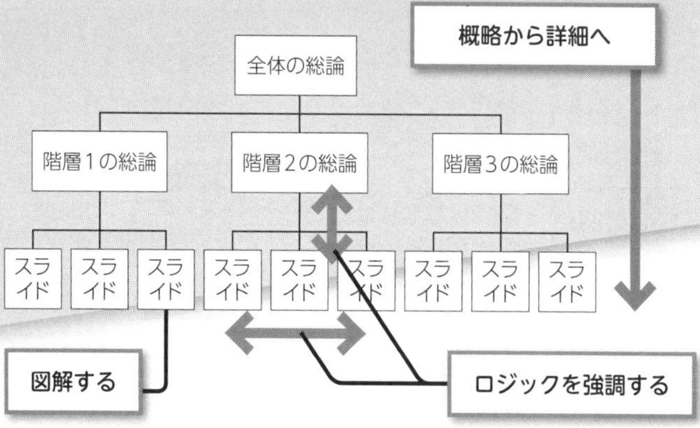

1　概略から詳細へと展開する

この章のPOINT　プレゼンテーションの最初にポイントを述べます。各スライドも、まずポイントから述べます。ポイントを述べた後も、大項目から小項目へと説明します。

1.1 | 総論－各論－結論で構成する

ポイント

プレゼンテーション全体の構成は、総論－各論－結論です。最初にポイントを述べ、次にそのポイントを詳しく述べ、最後にポイントをもう一度述べます。長いプレゼンテーションでは、階層ごとに総論－各論－結論で構成します。

失敗例1

このスライドは、あるホテルに対してオーガニックタオルの導入を提案するプレゼンテーションの一部です。

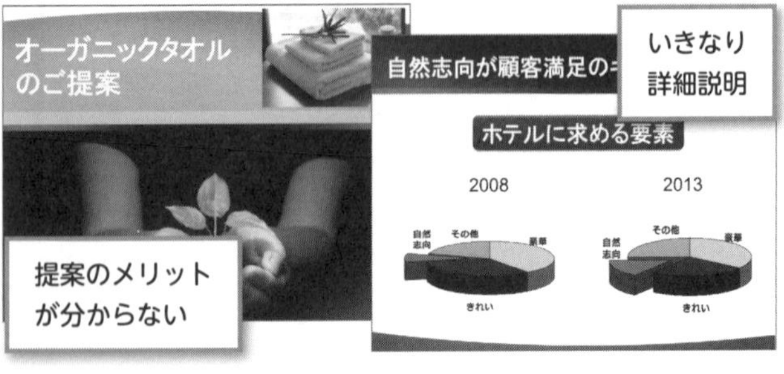

改善例1

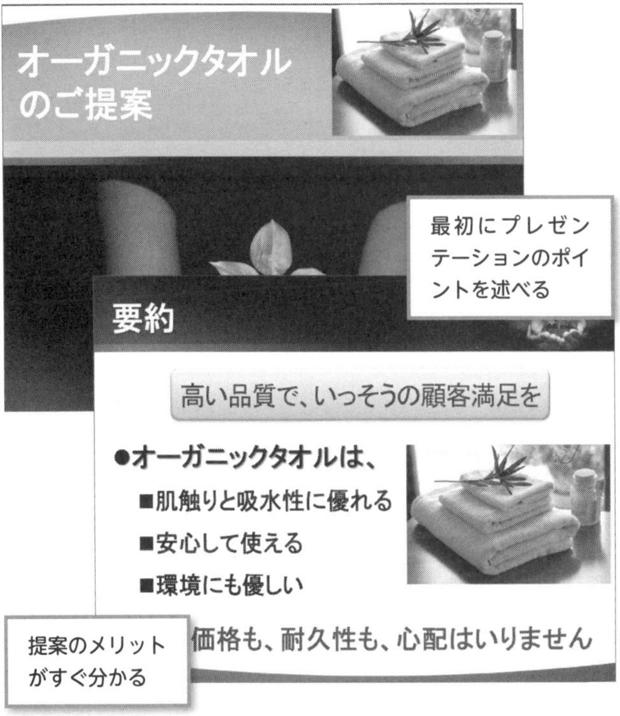
オーガニックタオル
のご提案
最初にプレゼンテーションのポイントを述べる
要約
高い品質で、いっそうの顧客満足を
●オーガニックタオルは、
■肌触りと吸水性に優れる
■安心して使える
■環境にも優しい
価格も、耐久性も、心配はいりません
提案のメリットがすぐ分かる

総論から始める

プレゼンテーションは、重要な情報をまとめた総論で始めます。この総論で、結果も結論も、大事なことはすべて述べます。

総論を先頭で述べれば、聴衆の興味が高まります。聴衆は、結果や結論の価値が高ければ高いほど、「しっかり聞かなければ」と思うのです。重要な情報や結論を、プレゼンテーションの最後にだけ述べてはいけません。どんな結果や結論になるか分からない話、つまり聞く価値があるかどうか分からない話を、聴衆は集中力を持って聞くことはありません。

改善例では、提案のメリットが2枚目のスライドで示されているので、聴衆はこのプレゼンテーションに対する興味を高めます。しかし、失敗例では、2枚目のスライドで現状の詳細説明をしています。これでは、聴衆にメリットが伝わりません。聴衆の興味も高まりません。

また、総論を先頭で述べれば、聴衆はその先を理解しやすくなります。総論による予備知識のおかげで、後の詳細が分かりやすくなるのです。総論に示されている概略によって、論理展開もおおよそ予想がつきます。どんな展開になるかが分かっていれば、話についていきやすくなります。

改善例では、2枚目のスライドで、このプレゼンテーションの展開を予測できます。2枚目のスライドから判断して、この後は、オーガニックタオルの3つのメリットを述べた後、予想される反論についての説明があるはずです。失敗例では、いきなり現状分析ですから、その先どう展開するのかが聴衆には予測がつきません。

総論は典型的なパターンでまとめる

総論は、目的と要約に分けた上で、下記の典型的なパターンをベースに考えると、まとめやすくなります。

目的のパート	
現状または背景	プレゼンのきっかけとなった事実
問題点または必要性	解決しようとしている問題点か、このプレゼンの必要性
目的	報告しようとしている仕事
要約のパート	
結論や総括の文	最も伝えたいことを表現した文
重要な情報1	結論や総括の文を導き出した情報1
重要な情報2	結論や総括の文を導き出した情報2
重要な情報3	結論や総括の文を導き出した情報3
重要な情報4	その他の重要な情報（必要なら）

総論の目的のパートは、表紙のスライドで述べます（下記の例参照）。情報を述べる順番は、典型的なパターンと少し違っていてもかまいません。

オーガニックタオル
のご提案

「今日は、御社が展開していらっしゃいますホテルに最適のオーガニックタオルをご紹介したいと思います（**目的**）。今、若い女性を中心に自然志向が高まっています（**現状**）。そこで、当社のオーガニックタオルを御社のホテルに導入していただければ、御社が主たるターゲットに置いている女性客にご好評いただけるものと確信しております。さらに、その品質の高さから、男性客にもご満足いただけるものと存じます（**必要性**）」

総論の要約のパートは、要約のための専用スライドを使うと説明しやすいです（下記の例参照）。

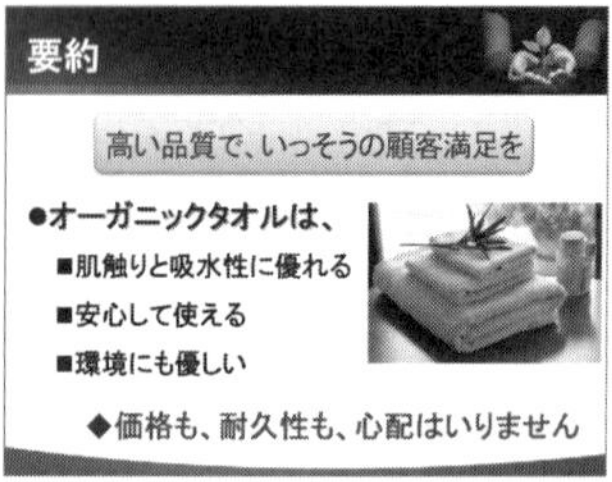
要約
高い品質で、いっそうの顧客満足を
●オーガニックタオルは、
■肌触りと吸水性に優れる
■安心して使える
■環境にも優しい
◆価格も、耐久性も、心配はいりません

「当社のオーガニックタオルは、その高い品質で、いっそうの顧客満足をお約束いたします（**結論の文**）。オーガニックタオルは、肌触りと吸水性が抜群に優れています。小さなお子様や肌にトラブルをお持ちの方にも安心してお使いいただけます。さらに環境にも優しいです。価格が高い、耐久性が低いという不安が寄せられますが、そんなことはありません（**重要な情報**）」

総論の要約のパートは、目次のスライドを活用することもできます（下記の例参照）。

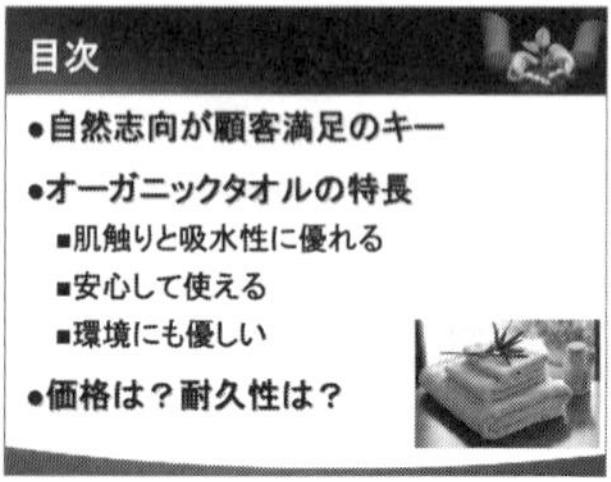
目次
●自然志向が顧客満足のキー
●オーガニックタオルの特長
■肌触りと吸水性に優れる
■安心して使える
■環境にも優しい
●価格は？耐久性は？

「当社のオーガニックタオルは、その高い品質で、いっそうの顧客満足をお約束いたします（**結論の文**）。そこでまず、自然志向が高まっている現状について説明いたします。次に、当社のオーガニックタオルの特長である、肌触りと吸水性の点、安心して使える点、さらに環境にも配慮されている点について説明いたします。最後に価格や耐久性について不安があろうかと存じますので、心配が不要なことを説明します（**重要な情報**）」

各論で詳細説明する

総論で重要な情報を述べた後は、各論でその重要な情報を、総論で述べた順に詳細説明します。重要な情報が、総論で述べた概略だけでいいはずがありません。必ず各論で詳細説明します。

各論では、重要な情報以外に、重要性の低い情報も説明することがあります。総論で述べるほど重要ではないが、説明はしておきたい情報もあります。そのような情報は、各論でだけ述べます。たとえば、上記のオーガニックタオルの提案なら、タオルの取り扱い上の注意などです。

結論で全体をまとめる

最後に結論で大事な情報を念押ししましょう。総論のスライドを再表示しつつ、総論で述べたことを繰り返します。

結論では、総論の要約のパートで使ったスライドを使います。全く同じでも、少し表現やデザインを変えてもかまいません。総論で述べた重要な情報を、最後にもう一度、強調します。総論の要約のパートを、目次のスライドで代用した場合は、新たに結論のスライドを起こします。

結論で気をつけたいことは、総論と内容が一致することです。結論でのみ、新しいことを述べてはいけません。重要な情報は、最初と最後で一致するはずです。総論と結論の内容を一致させるためにも、総論の要約のパートで使ったスライドを、結論で流用するのが安全です。

結論は、各論の途中からでも飛べるように準備しておきましょう。プレゼンテーションを一番聞いてほしいキーパーソンが、途中退席してしまう場合もあります。キーパーソンが途中退席しそうになったら、「あと、1分だけください」と言って、結論を述べましょう。各論の途中からでも結論に飛べるよう、最初に総論を述べておくのです。

階層でも同じ構成を取る

階層構造を持つような長いプレゼンテーションでは、目次スライドを活用して、階層ごとに総論を述べます。

階層ごとに総論を述べることで、ロジックやプレゼンテーションの流れを聴衆に印象づけます。プレゼンテーションでは、聴衆は絶えず1枚のスライドだけを見ています。部分を見ていると、ロジック全体がつかめません。

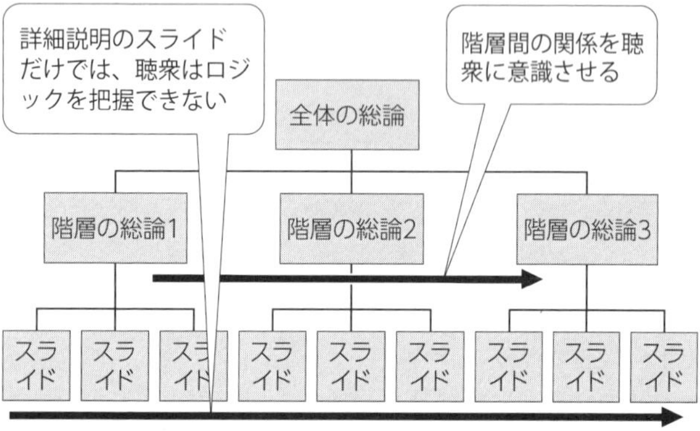

階層の総論のスライドは、目次のスライドを活用するのが効果的です。目次のスライドを見せることで、聴衆は全体の流れを再確認できます。このとき、前に見せた目次スライドをそのまま使うのではなく、これから述べようとする階層だけ、色やフォントを変えておきます。このスライドを見せつつ、これから説明する階層の概略を紹介します。

目次スライドを活用した階層の総論の例：

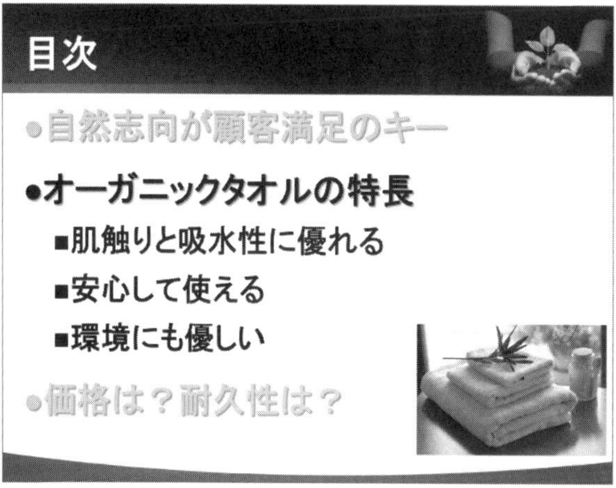

「では次に、当社のオーガニックタオルの特長を説明いたします。当社のオーガニックタオルは、肌触りと吸水性が抜群に優れています。小さなお子様や肌にトラブルをお持ちの方にも安心してお使いいただけます。さらに環境にも優しいです。この3点について、より詳しく説明いたしましょう」

失敗例2

以下は、心電図の波形を記録する装置のトラブル解析をしたプレゼンテーションの冒頭です。しかし、このプレゼンテーションには総論がないので、ロジックが伝わりにくくなっています。

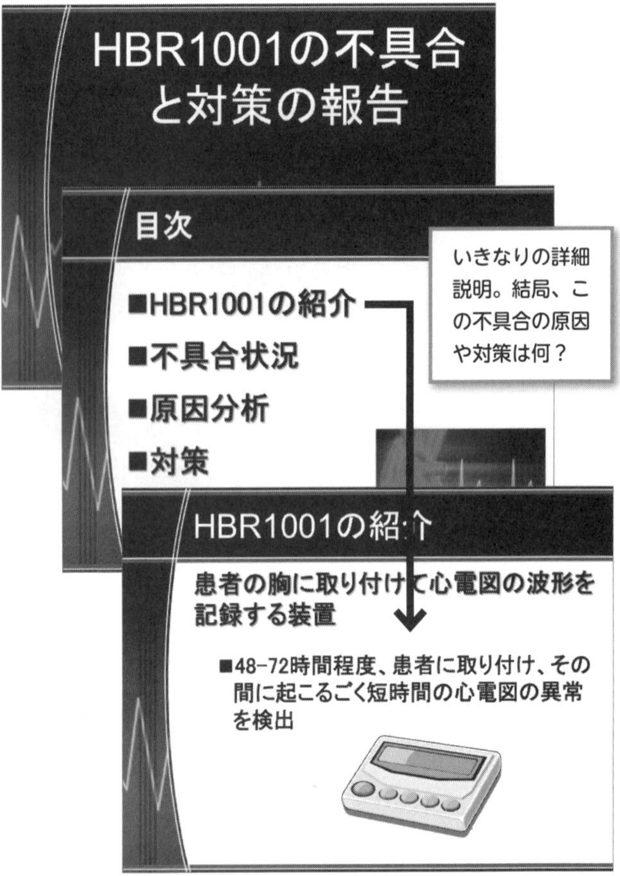
HBR1001の不具合
と対策の報告
目次
■HBR1001の紹介
■不具合状況
■原因分析
■対策
いきなりの詳細説明。結局、この不具合の原因や対策は何？
HBR1001の紹介
患者の胸に取り付けて心電図の波形を記録する装置
■48−72時間程度、患者に取り付け、その間に起こるごく短時間の心電図の異常を検出

改善例2

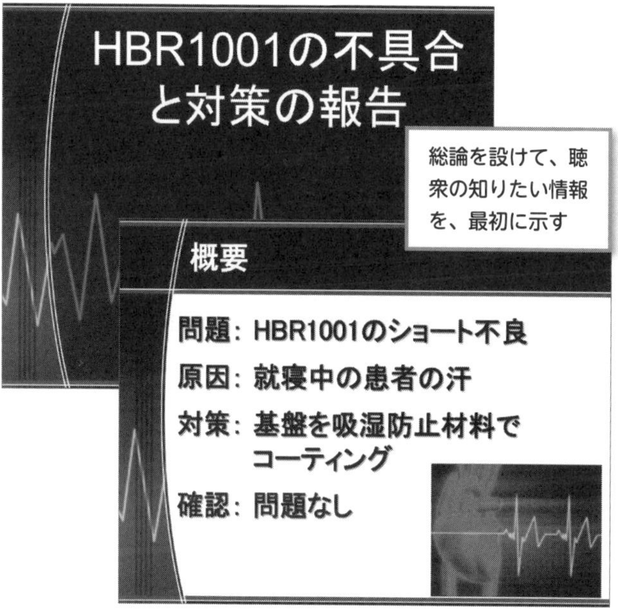
HBR1001の不具合
と対策の報告
総論を設けて、聴
衆の知りたい情報
を、最初に示す
概要
問題：HBR1001のショート不良
原因：就寝中の患者の汗
対策：基盤を吸湿防止材料で
コーティング
確認：問題なし

プレゼンターの説明：

「HBR1001に不具合が生じている問題につきまして、原因を解析し、対策を取りましたのでご報告いたします。本トラブルは、基盤を吸湿防止材料でコーティングしたことで解決しました。心電図の波形が正しく記録できなかったのは、HBR1001に装置内部のショート不良が多発したためでした。この不良は、就寝中の患者の汗による装置内のショートであることが分かりました。そこで、対策として、基盤に吸湿防止材料でコーティングを施しました。その結果、試験器で問題ないことが確認できました」

解説

プレゼンテーションの最初は、総論の典型的なパターンを活用して、ポイントを端的にまとめましょう。

総論の目的のパートは、表紙スライドを使って、以下の内容を述べます。

現状または背景	HBR1001に不具合が生じている
問題点または必要性	（省略：現状が同時に問題点）
目的	原因を解析し、対策を取ったので報告する

総論の要約のパートは、「概要」のスライドを使って、以下の内容を述べます。

結論や総括の文	基盤を吸湿防止材料でコーティングしたことで解決した
重要な情報1	HBR1001に装置内部のショート不良が多発
重要な情報2	原因は、就寝中の患者の汗にあった
重要な情報3	対策として、基盤を吸湿防止材料でコーティングした
重要な情報4	試験器で問題ないことを確認した

上記のパターンは、あくまで目安と考えてください。いつでもこの形のまま、総論が作れるとは限りません。たとえば、内容によっては、目的のパートをほとんど述べる必要がないこともあります。あるいは、結論や総括の文がないこともあります。その場に応じた応用が必要です。

コラム｜立つ位置に気を配る

プレゼンターは、立つ位置にも気を配らなければなりません。

まず、原則として右利きの方は、スクリーンに向かって右に、左利きの方は左に立ちます。この位置なら、ポインターを利き腕で操作したとき、ポインティングがしやすいからです。逆の位置に立つと、ポインティングするとき、聴衆に背を向ける姿勢になります。聴衆とアイコンタクトが取れなくなります。

また、スクリーンから離れすぎないように気をつけます。スクリーンとプレゼンターが離れていると、聴衆は、話を聞くのに、スクリーンとプレゼンターの両方を、首を振って見なければなりません。スクリーンとプレゼンターが、同時に視野に入る位置で話しましょう。

さらに、スクリーンを遮るような位置に立たないように気をつけます。スクリーンの前に立つのは論外ですが、脇に立てばいいというものではありません。スクリーンと聴衆の距離が近いと、プレゼンターがスクリーンの脇に立っても、最前列の端の聴衆にとっては、プレゼンターが邪魔ということはよくあります。そのような場合、プレゼンターはスクリーンの真横に立つか、あらかじめ最前列の端の席に荷物を置いたりすることで、聴衆が最前列の端に座らないようにする配慮が必要です。

1.2 | スライドのポイントは先に示す

ポイント

各スライドのポイントは、スライドの先頭で示します。ポイントが先に述べられていると、聴衆はその後の詳細が理解しやすくなります。プレゼンターは、スライドのポイントを最後に示しても、分かりにくいとは感じないので注意が必要です。

失敗例1

このスライドは、日本の国際競争力について説明するプレゼンテーションの一部です。

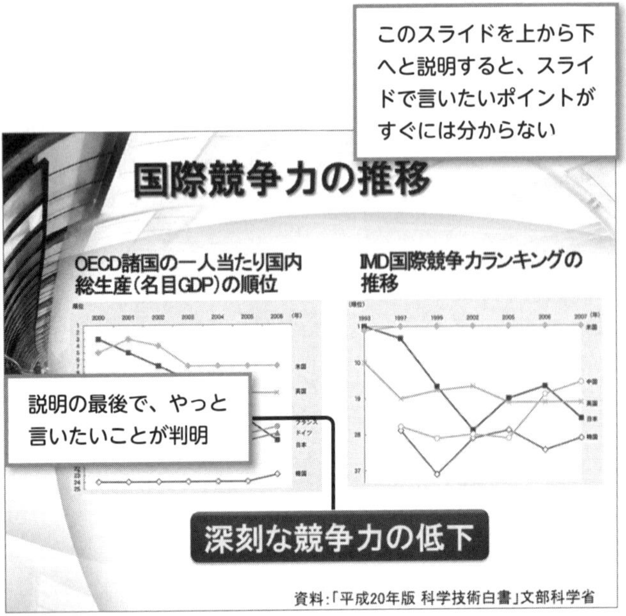
このスライドを上から下へと説明すると、スライドで言いたいポイントがすぐには分からない
国際競争力の推移
OECD諸国の一人当たり国内総生産(名目GDP)の順位
IMD国際競争力ランキングの推移
フランス
ドイツ
日本
説明の最後で、やっと言いたいことが判明
深刻な競争力の低下
資料:「平成20年版 科学技術白書」文部科学省

改善例1

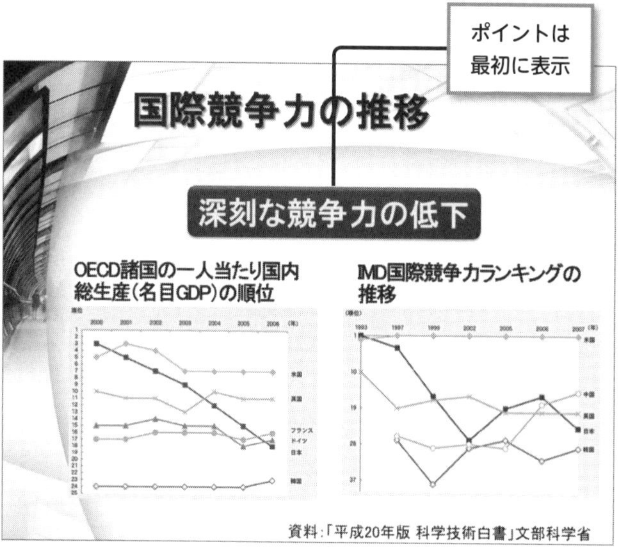

スライドはポイントで始める

　各スライドは、ポイントから説明を始めます。つまり、スライド1枚の説明においても、プレゼンテーション全体の構成である「総論－各論－結論」を守ります。まずスライドの先頭でポイントを述べ、次にそのポイントをグラフや図解を使って詳しく説明し、最後にポイントを繰り返します。

　スライドをポイントから説明し始めるのは、予備知識のおかげで、後の詳細が分かりやすくなるからです。プレゼンテーションを総論から始める理由（「1.1 総論－各論－結論で構成する」136ページ参照）と同じです。ポイント（＝

主張）を知っていれば、そのポイントを意識しながらデータを見るために、データの説明が分かりやすくなります。どんな主張を導くつもりか分からない状態で、データの説明をされると理解しにくくなります。

失敗例では、ポイントである「深刻な競争力の低下」が最後に述べられています。このスライドでは、まず「OECD諸国の一人当たり国内総生産の順位」というデータで日本の順位の低下を説明しています。次に、「IMD国際競争力ランキングの推移」というデータでも日本の順位の低下を説明しています。最後に、「以上から、競争力の低下は深刻です」とまとめているのです。

一方、改善例では、ポイントである「深刻な競争力の低下」を先に示しています。「深刻な競争力の低下」と述べた後、「こちらのデータをご覧ください」と、いかに競争力が低下しているかをデータ（グラフ）で示します。データの詳細説明が終わったら、先頭に戻って、「このように競争力の低下は深刻です」とまとめるわけです。

プレゼンターはポイントを先に説明する必要がない――

一方で、プレゼンターは、ポイントをスライドの最後に述べても、分かりにくいとは感じません。なぜなら、プレゼンターだけは、ポイントを最初から知っているからです。そのポイントを頭に置きながら説明しているのです。したがって、スライドのポイントが、アニメーションによって最後まで表示されなくても、プレゼンターは問題なく話ができます。プレゼンターと聴衆では、持っている予備知識が違うので、分かりやすさの感覚もずれるのです。

しかも、プレゼンターにとっては、ポイントを最後に述べたほうが自然に感じられます。つまり、この例のように、データから主張を導く場合、多くの人がまずデータを説明したくなります。なぜなら、プレゼンテーションの内容を考えているときは、先に入手したデータから主張が導かれることが多いからです。しかし、考えた順に説明することが分かりやすいわけではありません。

ポイントはタイトルでも示せる

スライドのポイントは、スライドのタイトルを使って示すこともできます（下図参照）。

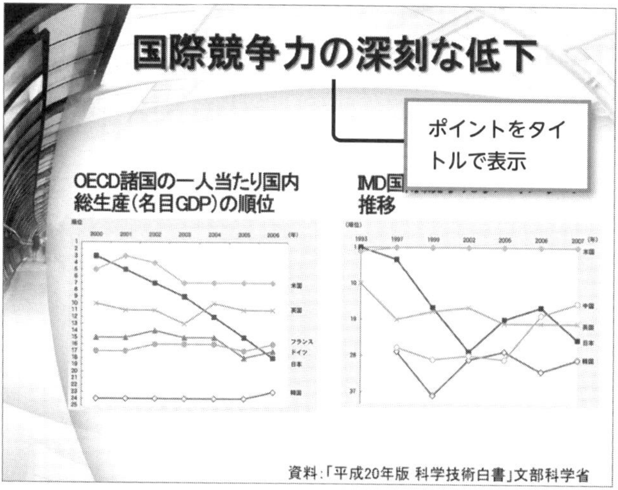

失敗例2

下記は、デフレスパイラルについてまとめたスライドです。しかし、このスライドはポイントが先に述べられていないので、伝わりにくくなっています。

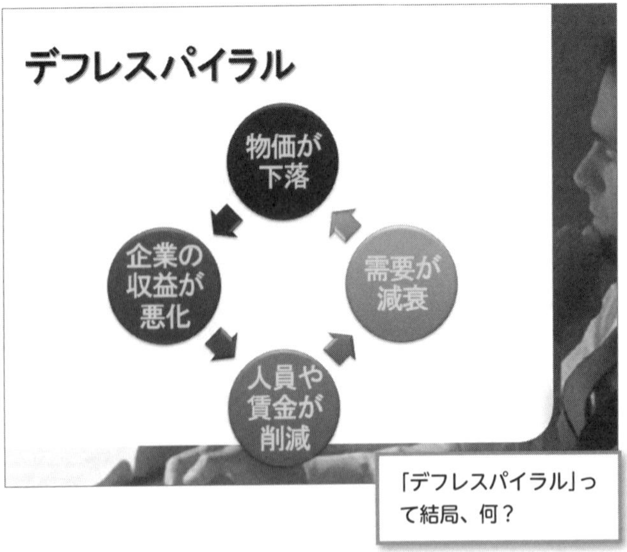

プレゼンターの説明：
「デフレ、つまり物価が下落すると、生産者企業の収益が悪化します。収益が悪化すれば、企業は人員を削減したり賃金のカットをしたりします。失業したり、賃金が減少したりすれば、生活を守るためにものをあまり買わなくなります。需要が減衰すれば、企業は商品価格を下げざるを得なくなります。こうしてさらに物価は下落していきます。このような悪循環がデフレスパイラルです」

改善例2

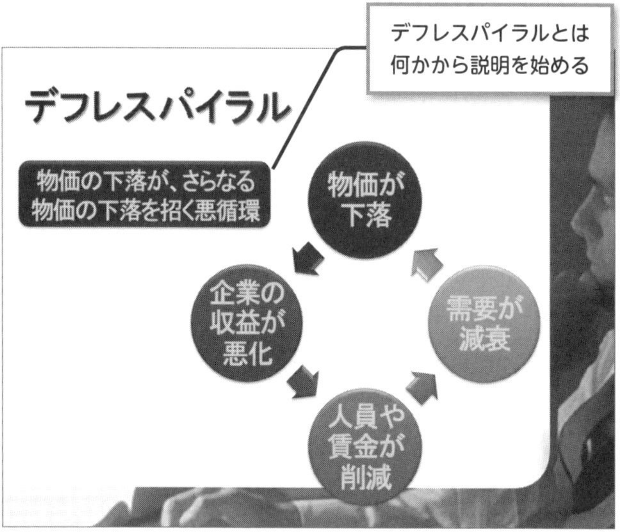
デフレスパイラルとは
何かから説明を始める
デフレスパイラル
物価の下落が、さらなる
物価の下落を招く悪循環
物価が
下落
企業の
収益が
悪化
人員や
賃金が
削減
需要が
減衰

「デフレスパイラルとは、物価の下落が、さらなる物価の下落を招く悪循環のことです。デフレ、つまり物価が下落すると、……このような悪循環がデフレスパイラルです」

解説

最初にデフレスパイラルとは何かを1文で説明しましょう。改善例では、「デフレスパイラルとは、物価の下落が、さらなる物価の下落を招く悪循環のことです」と先に述べてから、説明を始めています。一方、失敗例では、「このような悪循環がデフレスパイラルです」と最後に述べています。無意識に説明すると、失敗例のように、ポイントを最後に述べたくなりますので、注意が必要です。

1.3｜大項目から小項目へと説明する

ポイント

スライド内は、大項目から小項目へと説明します。たとえば、フレームワークを使った説明なら、まずそのフレームワークから説明します。箇条書きを使った説明なら、箇条書きの大項目から小項目へと説明します。

失敗例1

このスライドは、LOHAS層をターゲットにしたビジネスを提案するプレゼンテーションの一部です。

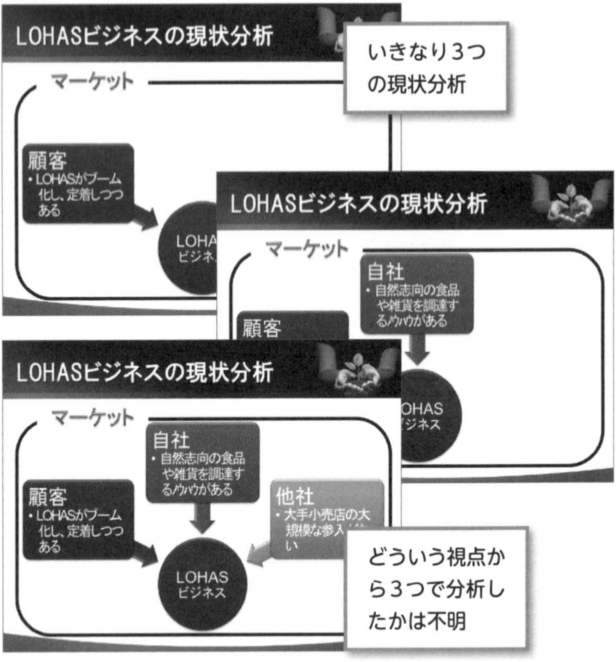

改善例1

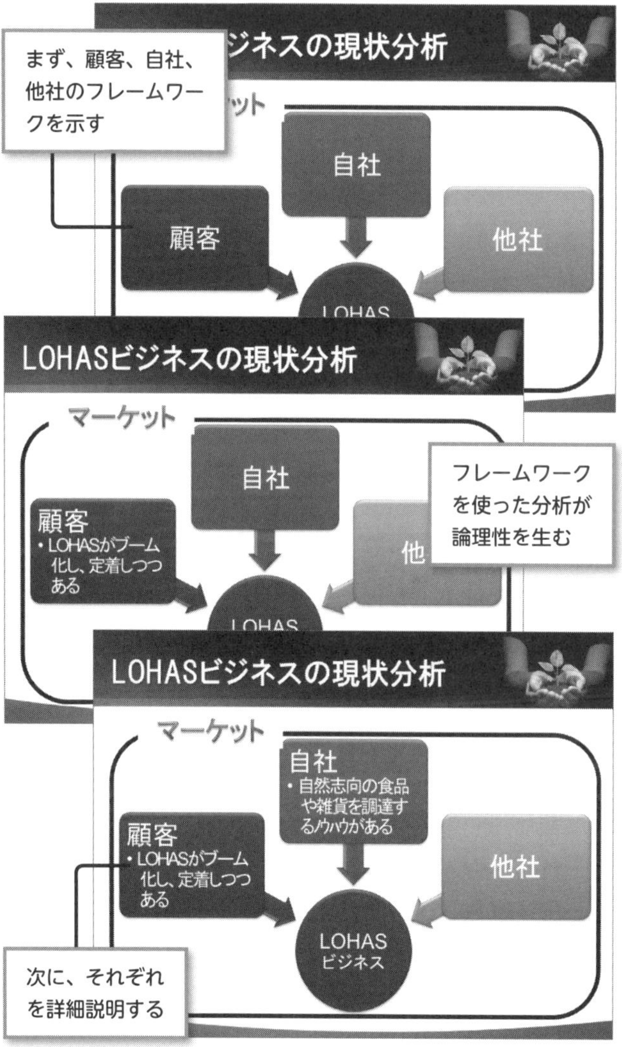
ジネスの現状分析
まず、顧客、自社、他社のフレームワークを示す
ット
自社
顧客
他社
LOHASビジネスの現状分析
マーケット
自社
顧客
・LOHASがブーム化し、定着しつつある
他
フレームワークを使った分析が論理性を生む
LOHASビジネスの現状分析
マーケット
自社
・自然志向の食品や雑貨を調達するノウハウがある
顧客
・LOHASがブーム化し、定着しつつある
他社
LOHAS
ビジネス
次に、それぞれを詳細説明する

フレームワークから説明する

フレームワークを使った説明なら、フレームワークという概略を先に見せます。その後、アニメーションを使って詳細項目を表示しながら説明します。

フレームワークから説明し始めるのは、予備知識のおかげで、後の詳細が分かりやすくなるからです。プレゼンテーションを総論から始める理由（「1.1 総論－各論－結論で構成する」136ページ参照）と同じです。論理展開が分かっているので、後の説明が頭に入りやすくなります。

改善例では、顧客、自社、他社というフレームワークを先に説明してから、この3つについての説明に移っています。説明順が初めから分かっているので、説明全体が理解しやすくなります。失敗例のように、いきなりひとつひとつ説明を始めてはいけません。

箇条書きも大項目から説明する

同様に、箇条書きで説明する場合も、大項目を先にすべて示し、その後に小項目を説明すると効果的です。

たとえば、EQを左右する3つの知性について、箇条書きで説明した場合（右ページの図参照）を考えてみましょう。なお、ここでいうEQとは、Emotional Intelligence Quotientの略で、感情をコントロールし、利用する能力のことです。近年、ビジネススキルの1つとして注目を浴びています。

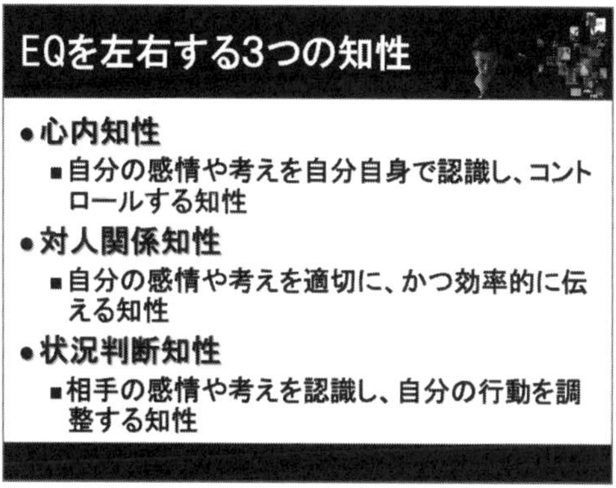
EQを左右する3つの知性
●心内知性
■自分の感情や考えを自分自身で認識し、コントロールする知性
●対人関係知性
■自分の感情や考えを適切に、かつ効率的に伝える知性
●状況判断知性
■相手の感情や考えを認識し、自分の行動を調整する知性

ここでは、次のようなアニメーションを設定しがちです。

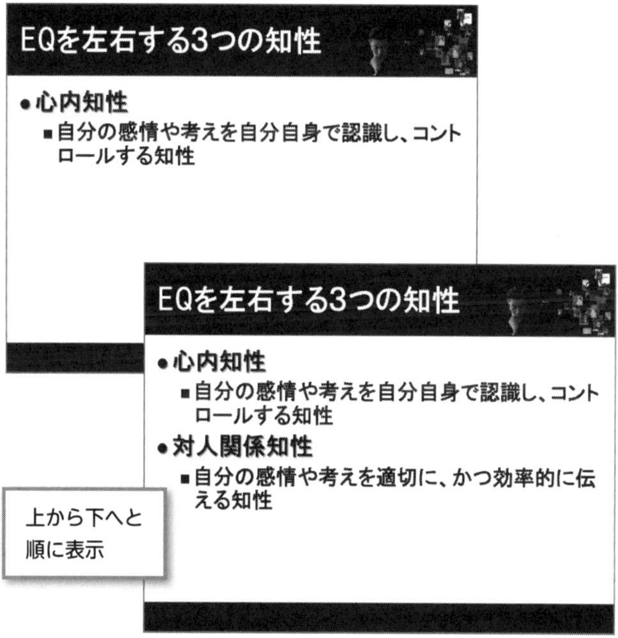
EQを左右する3つの知性
●心内知性
■自分の感情や考えを自分自身で認識し、コントロールする知性
EQを左右する3つの知性
●心内知性
■自分の感情や考えを自分自身で認識し、コントロールする知性
●対人関係知性
■自分の感情や考えを適切に、かつ効率的に伝える知性
上から下へと
順に表示

これを、次のようなアニメーションで説明するのです。

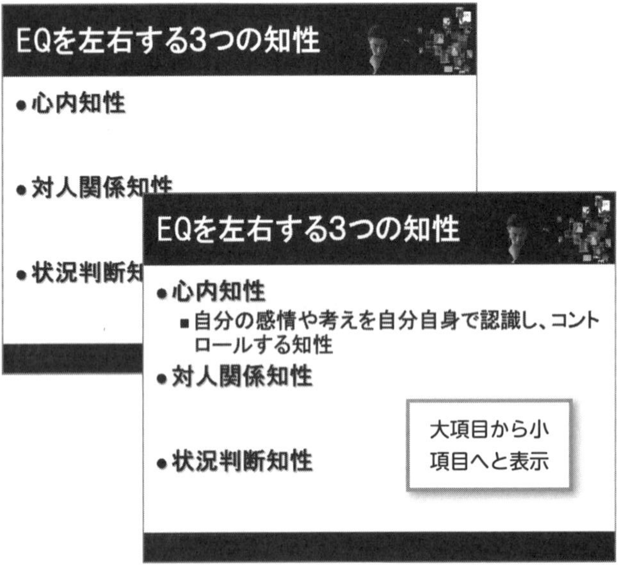

プレゼンターは概略を先に説明する必要がない

気をつけなければならないのは、プレゼンターが分かりやすいと思っても、聴衆は分かりにくいと感じる場合があるということです。

プレゼンターは、いきなり詳細説明を始めても、その説明が分かりにくいとは思いません。たとえば、箇条書きを上から順に説明しても、プレゼンターは何の違和感もなく説明できます。なぜなら、プレゼンターはそのスライドの全体像（箇条書きの大項目）を、最初から知っているからです。プレゼンターは、話していない全体像を頭に置いているために、分かりやすく説明しているつもりなのです。

しかし、聴衆は、いきなり詳細説明が始まると分かりにくく感じます。なぜなら、聴衆は、説明の全体像やポイントを知らないまま、詳細説明を聞かされるからです。説明の全体像を探りながら、何を述べるつもりなのかを考えながら話を聞くのでは、分かりにくくなります。

スライドでアニメーションを使わなければ、全体像を示せますが、それでは聴衆が話を聞かなくなります。たとえば、箇条書きのスライドは、アニメーションを使わずに、すべてを最初に表示すれば全体像が分かります。しかし、すべてを最初に表示すると、聴衆は全体像をつかむためにスライドを終わりまで読もうとしてしまいます。つまり、プレゼンターの説明をそっちのけにして、スライドの読み取りに頭を使ってしまうのです。

大項目を示しつつポイントを述べる

最初に大項目を示すときは、スライドのポイントを述べるように気をつけます。単に大項目を羅列するような説明では不十分です。たとえば、改善例で「LOHASビジネスについて、顧客、自社、他社で分析しました」と述べてはいけません。これではポイントを述べたことにはなりません。このスライドのポイントは、「LOHASビジネスは、マーケットを構成する顧客、自社、他社、いずれの分析においても有望です」になります。

失敗例2

以下は、「第１部　論理的なプレゼンには何が必要か」の「1.3 企業説明」の改善例で示した、ある会社の人事制度の基本方針をまとめたスライドです（33ページ参照）。しかし、この説明では、大項目から小項目へと説明していないので、大事なことが伝わりにくくなっています。

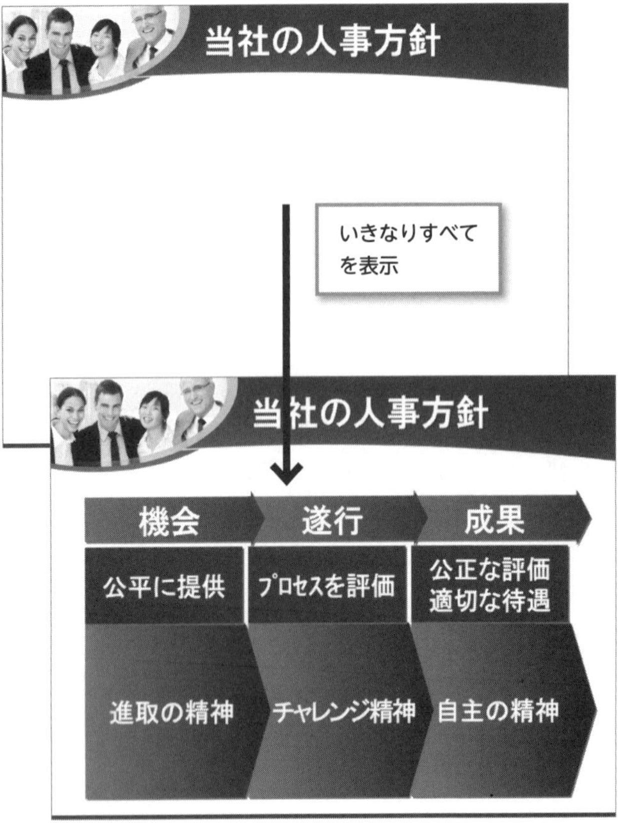

改善例2

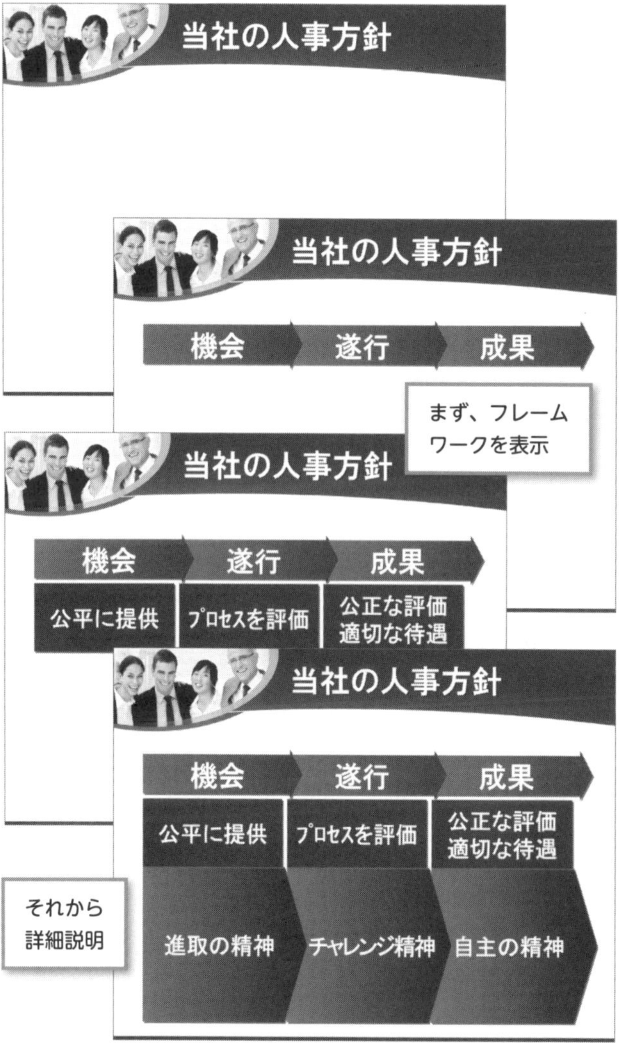
当社の人事方針
当社の人事方針
機会
遂行
成果
まず、フレームワークを表示
当社の人事方針
機会
遂行
成果
公平に提供
プロセスを評価
公正な評価
適切な待遇
当社の人事方針
機会
遂行
成果
公平に提供
プロセスを評価
公正な評価
適切な待遇
進取の精神
チャレンジ精神
自主の精神
それから詳細説明

解説

フレームワークである「機会提供」−「業務遂行」−「成果評価」を先に示してから詳細説明を始めましょう。

失敗例では、人事方針が「機会提供」−「業務遂行」−「成果評価」というフレームワークに基づいて作成されているのに、それが伝わりません。すべてを同時に出してしまうと、聴衆はプレゼンターの話を聞かず、スライドを読み取ろうとしてしまいます。プレゼンターが、フレームワークの説明をしても、ろくに聞いてはくれないのです。

そこで改善例では、フレームワークの図を先に表示しています。「機会→遂行→成果」の図だけを表示して、ビジネスは、この3ステップの繰り返しであることを先に説明します。その後、3つの柱をフレームワークに沿って説明します。このように、説明する部分だけをアニメーションで表示させるほうが、聴衆を説得するのに効果的です。なお、改善例ではこの図解が直線ですが、サイクルを表す図を利用するのも1つの方法です。

フレームワークの図を表示したら、同時にスライドのポイントも述べます。たとえば、「当社は、人事制度の基本方針として、ビジネスの流れに合わせて、3つの柱を設定しています」と述べます。あるいは、「当社では、ビジネスの流れ、機会提供−業務遂行−成果評価に合わせて、人事制度の3つの基本方針を設定しています」でもよいでしょう。

コラム｜「あがり」を防ぐ

プレゼンテーションにおけるあがりを防ぐには、自信と熱意が必要です。

プレゼンテーションに対する自信、失敗しないという自信が、あがりを防いでくれます。逆に、自信がないと、経験豊富なプレゼンターといえども、あがってしまいます。私は、年に100回以上のプレゼンテーションをします。数百人の前でも話します。いつもの内容なら自信があるのであがりません。しかし、自信のない内容だと、数人を前にしても神経質になることがあります。

自信を持つためには、リハーサルが重要です。重要なプレゼンテーションでは、1～2回のリハーサルでは不十分です。10回、20回と繰り返しましょう。

プレゼンテーションに対する熱意もあがりを防いでくれます。話したいという気持ちが大事です。伝えたいという気持ちが前に出れば、自然と声が大きく、アクションも大きくなり、あがりは吹っ飛びます。仕方なしにプレゼンテーションをするようでは、聴衆の反応が気になって、あがるばかりです。

ちなみに、コーヒーを飲んだり、音楽を聴いてリラックスしたりするという方法を本で読んだことがあります。しかし、私には効果はありませんでした。

2 ロジックを強調する

この章のPOINT　組んだロジックはスライドで伝えなければなりません。とくに気をつけたいのは次の3点です。

- 階層間の接続関係
- 階層内の総論と各論の接続関係
- 各論のスライド間の接続関係

2.1 ｜階層間の関係を示す

ポイント

全体の構成を印象強く残すために、階層間の関係を聴衆に意識させましょう。そのためには、「3」を基調にロジックを組み、そのロジックを目次スライドで強調します。

失敗例1

このスライドは、社内における革新運動を説明するプレゼンテーションの一部です。しかし、このプレゼンテーションでは、階層間の関係が分からないので、ロジックが伝わりにくくなっています。

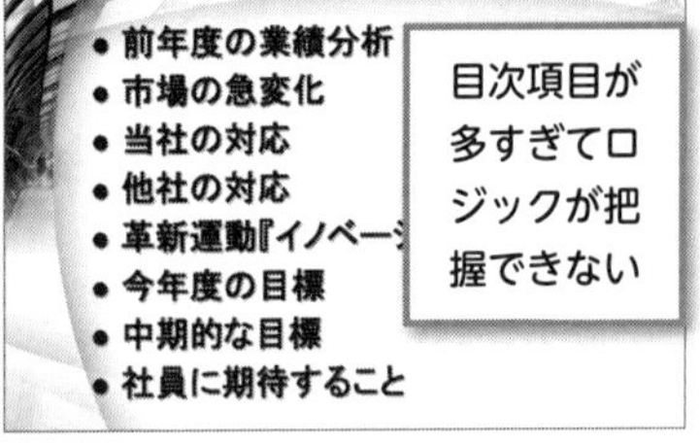

改善例１

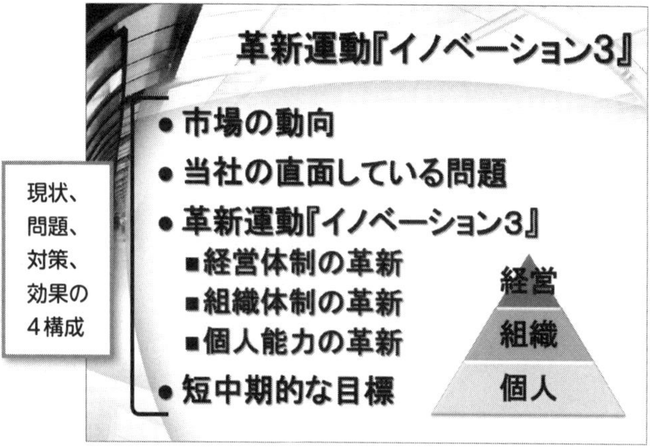
革新運動『イノベーション3』
● 市場の動向
● 当社の直面している問題
● 革新運動『イノベーション3』
■経営体制の革新
■組織体制の革新
■個人能力の革新
● 短中期的な目標
経営
組織
個人
現状、
問題、
対策、
効果の
４構成

ロジック全体を把握しやすくする

　ロジックを構成している階層が、互いにどう接続されているのかを意識できる工夫が必要です。プレゼンテーショ

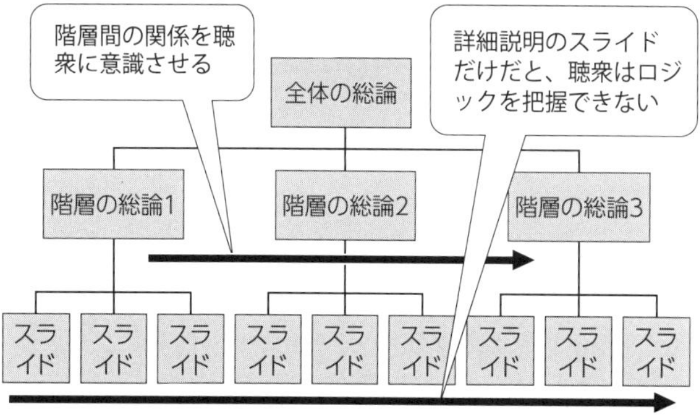
階層間の関係を聴
衆に意識させる
全体の総論
詳細説明のスライド
だけだと、聴衆はロジ
ックを把握できない
階層の総論1
階層の総論2
階層の総論3
スラ
イド
スラ
イド
スラ
イド
スラ
イド
スラ
イド
スラ
イド
スラ
イド
スラ
イド
スラ
イド

ンでは、絶えず１枚のスライドしか見ていません。部分を見続けていると全体が把握しにくくなるのです。たとえば、各論のスライドを10枚連続で見せられたら、ロジックはつかめません。人は、10のトピックを頭で整理できません。

「3」を基調にまとめる

聴衆がロジックを把握しやすくするために、ロジック全体の構成を、できれば３つでまとめます。３つより多くなればなるほど記憶しにくくなります。逆に１つ、２つでは少なすぎてロジックが組めません。

したがって、ロジックの第１階層を３つのトピックで構成します。たとえば以下のようなロジックになります。

- 問題－原因－対策
- 問題－対策－効果
- 特徴１－特徴２－特徴３

ロジックの第１階層を４つのトピックで構成することもあります。改善例は、下記の「現状－問題－対策－効果」でまとめてあります。

- 現状－問題－対策－効果
- 特徴１－特徴２－特徴３－考察
- 現状－提案－メリット－デメリットへの反論

目次スライドを活用する

次に、目次スライドを活用してロジック全体の構成や、これから説明する階層の概略を伝えましょう。

目次項目が1つ進むたびに、これから説明する項目を強調した目次スライドを表示します。目次スライドは、必然的にロジック全体の構成を示しているので、ロジックを聴衆に強調できます。このとき、これから説明する項目は、フォントの大きさや色を変えることで強調しておきます。

たとえば以下のようになります。

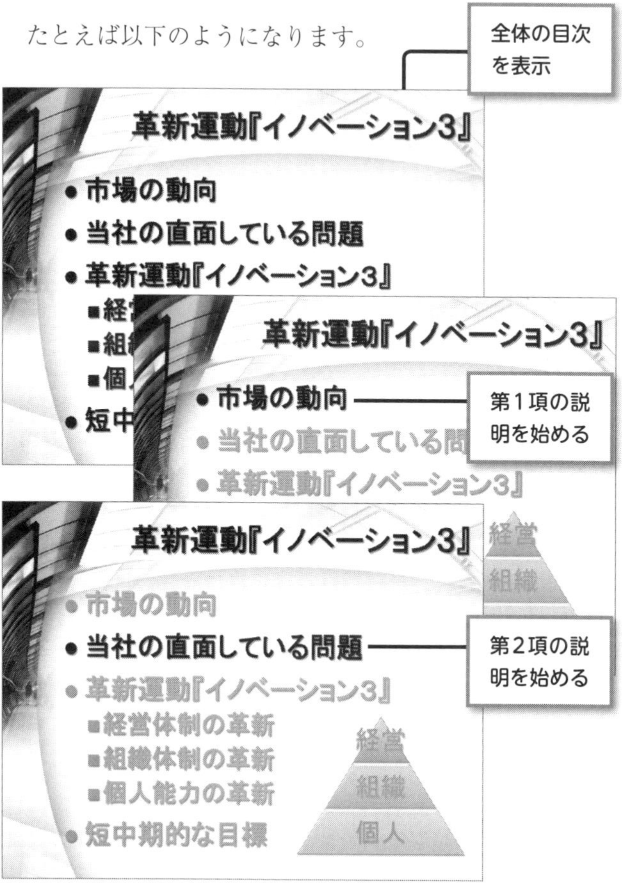
全体の目次を表示
革新運動『イノベーション3』
● 市場の動向
● 当社の直面している問題
● 革新運動『イノベーション3』
革新運動『イノベーション3』
● 市場の動向
● 革新運動『イノベーション3』
第1項の説明を始める
経営
組織
革新運動『イノベーション3』
● 市場の動向
● 当社の直面している問題
● 革新運動『イノベーション3』
■経営体制の革新
■組織体制の革新
■個人能力の革新
● 短中期的な目標
経営
組織
個人
第2項の説明を始める

目次スライドを何度も表示することで、聴衆はロジックを印象に残します。聴衆は、全体の構成を意識しつつ、これからプレゼンターが話す内容を確認できます。目次を最初にだけ示したのでは、聴衆は詳細説明を聞いているうちに、全体構成を忘れてしまいがちです。そこで、全体構成と、これから説明する項目の全体に対する位置づけを、目次スライドを何度も表示して確認させるのです。

なお、これから話そうとしている項目が階層になっているなら、その階層の総論（「1.1 総論－各論－結論で構成する」136ページ参照）を述べるのは目次スライドです。たとえば、前ページの例なら、以下のスライドで「イノベーション3」の概略を紹介します。

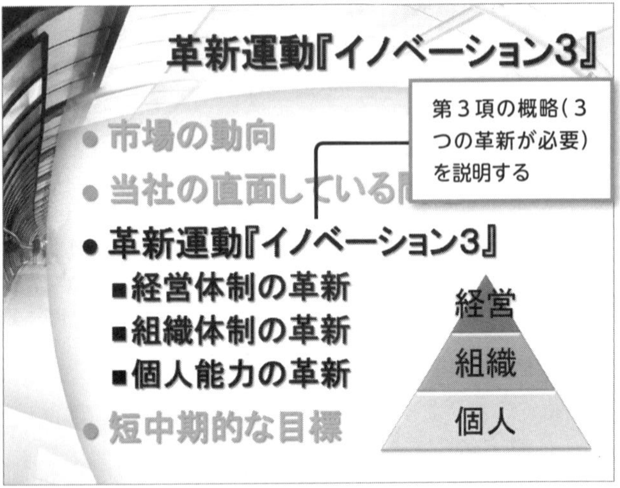
革新運動『イノベーション3』
第3項の概略(3つの革新が必要)を説明する
市場の動向
当社の直面している
革新運動『イノベーション3』
■経営体制の革新
■組織体制の革新
■個人能力の革新
短中期的な目標
経営
組織
個人

イラストを活用する

　目次スライドを何度も見せるのはくどいと感じる場合は、イラストを使うのも効果的です。短いプレゼンテーションでは、そう何度も目次スライドを出しなおすわけにはいきません。そこで、ロジックの流れをイラスト化し、スライドの右上など、邪魔にならない位置に配置します。ロジックの流れに合わせて、ロジックと対応するイラスト部分をハイライトします（下図参照）。

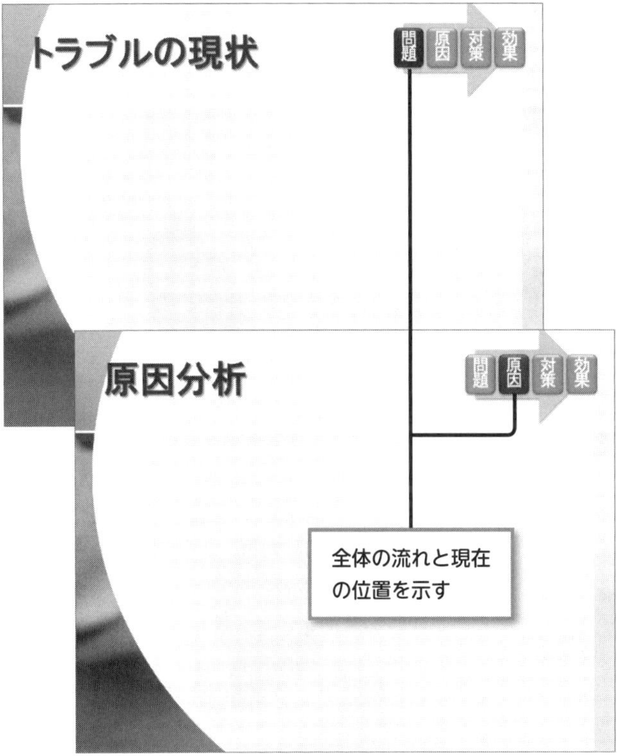

失敗例2

下記は、オーガニックタオルの導入を提案するプレゼンテーションの一部です。しかし、階層間の関係を明示していないので、ロジックがつかみにくくなっています。

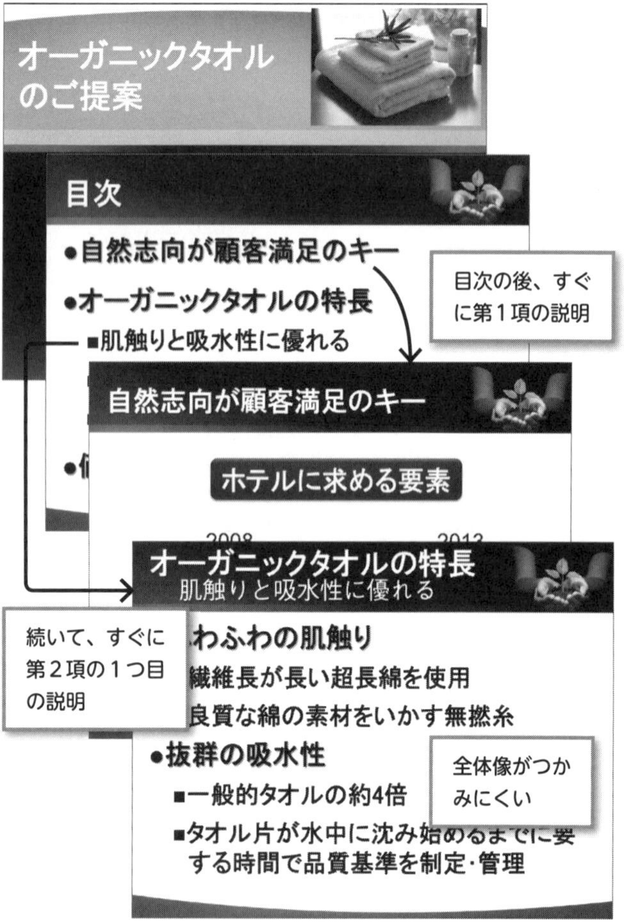
オーガニックタオル
のご提案
目次
●自然志向が顧客満足のキー
●オーガニックタオルの特長
■肌触りと吸水性に優れる
目次の後、すぐに第１項の説明
自然志向が顧客満足のキー
ホテルに求める要素
オーガニックタオルの特長
肌触りと吸水性に優れる
続いて、すぐに第２項の１つ目の説明
わふわの肌触り
繊維長が長い超長綿を使用
良質な綿の素材をいかす無撚糸
●抜群の吸水性
■一般的タオルの約4倍
■タオル片が水中に沈み始めるまでに要する時間で品質基準を制定·管理
全体像がつかみにくい

改善例２

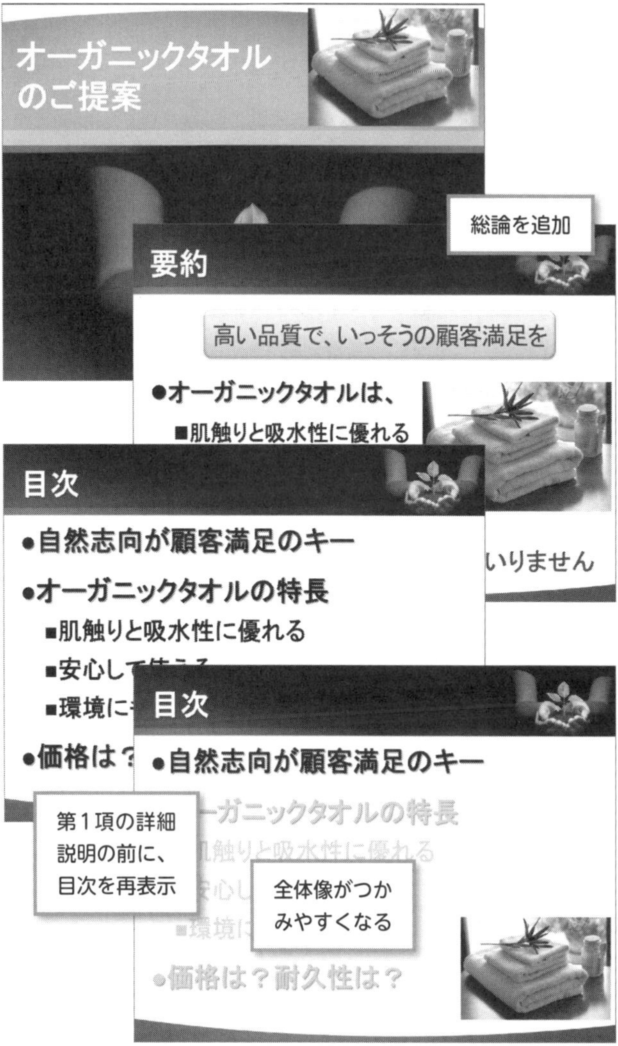
オーガニックタオル
のご提案
総論を追加
要約
高い品質で、いっそうの顧客満足を
●オーガニックタオルは、
■肌触りと吸水性に優れる
いりません
目次
●自然志向が顧客満足のキー
●オーガニックタオルの特長
■肌触りと吸水性に優れる
■安心して
■環境に
●価格は？
第１項の詳細
説明の前に、
目次を再表示
目次
●自然志向が顧客満足のキー
ーガニックタオルの特長
肌触りと吸水性に優れる
安心し
■環境に
全体像がつか
みやすくなる
●価格は？耐久性は？

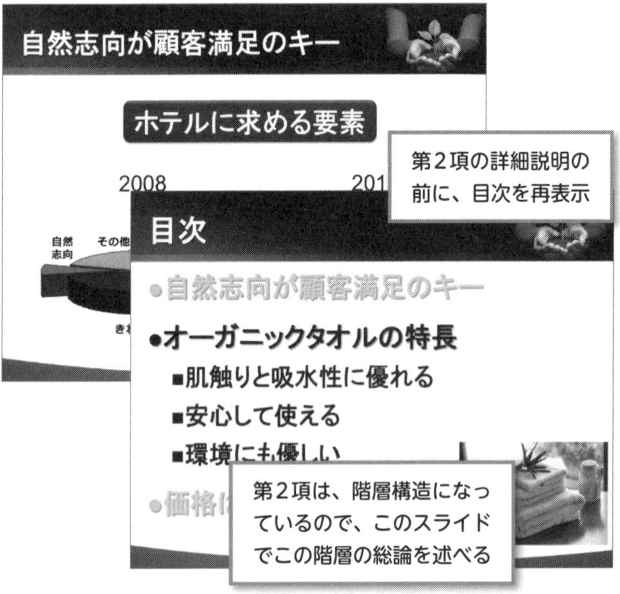
自然志向が顧客満足のキー
ホテルに求める要素
2008
自然
志向
その他
第２項の詳細説明の
前に、目次を再表示
目次
●自然志向が顧客満足のキー
●オーガニックタオルの特長
■肌触りと吸水性に優れる
■安心して使える
■環境にも優しい
第２項は、階層構造になっ
ているので、このスライド
でこの階層の総論を述べる

解説

プレゼンテーションは、総論から始めて、各論で詳細説明をしましょう。各論では、目次項目が１つ進むたびに、目次を再表示しましょう。

失敗例では、目次スライドを表示した後、その目次に示した項目を、次々に詳細説明しています。プレゼンテーションのポイントが最初にまとめられていないので、ポイントが伝わりにくいです。全体像は、目次で示しただけなので、詳細説明を聞いているうちに忘れてしまいます。結果として、何が重要で、どんなロジックなのかが分かりにくくなります。

改善例では、まず、プレゼンテーションの総論を述べるスライド（「1.1 総論－各論－結論で構成する」136ページ参照）を追加しました。目次を使って総論を述べる方法もありますが、専用のスライドを使ったほうがポイントを強調できます。この総論で、メリットなど重要な情報を伝えます。

さらに改善例では、目次項目が1つ進むたびに、目次スライドを再表示しています。目次を再表示するにあたり、これから説明する項目だけをハイライトし、その他の項目は薄い字で表示しています。目次で全体像を再表示することにより、全体のロジックの流れを確認させるとともに、これから説明する項目の位置づけもはっきり伝えられます。

なお、各スライドの目的や内容は以下のようになります。

表紙	このプレゼンテーションの目的を述べます。背景や必要性、目的などを簡単にまとめます。
要約	このプレゼンテーションのポイントを述べます。結論や重要な情報（ここでは特徴）をまとめます。
目次1	このプレゼンテーションの構成を述べます。
目次2	全体構成のどこをこれから話すのかを伝えます。同時に、聴衆には全体構成の確認も促します。
各論1	全体構成の第1項について詳細説明します。
目次3	全体構成のどこを話すのかを伝えます。同時に、聴衆には全体構成の確認も促します。さらに、この階層の総論（3つの特徴）も述べます。

2.2 ｜階層内の総論と各論の関係を示す

ポイント

総論と各論の関係を聴衆に視覚的に明示しましょう。そのためには、総論のスライドで用いたキーワードや図を、各論のスライドでそのまま使うと効果的です。

失敗例1

このスライドは、社内における革新運動を説明するプレゼンテーションの一部です。前のスライドで、この階層の総論を述べ、次のスライドで、詳細説明をしています。しかし、総論と各論の関係が明示されていないので、ロジックが伝わりにくくなっています。

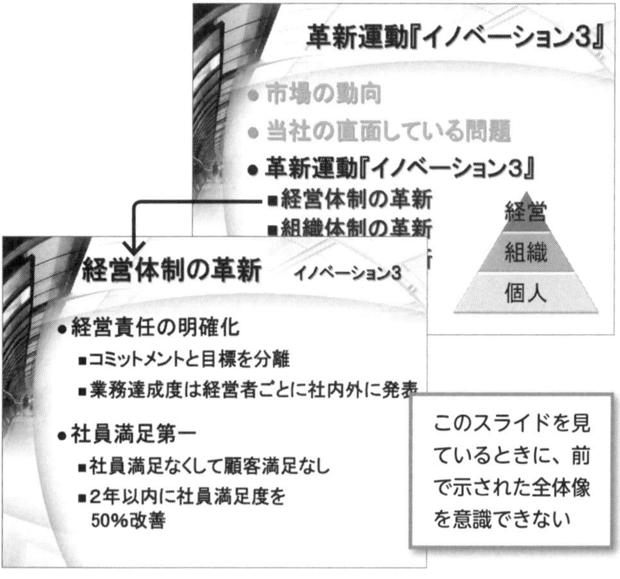
革新運動『イノベーション3』
● 市場の動向
● 当社の直面している問題
● 革新運動『イノベーション3』
■経営体制の革新
■組織体制の革新
経営
組織
個人
経営体制の革新
イノベーション3
●経営責任の明確化
■コミットメントと目標を分離
■業務達成度は経営者ごとに社内外に発表
●社員満足第一
■社員満足なくして顧客満足なし
■2年以内に社員満足度を
50%改善
このスライドを見ているときに、前で示された全体像を意識できない

改善例1

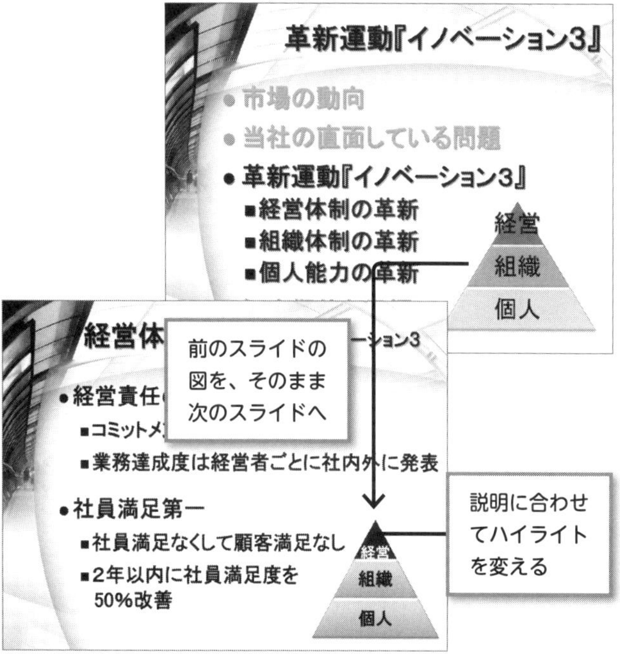
革新運動『イノベーション3』
● 市場の動向
● 当社の直面している問題
● 革新運動『イノベーション3』
■経営体制の革新
■組織体制の革新
■個人能力の革新
経営
組織
個人
前のスライドの
図を、そのまま
次のスライドへ
■業務達成度は経営者ごとに社内外に発表
● 社員満足第一
■社員満足なくして顧客満足なし
■2年以内に社員満足度を
50%改善
経営
組織
個人
説明に合わせ
てハイライト
を変える

総論と各論の対応を明示する

総論と各論の対応を、目で見える形で表現します。情報の対応を明示することで、聴衆が全体像と現在位置を意識できます。たとえば、「ここでは、A、B、Cの3点について説明していて、今の説明はその中のBだ」のように、全体を意識しながら聞けるのです。全体像と現在位置だけではなく、この先の論理展開も予測できるので、さらに分かりやすくなります。

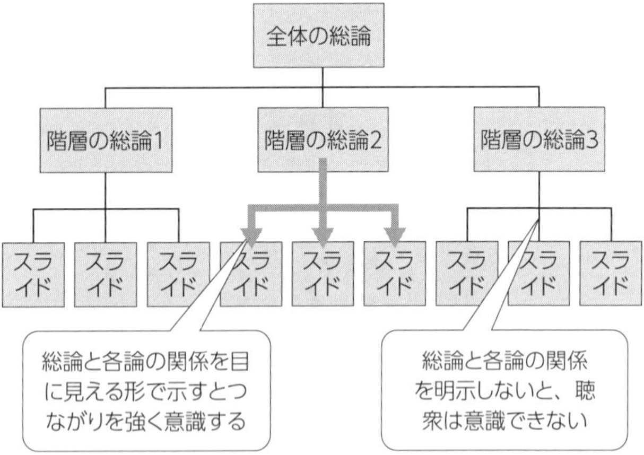

総論と各論の対応を明示しないと、聴衆は全体像や現在位置を見失いかねません。聴衆は、絶えず1枚のスライドしか見ていません。先に総論を聞いても、各論に話が移った途端、総論の内容を忘れがちです。その結果、全体像も、今話している内容の位置づけも分からなくなります。

キーワードや図を引き継ぐ

総論と各論の対応を意識させるには、総論のスライドで用いた図やキーワードを、後のスライドでそのまま使うのが効果的です。総論のスライドで用いた図を縮小して、各論のスライドに掲載すれば、視覚的にも対応を強調できます。同様にキーワードも総論と各論で共有すれば、対応は明白です。改善例は、総論のスライドで用いた図を、各論のスライドに引き継いだ例です。

総論で用いた図を、各論のスライドに掲載する場合は、右上など邪魔にならない位置に配置し、説明に合わせて図の一部をハイライトすると効果的です（下図参照）。

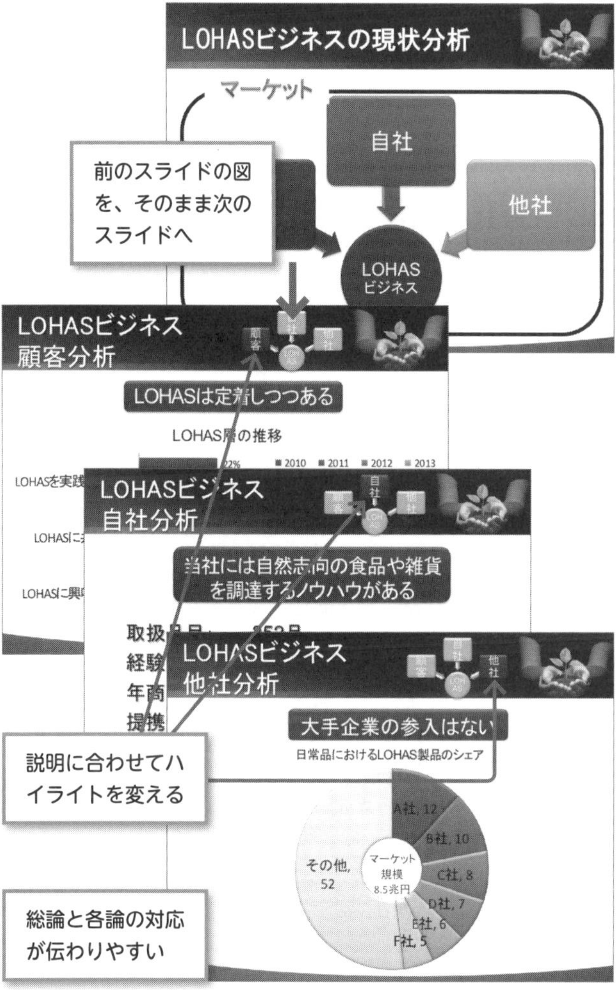

失敗例２

以下は、プロジェクトリーダーが不足している原因とその対策をまとめたスライドです。しかし、このスライドでは、階層構造化せずに、ただ羅列しているだけなので、ロジックが伝わりにくくなっています。

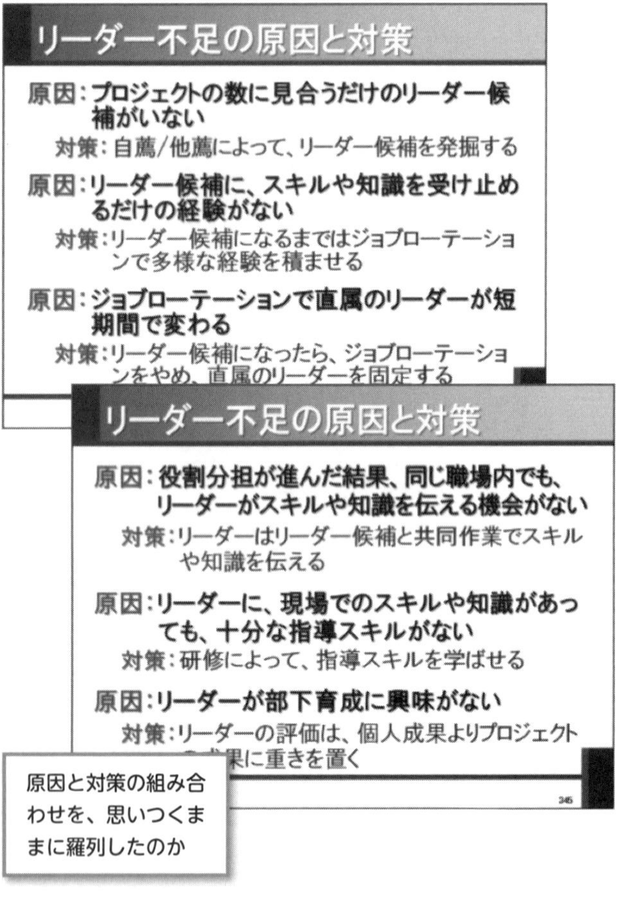
リーダー不足の原因と対策
原因：プロジェクトの数に見合うだけのリーダー候補がいない
対策：自薦/他薦によって、リーダー候補を発掘する
原因：リーダー候補に、スキルや知識を受け止めるだけの経験がない
対策：リーダー候補になるまではジョブローテーションで多様な経験を積ませる
原因：ジョブローテーションで直属のリーダーが短期間で変わる
対策：リーダー候補になったら、ジョブローテーションをやめ、直属のリーダーを固定する
リーダー不足の原因と対策
原因：役割分担が進んだ結果、同じ職場内でも、リーダーがスキルや知識を伝える機会がない
対策：リーダーはリーダー候補と共同作業でスキルや知識を伝える
原因：リーダーに、現場でのスキルや知識があっても、十分な指導スキルがない
対策：研修によって、指導スキルを学ばせる
原因：リーダーが部下育成に興味がない
対策：リーダーの評価は、個人成果よりプロジェクト
果に重きを置く
原因と対策の組み合わせを、思いつくままに羅列したのか

改善例2

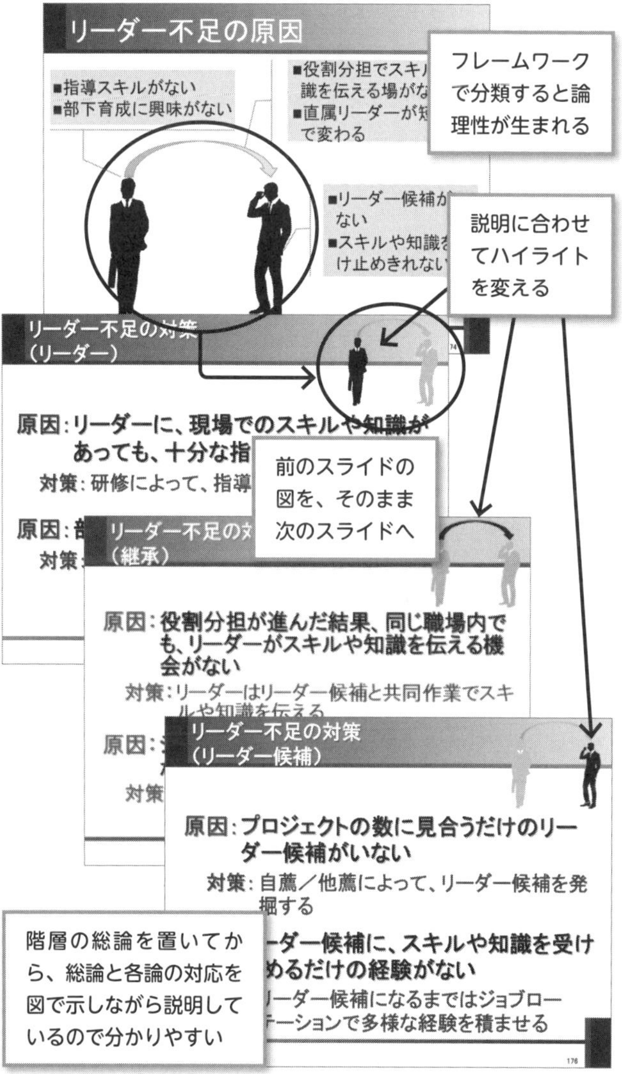
リーダー不足の原因
■指導スキルがない
■部下育成に興味がない
■役割分担でスキ
識を伝える場がな
■直属リーダーが
で変わる
フレームワークで分類すると論理性が生まれる
■リーダー候補が
ない
■スキルや知識
け止めきれない
説明に合わせてハイライトを変える
リーダー不足の対策
（リーダー）
原因：リーダーに、現場でのスキルや知識があっても、十分な指
対策：研修によって、指導
原因：部
対策
前のスライドの図を、そのまま次のスライドへ
リーダー不足の対
（継承）
原因：役割分担が進んだ結果、同じ職場内でも、リーダーがスキルや知識を伝える機会がない
対策：リーダーはリーダー候補と共同作業でスキルや知識を伝える
原因：
対策
リーダー不足の対策
（リーダー候補）
原因：プロジェクトの数に見合うだけのリーダー候補がいない
対策：自薦／他薦によって、リーダー候補を発掘する
ーダー候補に、スキルや知識を受け
めるだけの経験がない
リーダー候補になるまではジョブロー
テーションで多様な経験を積ませる
176
階層の総論を置いてから、総論と各論の対応を図で示しながら説明しているので分かりやすい

解説

　まず、原因と対策をフレームワークでまとめましょう。その上で、フレームワークを階層の総論でイラストを使って示し、そのイラストを示しながら詳細を説明しましょう。

　失敗例に示されている原因に注目すると、リーダーとリーダー候補に分けられそうです（下表参照）。

リーダー	リーダー候補
直属リーダーが短期間で変わる	リーダー候補がいない
役割分担でスキルや知識を伝える場がない	スキルや知識を受け止めきれない
指導スキルがない	
部下育成に興味がない	

　しかし、リーダーとリーダー候補だけでは、分類しきれません。たとえば、「指導スキルがない」は、リーダーの責任ですが、「直属リーダーが短期間で変わる」のはリーダーの責任ではありません。むしろ、会社の制度の責任です。「役割分担でスキルや知識を伝える場がない」も同様です。

　リーダーとリーダー候補ではMECEにはならないので、MECEになる第3要素を探します（下表参照）。

リーダー側	リーダー候補側	第3の要素
指導スキルがない	リーダー候補がいない	直属リーダーが短期間で変わる
部下育成に興味がない	スキルや知識を受け止めきれない	役割分担でスキルや知識を伝える場がない

改善例では、この第3の要素を「継承」としました。他の案として、「会社」「制度」「環境」なども考えられます。その中から、最もMECEであると感じやすい言葉を選びます。改善例で「継承」を採用したのは、リーダー＝送信側、リーダー候補＝受信側、継承＝伝送経路と考えれば、MECEであると感じやすいと考えたからです。

情報がうまくまとまったので、改善例では、まず総論のスライドを作りました。このとき、「リーダー」「継承」「リーダー候補」というフレームワークを、図解しながら説明します。総論のスライドは可能な限り図解します。その図解を、各論のスライドに持ち込みやすいからです。

この総論のスライドの説明では、フレームワークから始めます（「1.3 大項目から小項目へと説明する」154ページ参照）。まずは、問題点をすぐには表示せず、フレームワークを示す図解だけを表示します。その上で、「リーダーの不足が深刻化している原因は、リーダーに起因する問題、技術の継承に起因する問題、リーダー候補に起因する問題の大きく3つに分類できます」と始めます。

最後に、総論で示した図を使いながら、各論のスライドを作ります。各論のスライドでは、キーワード「リーダー」「継承」「リーダー候補」をタイトルで引き継ぎながら、この順で説明します。総論で示した図も縮小して、邪魔にならない位置（改善例では右上）に示し、説明に合わせてハイライトさせます。

2.3 ｜各論のスライド間の関係を示す

ポイント

前後のスライドが縦に接続されているなら、その関係を聴衆に視覚的に明示しましょう。そのためには、前のスライドで用いたキーワードや図を、後のスライドでそのまま使うと効果的です。

失敗例1

このスライドは、総務部の担当者が自己の仕事について説明するプレゼンテーションの一部です。しかし、前後のスライドの関係が明示されていないので、ロジックが伝わりにくくなっています。

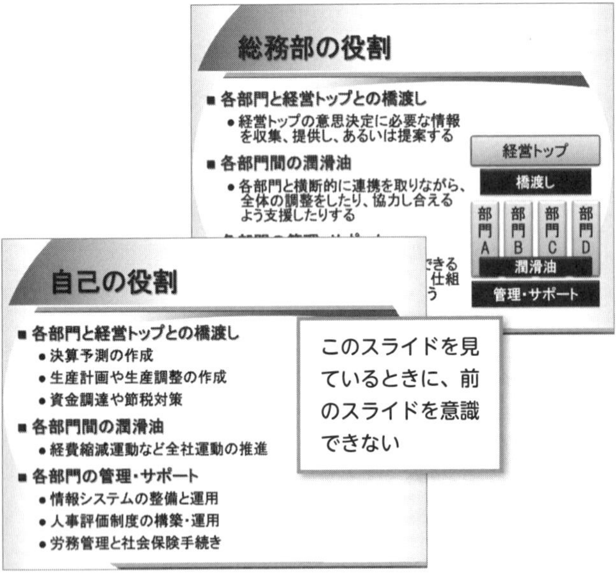

改善例1

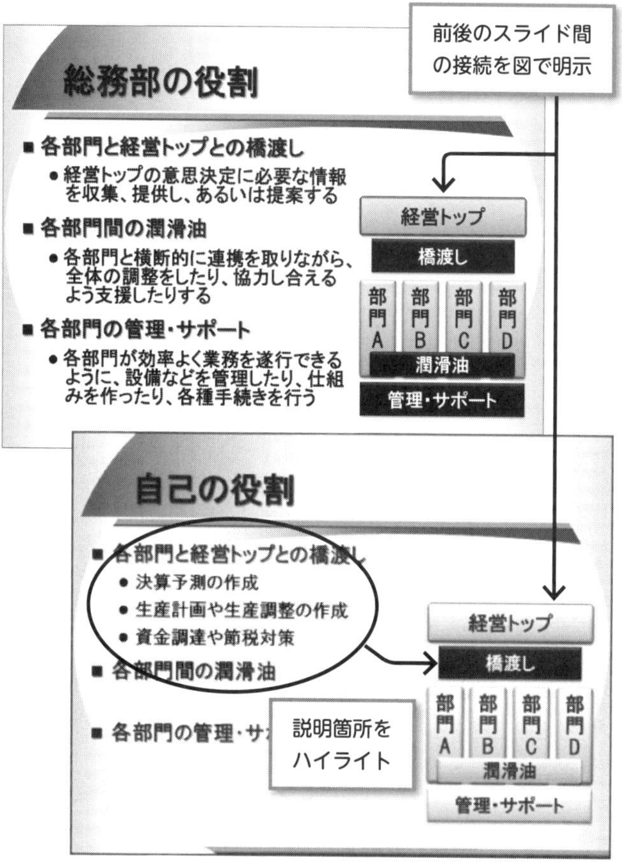
前後のスライド間
の接続を図で明示
総務部の役割
■ 各部門と経営トップとの橋渡し
● 経営トップの意思決定に必要な情報を収集、提供し、あるいは提案する
■ 各部門間の潤滑油
● 各部門と横断的に連携を取りながら、全体の調整をしたり、協力し合えるよう支援したりする
■ 各部門の管理・サポート
● 各部門が効率よく業務を遂行できるように、設備などを管理したり、仕組みを作ったり、各種手続きを行う
経営トップ
橋渡し
部門A
部門B
部門C
部門D
潤滑油
管理・サポート
自己の役割
■ 各部門と経営トップとの橋渡し
● 決算予測の作成
● 生産計画や生産調整の作成
● 資金調達や節税対策
■ 各部門間の潤滑油
■ 各部門の管理・サ
説明箇所を
ハイライト
経営トップ
橋渡し
部門A
部門B
部門C
部門D
潤滑油
管理・サポート

前後のスライドの関係を把握しやすくする

前後のスライドが縦に接続されている場合は、その関係を聴衆に視覚的に伝えます。聴衆は、絶えず1枚のスライドしか見ていないので、今表示されているスライドを見な

がら、前に表示されたスライドの内容を思い出せません。その結果、前のスライドと後のスライドの接続を意識しきれません。情報の接続を明示することで、聴衆は、「このプレゼンテーションは論理的に構築されている」という意識になるのです。

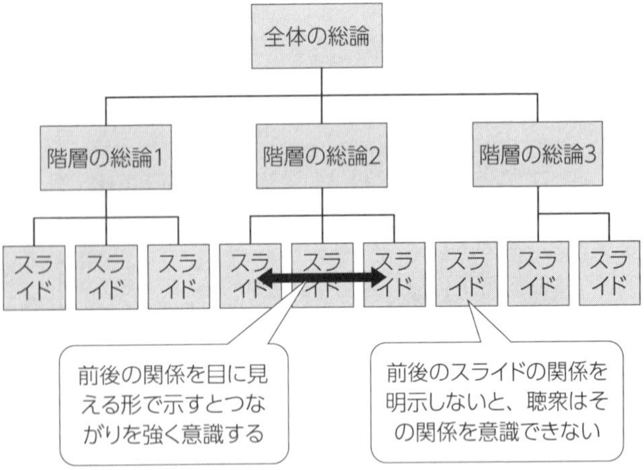

前後のスライドが縦に接続されている場合とは、たとえば以下のようなケースです。

- 前のスライドで複数の問題点を示し、後のスライドでその問題点に対する解決策を説明する
- 前のスライドで複数の方針を示し、後のスライドでその方針に基づく施策を説明する
- 前のスライドで複数の注意点を示し、後のスライドでその注意点を確認する演習問題を示す

キーワードや図を引き継ぐ

スライドが縦に接続されていることを明示するには、図やキーワードを引き継ぎ、アニメーションを活用します。

前のスライドで用いたキーワードや図は、後のスライドでそのまま使います。たとえば、改善例では前のスライドに出てきた図もキーワードもそのまま引き継いでいます。図やキーワードのレイアウトも前後のスライドで同じです。

また、後のスライドで引き継いだ図を表示する際、説明のアニメーションに合わせて、図の中のハイライトを変えます。たとえば、改善例では次のようにアニメーションさせます。

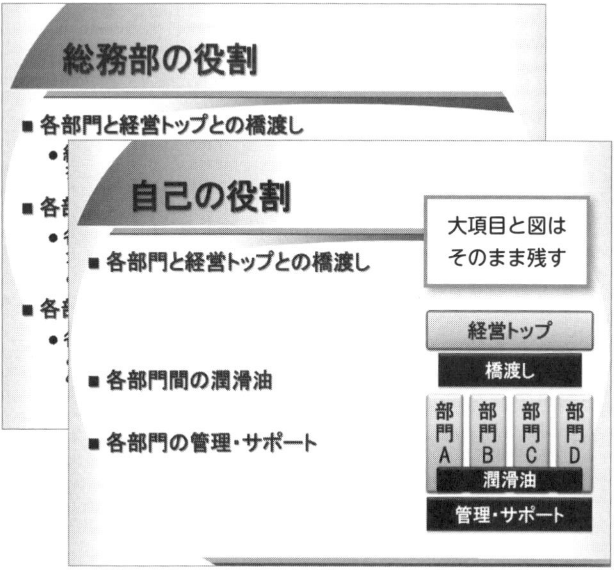
総務部の役割
■ 各部門と経営トップとの橋渡し
自己の役割
大項目と図は
そのまま残す
■ 各部門と経営トップとの橋渡し
■ 各部門間の潤滑油
■ 各部門の管理・サポート
経営トップ
橋渡し
部門A
部門B
部門C
部門D
潤滑油
管理・サポート

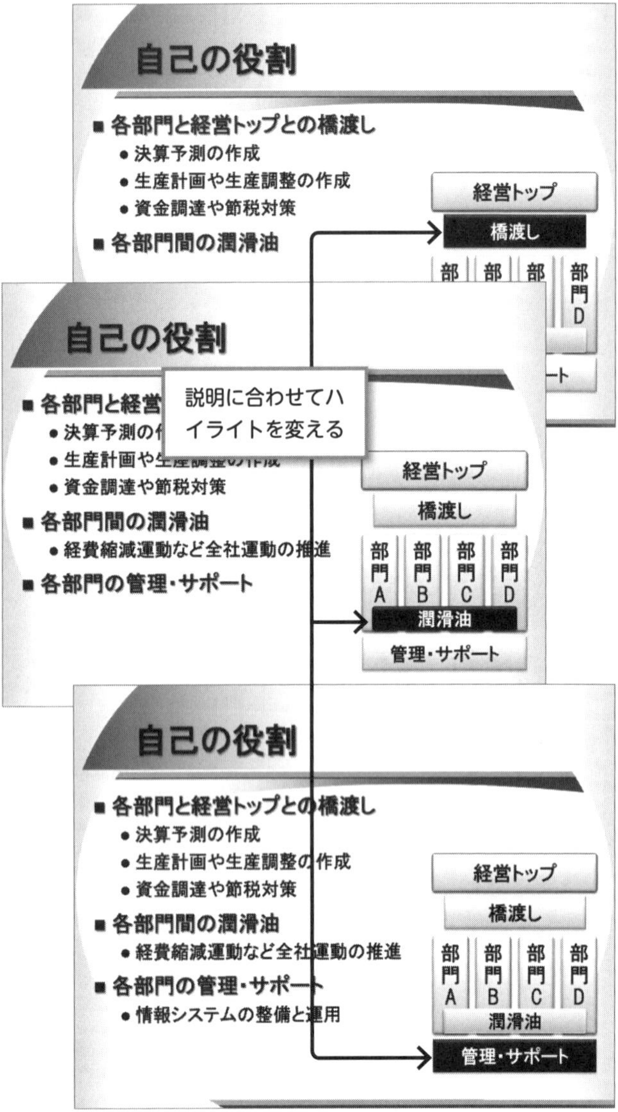
自己の役割
■ 各部門と経営トップとの橋渡し
● 決算予測の作成
● 生産計画や生産調整の作成
● 資金調達や節税対策
■ 各部門間の潤滑油
経営トップ
橋渡し
部門D
説明に合わせてハイライトを変える
自己の役割
● 資金調達や節税対策
■ 各部門間の潤滑油
● 経費縮減運動など全社運動の推進
■ 各部門の管理・サポート
経営トップ
橋渡し
部門A
部門B
部門C
部門D
潤滑油
管理・サポート
自己の役割
■ 各部門と経営トップとの橋渡し
● 決算予測の作成
● 生産計画や生産調整の作成
● 資金調達や節税対策
■ 各部門間の潤滑油
● 経費縮減運動など全社運動の推進
■ 各部門の管理・サポート
● 情報システムの整備と運用
経営トップ
橋渡し
部門A
部門B
部門C
部門D
潤滑油
管理・サポート

前のスライドで用いた図を、後のスライドで使う場合、右上に配置すると邪魔になりにくいです（下図参照）。

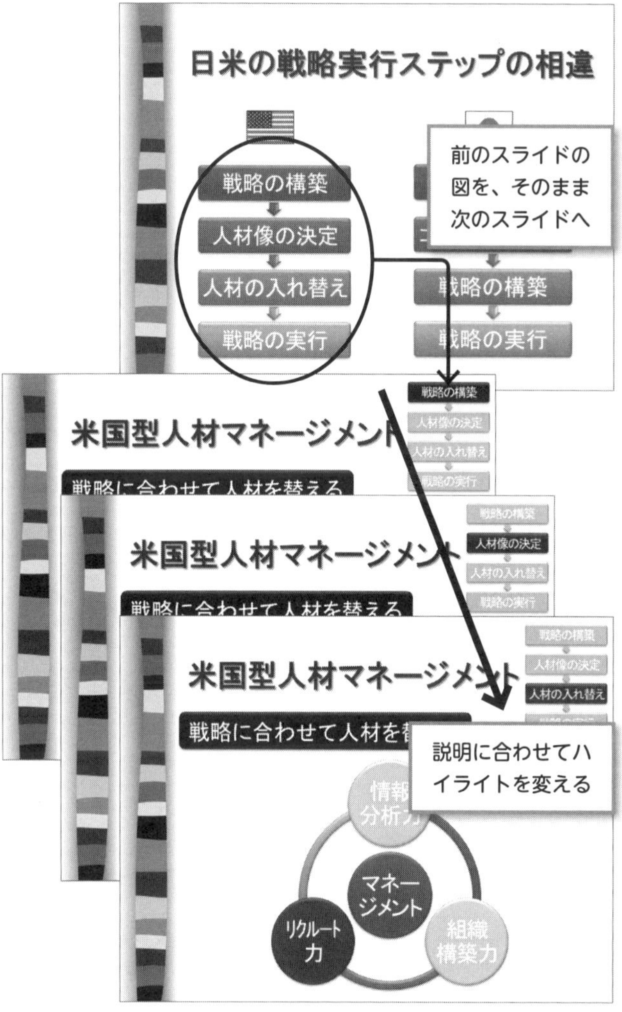

失敗例2

以下は、新卒社員の育成に関する問題点と対策をまとめたプレゼンテーションの一部です。しかし、このプレゼンテーションでは、スライド間の関係を明示していないので、ロジックが伝わりにくくなっています。

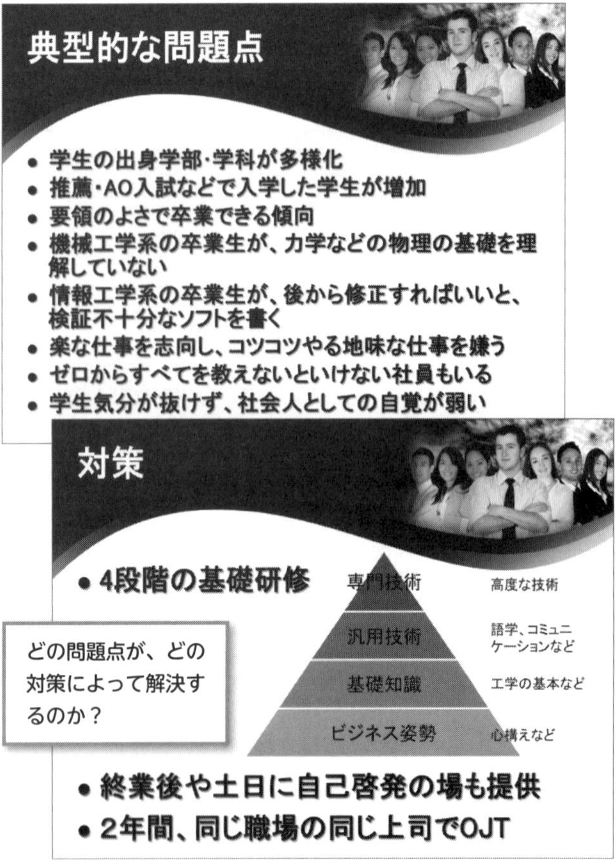
典型的な問題点
• 学生の出身学部・学科が多様化
• 推薦・AO入試などで入学した学生が増加
• 要領のよさで卒業できる傾向
• 機械工学系の卒業生が、力学などの物理の基礎を理解していない
• 情報工学系の卒業生が、後から修正すればいいと、検証不十分なソフトを書く
• 楽な仕事を志向し、コツコツやる地味な仕事を嫌う
• ゼロからすべてを教えないといけない社員もいる
• 学生気分が抜けず、社会人としての自覚が弱い
対策
• 4段階の基礎研修
専門技術
高度な技術
汎用技術
語学、コミュニケーションなど
基礎知識
工学の基本など
ビジネス姿勢
心構えなど
• 終業後や土日に自己啓発の場も提供
• 2年間、同じ職場の同じ上司でOJT
どの問題点が、どの対策によって解決するのか？

改善例２

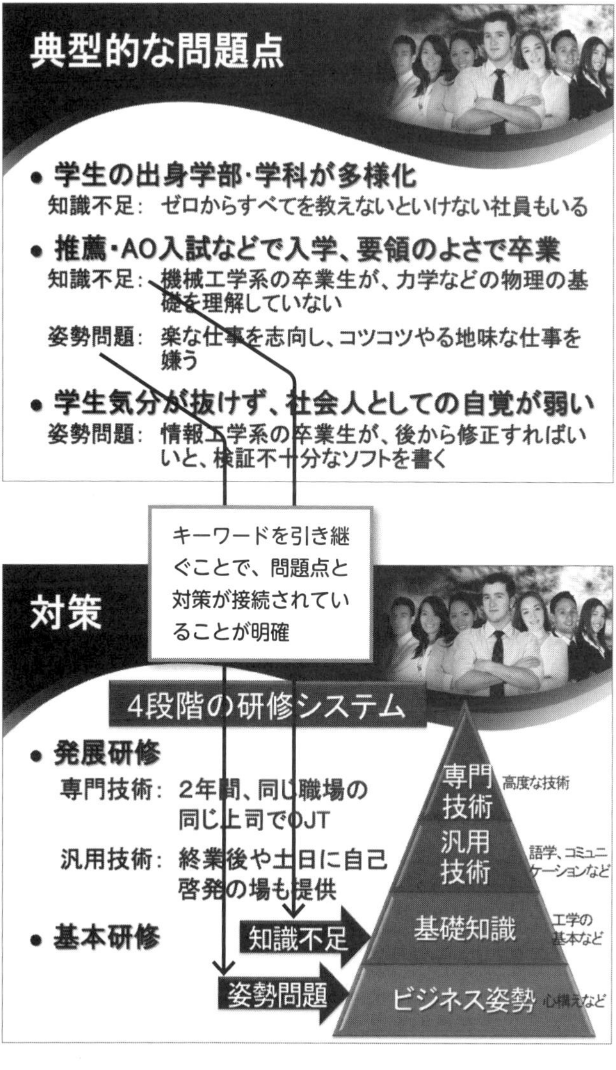
典型的な問題点
● 学生の出身学部・学科が多様化
知識不足：ゼロからすべてを教えないといけない社員もいる
● 推薦・AO入試などで入学、要領のよさで卒業
知識不足：機械工学系の卒業生が、力学などの物理の基礎を理解していない
姿勢問題：楽な仕事を志向し、コツコツやる地味な仕事を嫌う
● 学生気分が抜けず、社会人としての自覚が弱い
姿勢問題：情報工学系の卒業生が、後から修正すればいいと、検証不十分なソフトを書く
キーワードを引き継ぐことで、問題点と対策が接続されていることが明確
対策
4段階の研修システム
● 発展研修
専門技術：2年間、同じ職場の同じ上司でOJT
汎用技術：終業後や土日に自己啓発の場も提供
● 基本研修
知識不足
姿勢問題
専門技術
高度な技術
汎用技術
語学、コミュニケーションなど
基礎知識
工学の基本など
ビジネス姿勢
心構えなど

解説

「典型的な問題点」と「対策」のそれぞれで、書かれている内容を正しく横に並べましょう。その上で、「典型的な問題点」が「対策」によって解決することが分かるように、スライド間の接続を改善しましょう。

　失敗例の「典型的な問題点」は、横に並ぶ情報だけではなく、因果関係のある縦接続の情報も含まれています。たとえば、「学生の出身学部・学科が多様化」しているので、「ゼロからすべてを教えないといけない社員もいる」のでしょう。原因と結果という因果関係がある情報は、縦接続であって横並びではありません。

　そこで、失敗例の「典型的な問題点」を、因果関係に基づいて、下表のように原因と結果で分類してみました。「推薦・AO入試などで入学」の結果は、「機械工学系の卒業生が、物理の基礎を理解していない」と、「コツコツやる地味な仕事を嫌う」の両方と考えました。「要領のよさで卒業」も同様の結果を生むと考えました。

原因	結果
出身学部・学科が 多様化	ゼロからすべてを教えないと いけない
推薦・AO入試などで入学 要領のよさで卒業	機械工学系の卒業生が、物理 の基礎を理解していない コツコツやる地味な仕事を嫌う
	情報工学系の卒業生が、検証 不十分なソフトを書く

情報を整理した結果、情報の抜けがあれば、その部分を埋めましょう。失敗例では、「情報工学系の卒業生が、検証不十分なソフトを書く」につながる原因が見当たりません。「学生気分が抜けず、社会人としての自覚が弱い」のような原因が必要です。

さらに、「典型的な問題点」をMECEにまとめるため、知識不足と姿勢の問題に大別しました。新卒社員の問題なら、知識不足と姿勢の問題でおおむねMECEです。事実、「ゼロからすべてを教えないといけない」や「物理の基礎を理解していない」は知識不足です。「地味な仕事を嫌う」や「検証不十分なソフトを書く」は、姿勢の問題といえます。

以上をもとに作成したのが、改善例の「典型的な問題点」のスライドです。「推薦・AO入試などで入学」と「要領のよさで卒業」は、「楽に入学、楽に卒業」という趣旨で、1つの原因にまとめました。原因と結果の接続を見せつつ、結果となる問題点を、知識不足と姿勢の問題に分けました。

次に、失敗例の「対策」も、情報が横に正しく並んでいません。まず、同じ種類ではありません。「4段階の基礎研修」は提供する研修システムですが、「終業後や土日に自己啓発の場」は研修の提供方法です。同じ種類でないだけではなく、独立でもありません。これらの情報間には包含関係が疑えます。「4段階の基礎研修」の一部を、「終業後や土日に自己啓発の場」で提供したり、「2年間、同じ職場の同じ上司でOJT」で学ばせたりするのでしょう。

失敗例の「対策」を横に並べるにあたって、忘れてはならないのは、「典型的な問題点」との接続です。「典型的な問題点」はすべて、「対策」のどれかによって解決しなければなりません。したがって、知識不足と姿勢の問題は、「4段階の基礎研修」のどこかで解決しなければなりません。また、それの関係が明示されていなければなりません。

この接続関係を意識して、「4段階の基礎研修」を以下のような表にまとめてみました。

④	専門技術	高度な技術	
③	汎用技術	語学、コミュニケーションなど	
②	基礎知識	工学の基本など	知識不足
①	ビジネス姿勢	心構えなど	姿勢の問題

表の空欄に、失敗例の「対策」で述べていた、自己啓発の場とOJTという情報をあてはめます。そこで、汎用技術を深めるために自己啓発の場を提供すると考えました。また、専門技術を深めるためにOJTで学習するとしました。

以上をもとに作成したのが、改善例の「対策」のスライドです。「典型的な問題点」と「対策」が接続されていることを聴衆にはっきり伝えるために、2枚のスライド間で同じキーワードを使っています。改善例では、「知識不足」と「姿勢問題」というキーワードを、典型的な問題点と対策の両方のスライドで示しました。また、汎用技術には自己啓発の場が、専門技術にはOJTがそれぞれ接続されていることを言葉で明記しました。さらに、4段階の研修システムを示すピラミッドの図を使って、汎用技術と専門技術の説明であることを強調しました。

説明するときには、次のようなアニメーションを使うと、さらに効果的です。

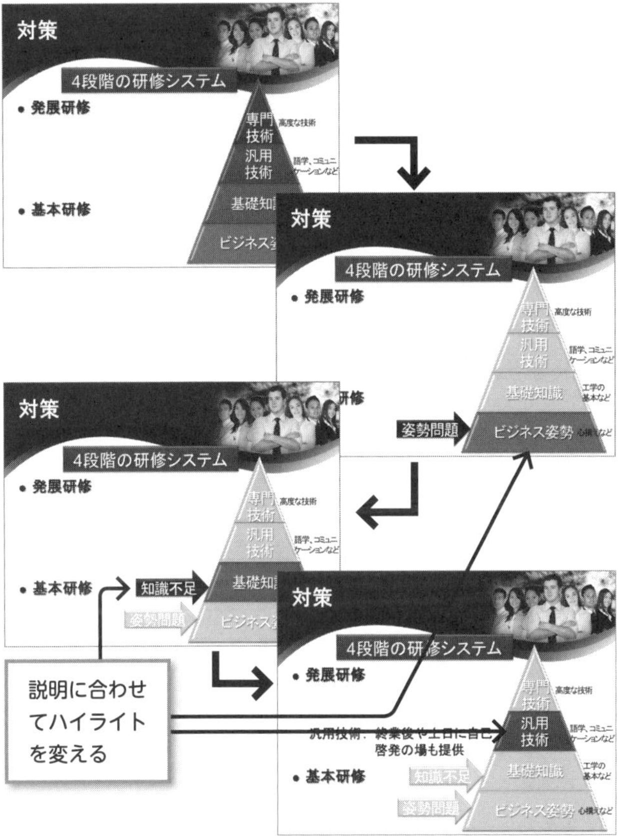

3 効果的に図解する

この章のPOINT ロジックを効果的に図解するには、基本となる3系統7種類の図解を、使い分けることが大事です。この基本図解を組み合わせることで、より複雑なロジックも分かりやすく表現できます。図解の組み合わせでは、図の中に軸を意識すると、より効果的です。

3.1 基本図解でロジックを表現する

ポイント

基本的な図解は、3系統7種類に分類できます。ロジックを図解するときは、まずそのロジックがどの基本図解で表現できるかから検討しましょう。

失敗例1

このスライドは、経営者のあるべき姿について説明するプレゼンテーションの一部です。しかし、情報が図解されていないので、伝わりにくくなっています。

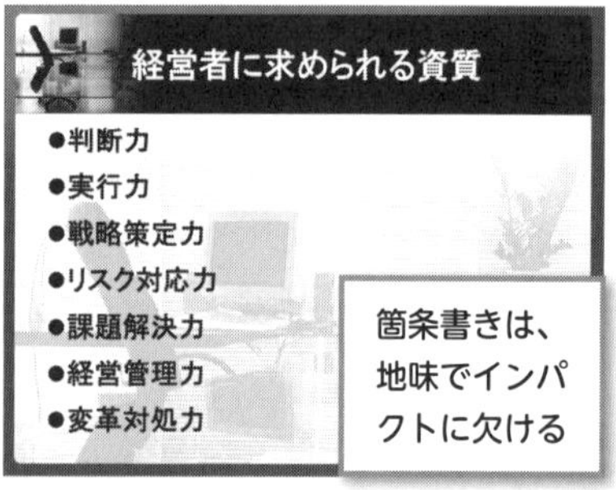
経営者に求められる資質
●判断力
●実行力
●戦略策定力
●リスク対応力
●課題解決力
●経営管理力
●変革対処力
箇条書きは、地味でインパクトに欠ける

改善例1

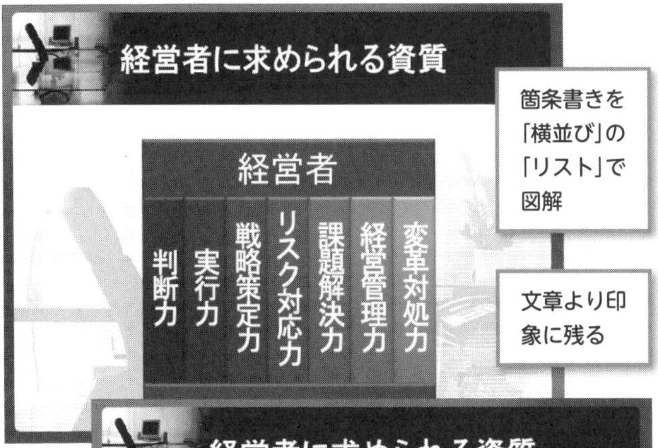

または

図解の種類

ロジックを図解するとき、その図は大きく縦接続、横並び、包含の３系統に分類できます（次ページの図参照）。以下、この３系統の分類にしたがって考えていきましょう。

縦接続：論理的な接続関係にある情報を表現

横並び：同じ種類で、かつ、独立している情報を表現
包含　：上位概念と下位概念の関係にある情報を表現

縦接続	横並び	包含
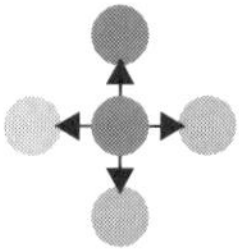	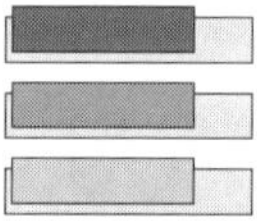	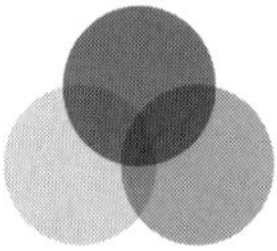
関連	リスト	集合
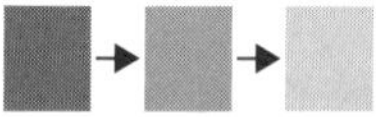		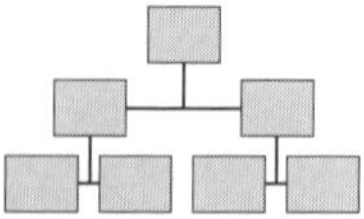
手順	ピラミッド	階層
	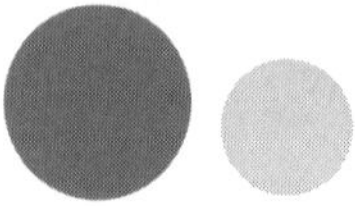	
	比較	

ロジックの図解は、構成、関係、変化という3系統にも分類できますが、この分類は論理的ではありません。まず、構成、関係、変化がMECEなのかよく分かりません。縦接続、横並び、包含なら、確実にMECEです。さらに、縦接続、横並び、包含なら、ロジック構築に直結しますが、構成、関係、変化ではロジックを構成できません。ロジック構築に使わない概念で、ロジックを図解するのは無理があります。

構成：ある情報がどんな構成をしているかを表現
関係：複数の情報がどんな関係にあるのかを表現
変化：時間とともにどう変化していくかを表現

縦接続を表す図

論理的な接続関係にある情報を表現する図解です。論理的な接続関係は、図解の中では矢印で表現されるため、矢印が使われていることが特徴です。この縦接続の図解は、論理的な関係を示す「関連」と、時間的な関係を示す「手順」に分類できます。

「関連」の図解は、因果関係などの論理的な関係を表現します。改善例の2枚目の図が、この図解の例です。その他にも、たとえば、以下のような図になります。

- 業務提携のような複数のグループ間の関係を説明した図
- 提案のような問題と対策の関係を説明した図
- トラブル解析のような問題と原因、対策の関係を説明した図

この図解は、以下の3パターンが基本になります。

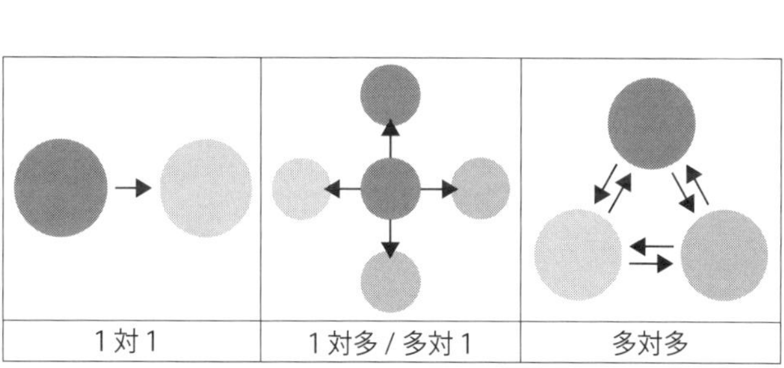

上記の3パターンを組み合わせると、次のようなバリエーションが生まれます。

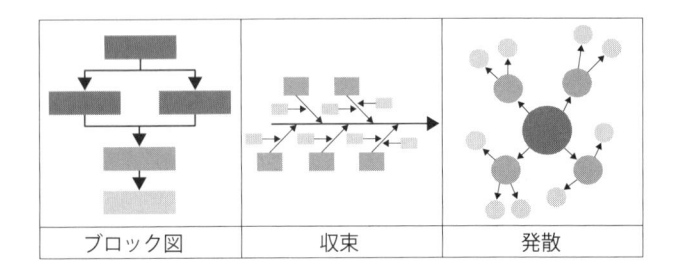

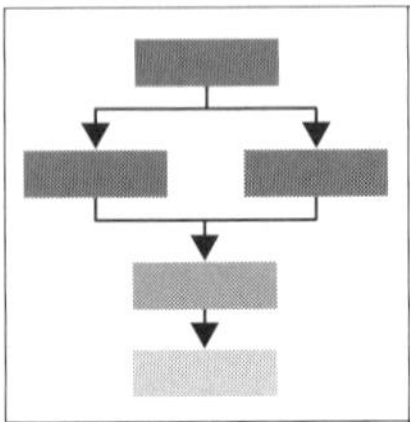
ブロック図

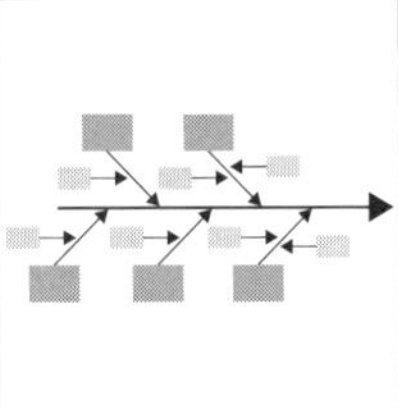
収束

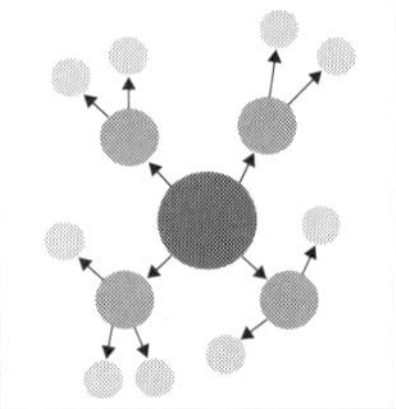
発散

「手順」の図解は、時間軸に沿って変化する関係を表現します。たとえば、以下のような図になります。

- 操作手順のような一連の操作を説明した図
- PDCAのようなサイクルを説明した図
- ソフトウェアの流れのような分岐を含む手順を説明した図

この図解には、以下のようなバリエーションがあります。

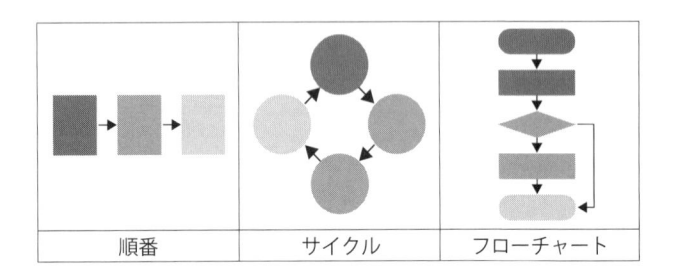

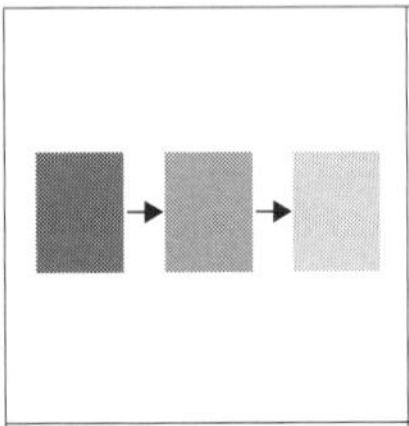
順番

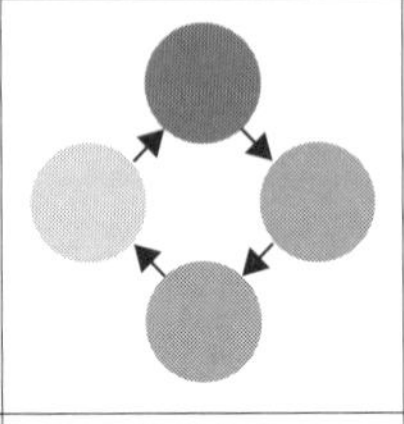
サイクル

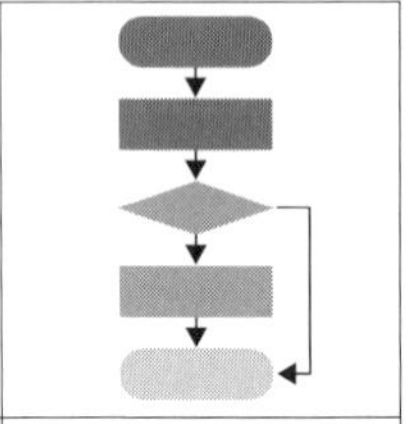
フローチャート

横並びを表す図

同じ種類で、かつ、独立している情報を表現する図解です。論理的な接続関係がないので、矢印を使わないことが特徴です。この横並びの図解は、重みづけに差がない関係を示す「リスト」と、質または量で重みづけのある関係を示す「ピラミッド」、量を大きさで表す「比較」に分類できます。

「リスト」の図解は、質や量に差がない、あるいはその差を明示する必要のない横並びの関係を表現します。箇条書きを図に落とし込んだとも考えられます。改善例の１つ目の図が、この図解の例です。その他にも、たとえば、以下のような図になります。

- 必要な要素、部品、能力などを説明した図
- 守るべき注意事項を説明した図
- フレームワークを説明した図

この図解には、以下のようなバリエーションがあります。

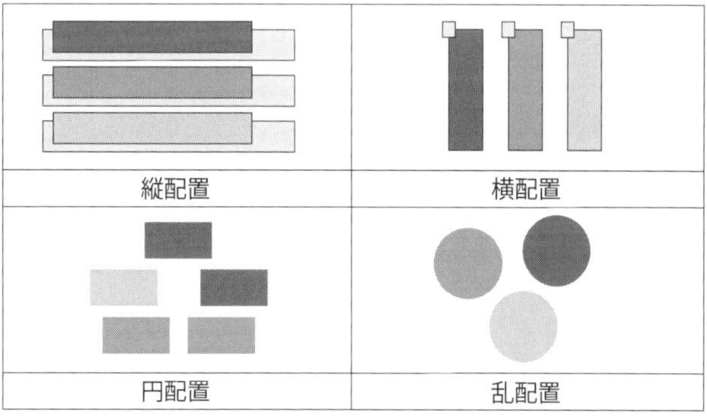

「ピラミッド」の図解は、質や量の差を下から上に積み上げるイメージで示したい横並びの関係を表現します。たとえば、以下のような図になります。

- 階級制度を説明した図

- 基本から応用を説明した図
- 組織の構成を説明した図

この図解には、以下のようなバリエーションがあります。

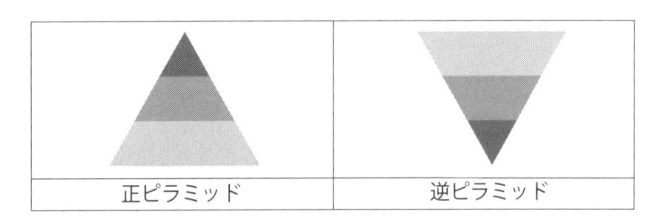

正ピラミッド	逆ピラミッド

「比較」の図解は、量の差を図の大きさや数で表現します。たとえば、以下のような図になります。

- 売上金額のような量を比較した図
- 売上数のような数を比較した図
- 売上比率のような占有比率を比較した図

この図解には、以下のようなバリエーションがあります。

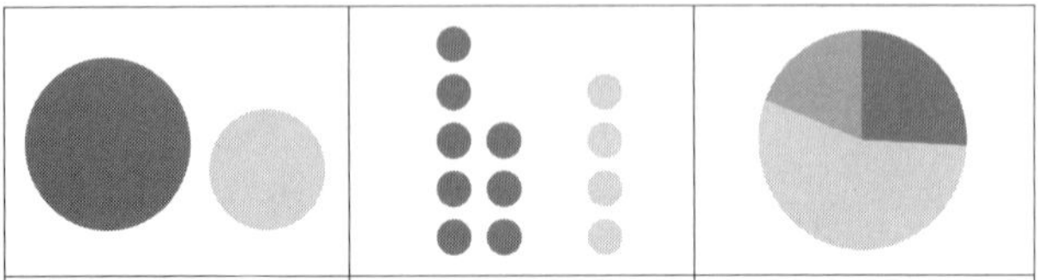

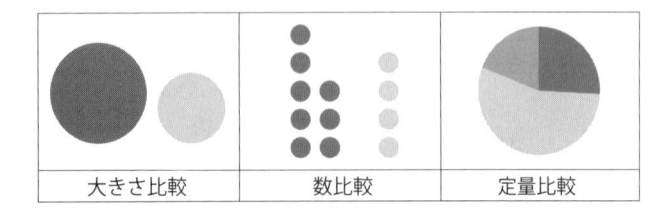

大きさ比較	数比較	定量比較

包含を表す図

どのグループに所属するかを表現する図解です。この包含の図解は、複数のグループに所属する関係を示す「集合」と、上位と下位の関係を示す「階層」に分類できます。

「集合」の図解は、複数のグループにまたがっている関係を表現します。図の構成要素が重なり合っていることが特徴です。たとえば、以下のような図になります。

- 複数の能力のうち、どの能力を有しているかを説明した図
- 旧機種から新機種への機能拡張を説明した図
- 基本学問分野とその中間の学問分野を説明した図

この図解には、以下のようなバリエーションがあります。

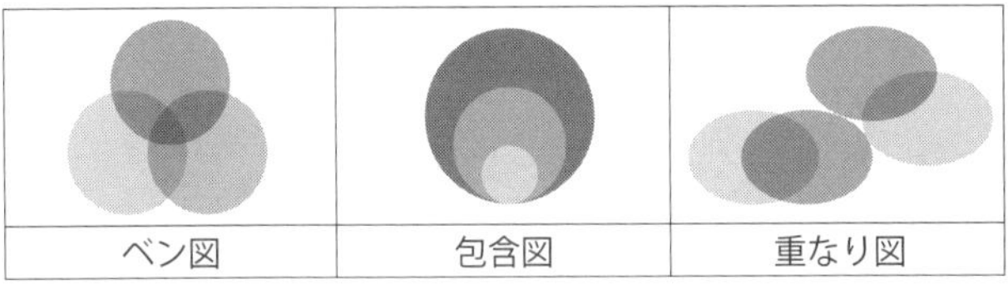

「階層」の図解は、上位概念と下位概念を使って分類関係を表現します。図の構成要素が重なり合うことはありません。たとえば、以下のような図になります。

- 組織図のような構成を説明した図
- 製品のバリエーションを分類して説明した図
- トラブルの原因をブレイクダウンして説明した図

この図解には、以下のようなバリエーションがあります。

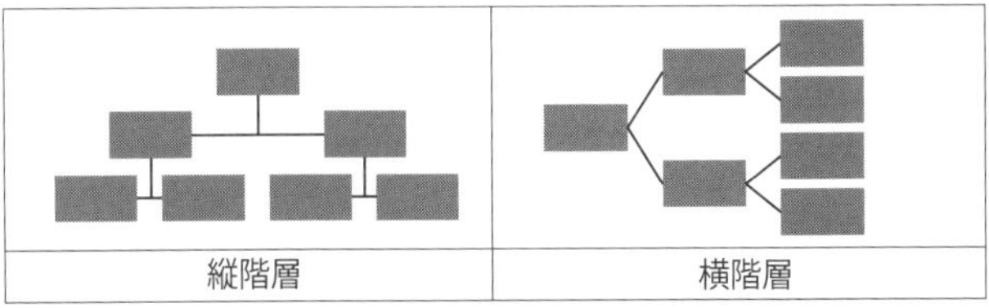

ロジックを図に落とす

ロジックを図に落とすには、情報間の関係を明確にします。その上で、その関係を示すのに適した基本図解を選びましょう。

まず、情報が縦接続、横並び、包含のどの接続関係にあるかを確認します。

縦接続：情報間を矢印で結べるような関係

横並び：情報間を線で結べても、矢印では結べない関係

包含　：ある情報がある情報の中に含まれる関係

接続関係の区別がついたら、その3系統の中のどの種類の図解を選ぶかを決めます。7種類には明確な差があるので、その中から最適な1つを選びます。どの種類の図解を使うかを決めたら、情報をその図解に合わせて表現します。

たとえば、「企業は、顧客のため、社会のため、社員のために活動している」ということを図解すると、左図のようになります。企業が、顧客や社会、社員と関係を持つのですから、3系統の図解のうちの「縦接続」になります。さらに、企業対顧客・社会・社員ですから、「1対多」の関係です。あとは、「1対多」の関係を示す図を考えて表現します。

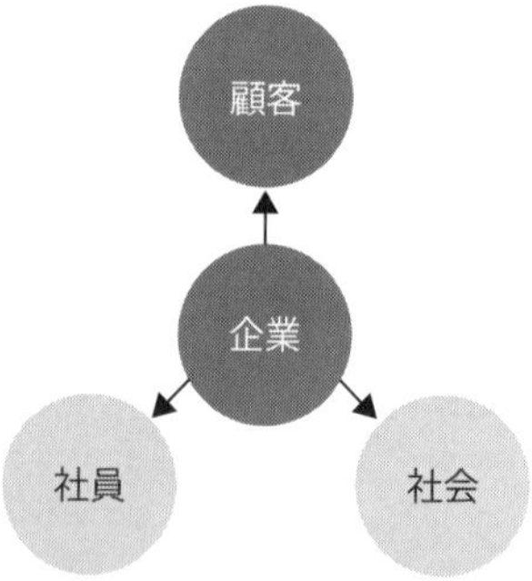

コラム｜アニメーションの必要性

PowerPointを使ったプレゼンテーションでは、アニメーションは必須です。アニメーションを、小《こ》賢《ざか》しい無意味なテクニックと思っている人もいますが、伝達効率を高めるためにとても重要なテクニックです。

アニメーションが効果的なのは、余計な情報を見せなくて済むからです。話す順にアニメーション表示すれば、まだ話していない情報を聴衆に見せずに済みます。それだけ聴衆はプレゼンターの話に集中します。アニメーションを使わずに、スライドを一度に全部表示したら、聴衆はプレゼンターの話を聞かずに、スライドを読み始めてしまいます。

また、アニメーションを使えば、ポイントを強調できます。プレゼンターが話しているのは、アニメーションで表示された箇所に決まっています。どこを話しているかは一目瞭然です。ポインターでポインティングする必要はありません。

さらに、アニメーションでは、流れを表現できます。フローチャートやサイクルを示す図解など、動きのある内容は、それに合わせてアニメーションします。すると、その動きが聴衆にはっきりと伝わります。動きを表現するためにポインターで指し示す必要はありません。

失敗例2

　このスライドは、サマータイム制についてまとめたプレゼンテーションの一部です。しかし、情報が図解されていないので、伝わりにくくなっています。

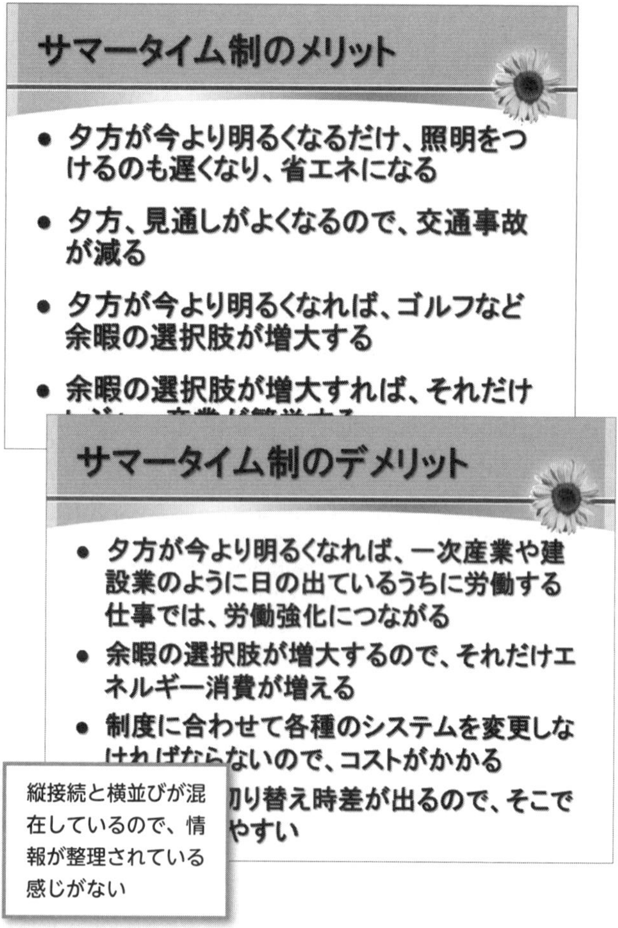
サマータイム制のメリット
● 夕方が今より明るくなるだけ、照明をつけるのも遅くなり、省エネになる
● 夕方、見通しがよくなるので、交通事故が減る
● 夕方が今より明るくなれば、ゴルフなど余暇の選択肢が増大する
● 余暇の選択肢が増大すれば、それだけ
サマータイム制のデメリット
● 夕方が今より明るくなれば、一次産業や建設業のように日の出ているうちに労働する仕事では、労働強化につながる
● 余暇の選択肢が増大するので、それだけエネルギー消費が増える
● 制度に合わせて各種のシステムを変更しなければならないので、コストがかかる
切り替え時差が出るので、そこで
やすい
縦接続と横並びが混在しているので、情報が整理されている感じがない

改善例２

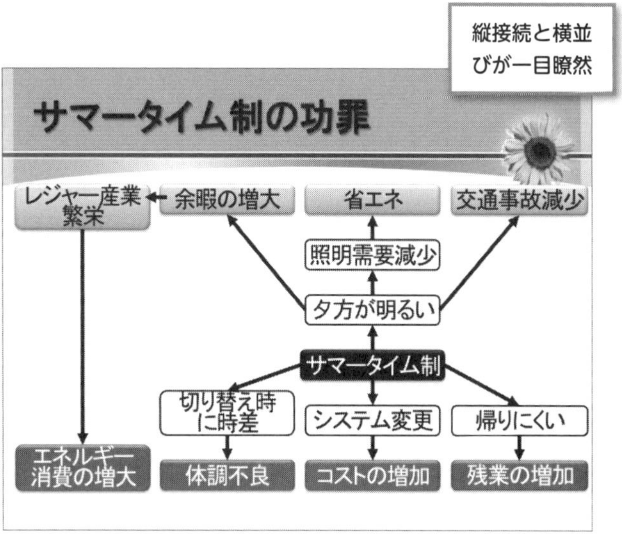

解説

縦接続「関連」のバリエーションである「発散」を使って図解しましょう。このとき、レイアウトや配色にも配慮しましょう。

失敗例は、縦接続のある情報を、横並びだけで表現しているので分かりにくくなっています。各メリット、デメリットはそれぞれ横並びですが、１つのメリット、デメリットの中に縦接続があります。たとえば、「夕方が今より明るくなるだけ、照明をつけるのも遅くなり、省エネになる」は、「夕方が今より明るくなる」→「照明をつけるのが遅くなる」→「省エネになる」とつながっているのです。

そこで、改善例では、縦接続「関連」の「発散」を使って図解しています。サマータイム制を導入すると起こる事象を、矢印で中心から外へと結んでいきます。このひとつひとつの接続は、「関連」の「1対1」または「1対多」です。結んだ先端がメリットやデメリットになります。この接続を、メリットやデメリットの数だけ繰り返します。

図解するとき、レイアウトや配色に配慮すると、情報を整理しやすくなります。メリットとデメリットを混在させずに、上部にメリット、下部にデメリットを配置します。各メリットやデメリットは、横に並ぶ情報ですから、横に整列します。また、メリットやデメリットと、途中の過程が混乱しないように、色分けすると効果的です。

この図は、「リンクマップ」と呼ばれます。ある政策のメリットやデメリットを洗い出して検討するときの補助として使います。同じような趣旨の図解を「マインドマップ」と呼ぶことがあります。「マインドマップ」は、思考を整理し、発想を豊かにするために用いられます。

この例のように、プレゼンテーションは、箇条書きに頼りすぎると失敗します。箇条書きは、横並びの情報を説明するには効果的です。しかし、横並びの情報の中に、縦接続の情報が含まれることはよくあります。この横と縦の関係を適切に図解すると、ずっと伝わりやすくなります。

コラム｜スライド作成で最も多い失敗

スライドの作成で最も多い失敗は、情報の詰め込みすぎです。漏らさず伝えようとするあまり、すべてをスライドに記載しようとしてしまいます。その結果、情報が埋もれて伝わりにくくなります。

まず、１枚のスライドでは１つのトピックだけを説明します。スライドのスペースが空いているからといって、２つも３つも説明してはいけません。スペースが空きすぎる場合は、図やイラストを入れておきます。

次に、スライドには、可能な限りキーワードだけを記載します。文にしてはいけません。文字数を増やせば増やすほど、大事なことは埋没します。キーワードだけを見せ、そのキーワードを使って、プレゼンターが文章で説明するのです。キーワードだけを記載しますので、フォントも大きく（24ポイント以上）します。

また、グラフ、表、図解なども、可能な限りシンプルに作ります。他で使った資料を使い回すのは、できれば避けます。通常、他で使った資料は、プレゼンテーション用としては細かすぎるので、スライドで表示すると理解しにくいはずです。プレゼンテーション用に作成しなおすべきです。どうしても細かいグラフ、表、図解を使わざるを得ないときは、伝えたいポイントを言葉で目立つよう表示しましょう。

3.2 ｜基本図解を組み合わせる

ポイント

より複雑な内容を図解するには、基本図解を組み合わせます。基本図解だけで表現できることも、あえて基本図解を組み合わせることで、より分かりやすくなります。

失敗例1

このスライドは、自社を強い企業にするための施策について説明するプレゼンテーションの一部です。しかし、情報が図解されていないので、伝わりにくくなっています。

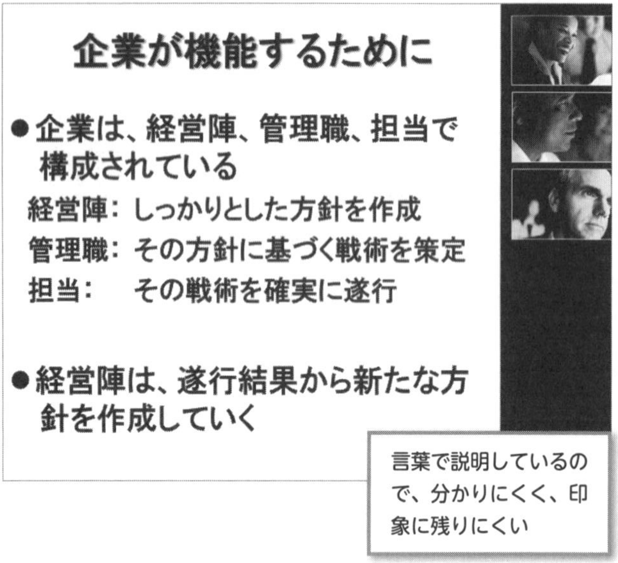
企業が機能するために
●企業は、経営陣、管理職、担当で構成されている
経営陣：しっかりとした方針を作成
管理職：その方針に基づく戦術を策定
担当：　その戦術を確実に遂行
●経営陣は、遂行結果から新たな方針を作成していく
言葉で説明しているので、分かりにくく、印象に残りにくい

改善例１

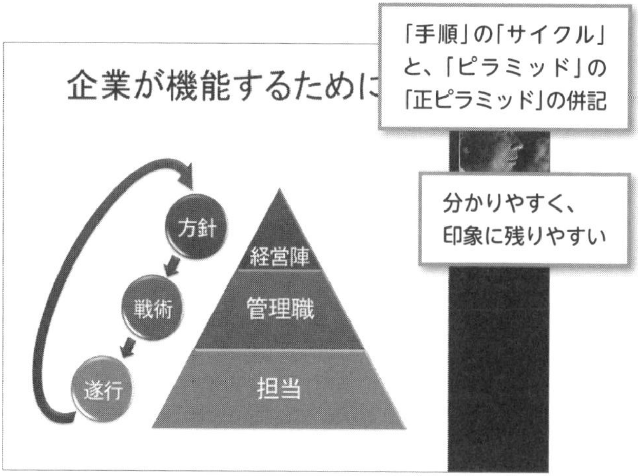

２種類の組み合わせで新たな図解を作る

基本図解を２～３種類で組み合わせると、より複雑なロジックを、より分かりやすく表現できます。

たとえば、「リスト」の「縦配置」と「手順」の「順番」を、あるいは「リスト」の「横配置」を組み合わせると、表やマトリックスになります（下図参照）。

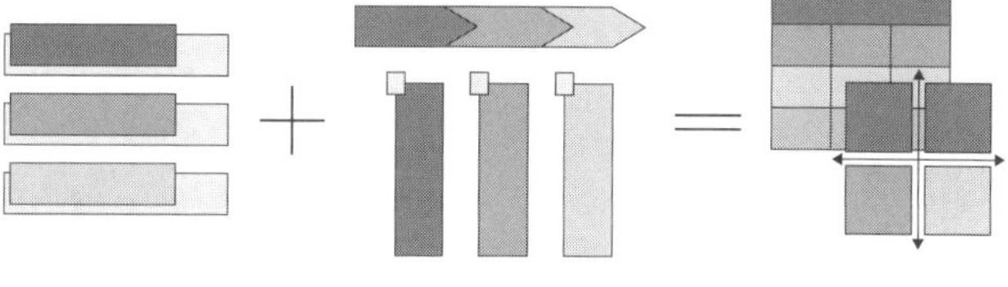

　また、「リスト」の「横配置」と「比較」の「大きさ比較」を組み合わせるとグラフになります（下図参照）。

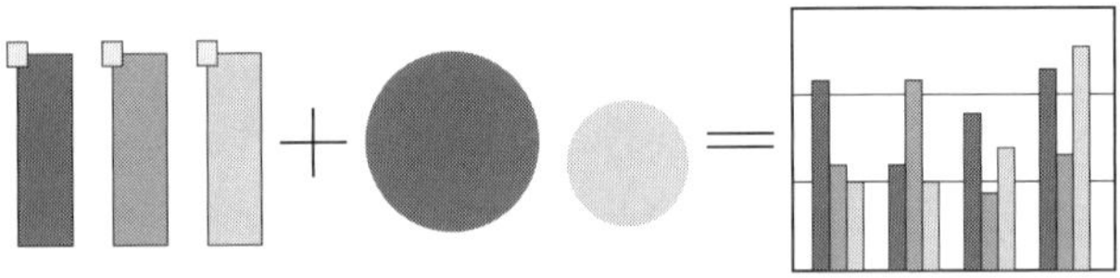

　また、「関連」の「多対多」と「比較」の「大きさ比較」を組み合わせると、関連の強さを矢印の太さで表現した図ができます（下図参照）。

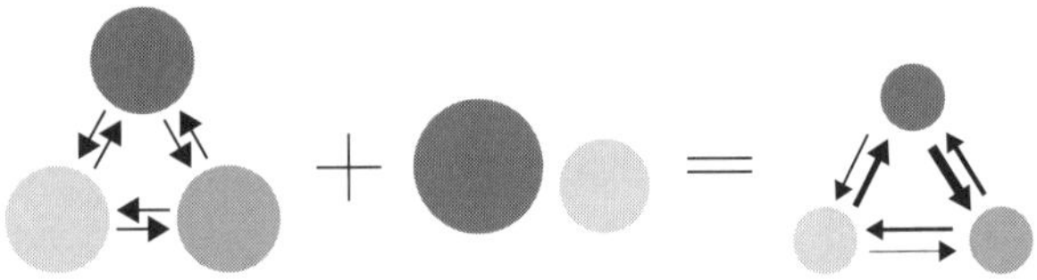

図解の中に図解、図解の併記

　図解の中に図解を入れたり、2種類の図解を併記したりする方法もあります。

　たとえば、「関連」の「1対1」を、「手順」の「サイクル」の中に入れると、以下のようになります。

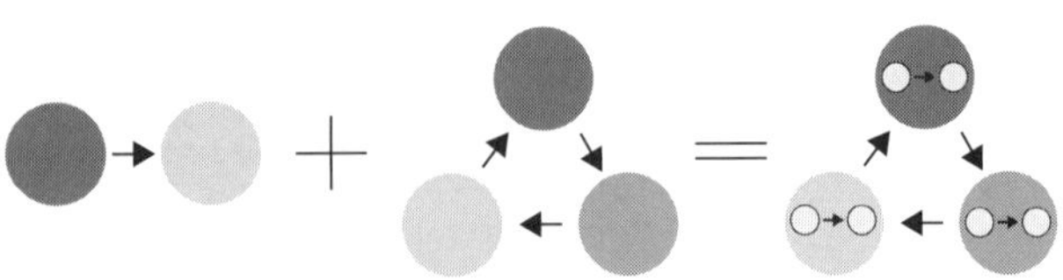

改善例は、「手順」の「サイクル」と、「ピラミッド」の「正ピラミッド」の併記を使っています（下図参照）。

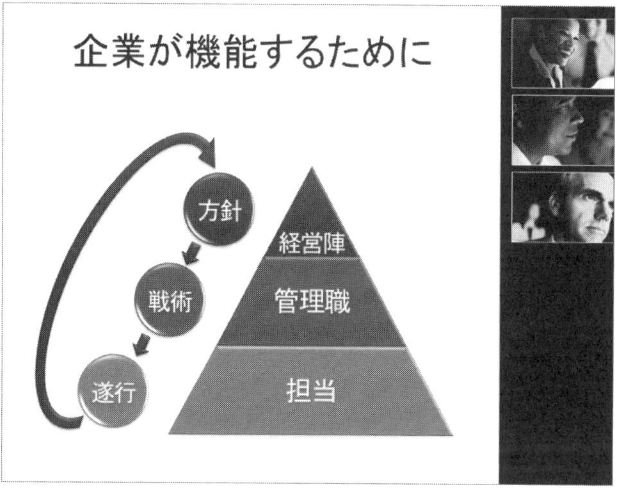

他にも、「手順」の「サイクル」の中に「リスト」の「円配置」を入れると、以下のような図解も作れます。

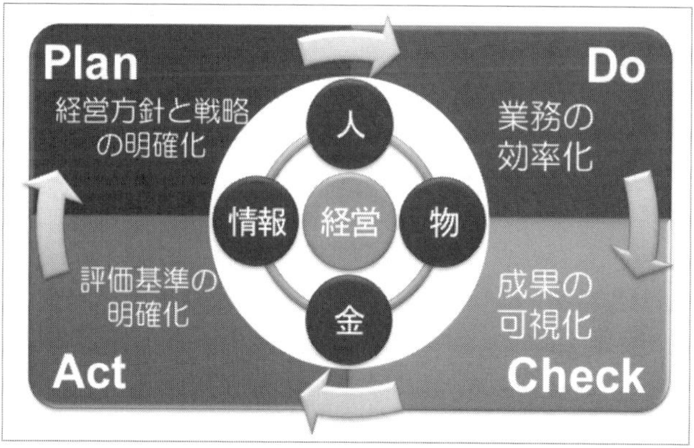

失敗例2

このスライドは、自社のサプライチェーンサイクルについて説明したプレゼンテーションの一部です。しかし、情報が図解されていないので、伝わりにくくなっています。

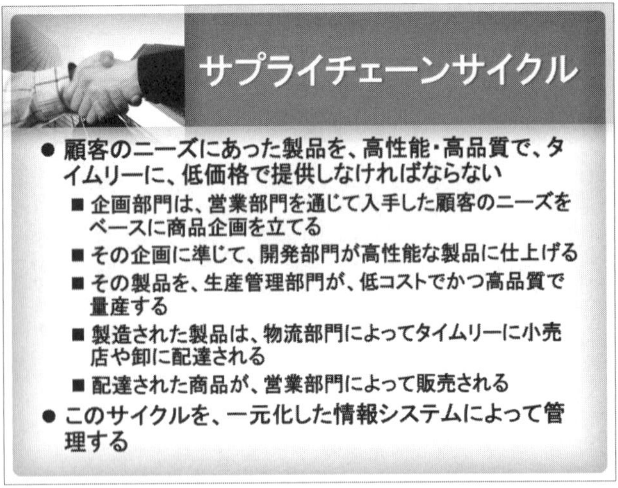
サプライチェーンサイクル
● 顧客のニーズにあった製品を、高性能・高品質で、タイムリーに、低価格で提供しなければならない
■ 企画部門は、営業部門を通じて入手した顧客のニーズをベースに商品企画を立てる
■ その企画に準じて、開発部門が高性能な製品に仕上げる
■ その製品を、生産管理部門が、低コストでかつ高品質で量産する
■ 製造された製品は、物流部門によってタイムリーに小売店や卸に配達される
■ 配達された商品が、営業部門によって販売される
● このサイクルを、一元化した情報システムによって管理する

言葉で説明しているので、分かりにくく、印象に残りにくい

改善例2

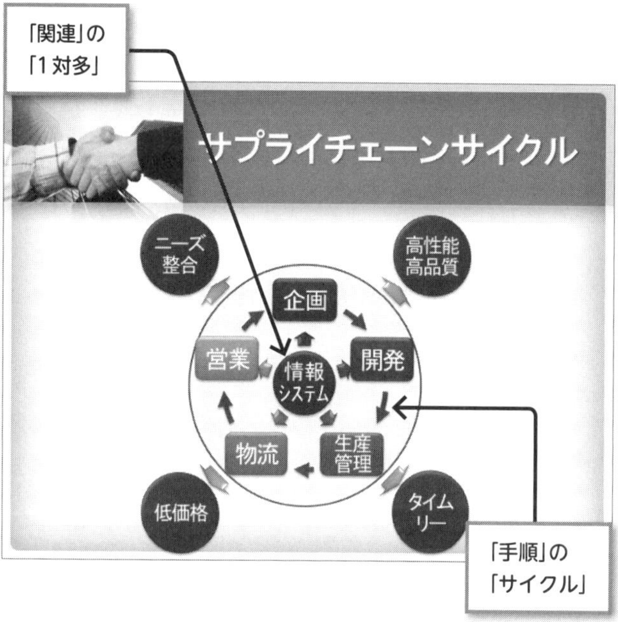

解説

「リスト」「サイクル」「1対多」を組み合わせて、1つの図解として表現しましょう。

まず、失敗例の1文目に書かれている、顧客満足のための4つの条件は、基本図解の「リスト」で表現します。この4つの条件は、単純な横並びです。

- ニーズにあった製品を
- タイムリーに
- 高性能・高品質で
- 低価格で

次に、失敗例では箇条書きで表記されているサプライチェーンの5つの構成要素は、基本図解の「手順」の「サイクル」で表現します。5つの部門で仕事が循環しているのが読み取れるはずです。

- 企画部門
- 開発部門
- 生産管理部門
- 物流部門
- 営業部門

さらに、失敗例の最後に書かれている「このサイクルを、一元化した情報システムによって管理する」という考え方は、基本図解の「関連」の「1対多」で表現します。情報システムが、サプライチェーンの5つの構成要素に働きかけるという縦接続です。

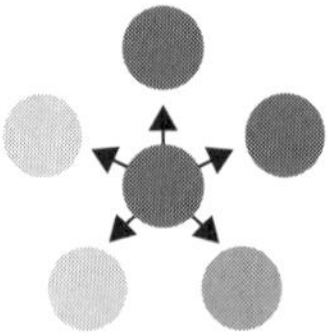

改善例では、まず、「1対多」の代表的な図解（右図参照）をイメージして、中央に情報システムを、まわりにサプライチェーンの5要素を配置します。

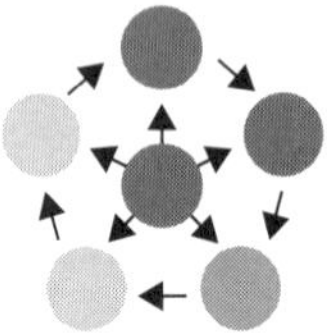

さらに、この5要素を、サイクルを表す矢印でつなぎます（右図参照）。

最後に、顧客満足のための4条件を加えます。このとき、サプライチェーンが顧客満足を生むと考えて、縦接続を表す矢印を使います。この4条件は、サプライチェーンのサイクルが円ですから、「リスト」の「円配置」を使います。配置の順番にも配慮します。

コラム｜手元のパソコンにスライドショー以外を表示する

PowerPointには、スクリーンにスライドショーを、手元のパソコンにスライドの原稿などを表示する「発表者ツール」という機能があります。この機能を使うと、スライドショーを表示させつつ、聴衆には悟られずにメモを見たり、PowerPointのファイルを修正したりできます。

この機能を使うには、まず、パソコンを「拡張デスクトップ」モードに設定します。Windowsのパソコンなら、プロジェクターをパソコンにつないだ後、通知領域にある「グラフィックス　オプション」から、デュアルディスプレイを選択します（パソコンの機種により異なる）。

次に、PowerPoint側の設定をします。PowerPointの「スライドショー」メニューで、「モニタ」に主モニタを指定し、「発表者ツールを使用する」にチェックを入れます（PowerPointのバージョンにより異なる）。

設定ができたら、スライドショーを開始します。すると、プロジェクターにはスライドショーが、パソコン側のディスプレイには、「発表者ツール」が表示されます。

「発表者ツール」では、PowerPointの各スライドに書き込んだ「メモ」を見たり、次のスライドを確認できたりします。また、パソコン側のディスプレイで、PowerPointのオリジナルファイルの修正もできます。

3.3 | 基本図解を軸によって広げる

ポイント

図解をするときに、軸を意識するとより効果的になります。基本図解も、組み合わせた図解も、縦横に軸を作るとすっきりと分かりやすくなります。

失敗例1

このスライドは、製品開発における日程的なボトルネックについて説明するプレゼンテーションの一部です。情報が図解されていますが、図がシンプルすぎて、印象が弱くなっています。

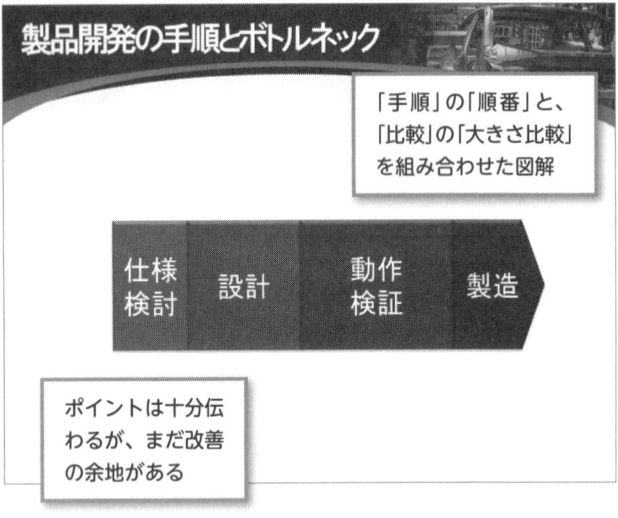
製品開発の手順とボトルネック
「手順」の「順番」と、「比較」の「大きさ比較」を組み合わせた図解
仕様検討
設計
動作検証
製造
ポイントは十分伝わるが、まだ改善の余地がある

改善例1

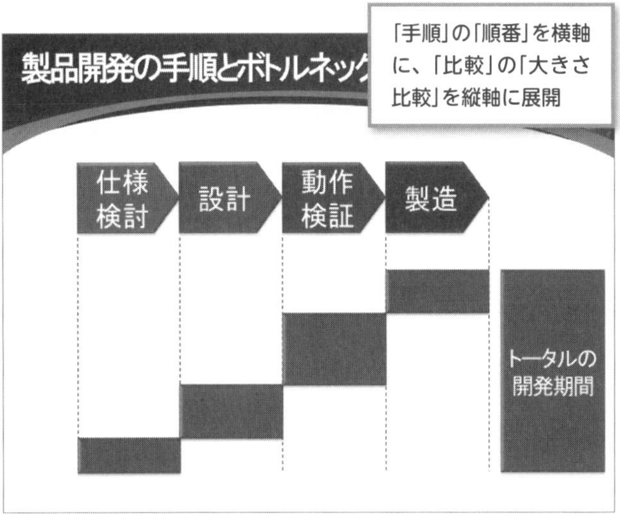

基本図解に縦横の軸を組み合わせる

単純な基本図解も縦横の軸を使って表現すると、より効果的になります（下図参照）。改善例も、縦横の軸を使うことで、単純な図解より視覚的効果が増しています。

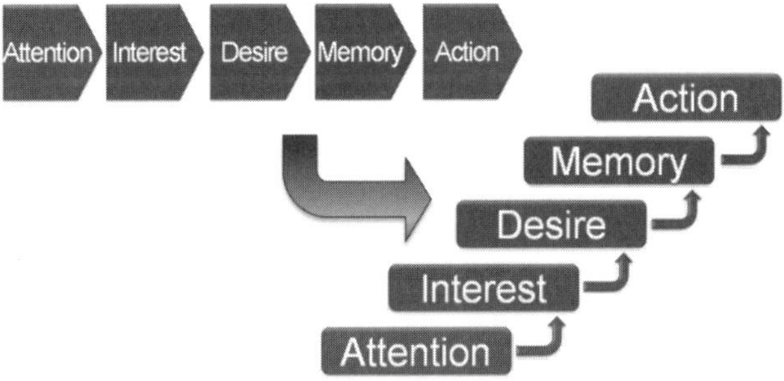

基本図解に、縦横の軸を組み合わせると、新たな図解が生まれます。たとえば、「比較」の「大きさ比較」に縦横の軸を組み合わせると、ポートフォリオ分析（重要な2つの指標から事業分析する手法）の図ができます（下図参照）。

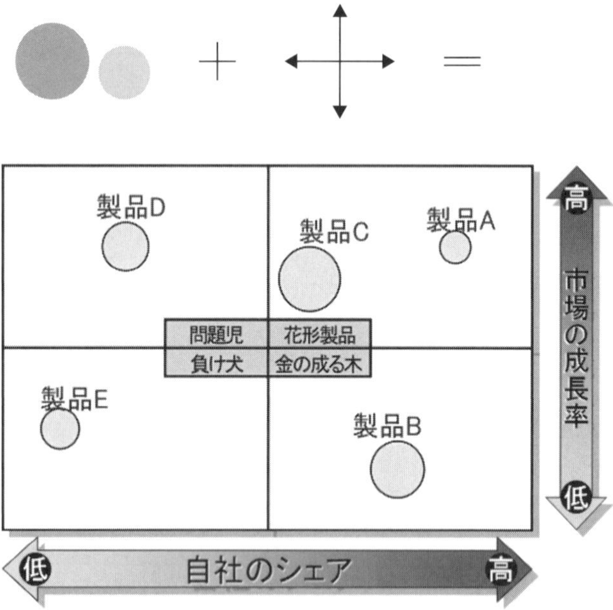

この図解に対し、さらに、「手順」の「順番」を組み合わせることで、現状と目標を同時に表現できます（次図参照）。

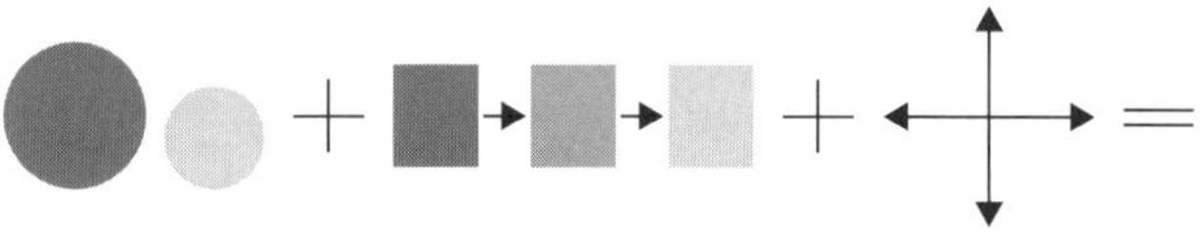

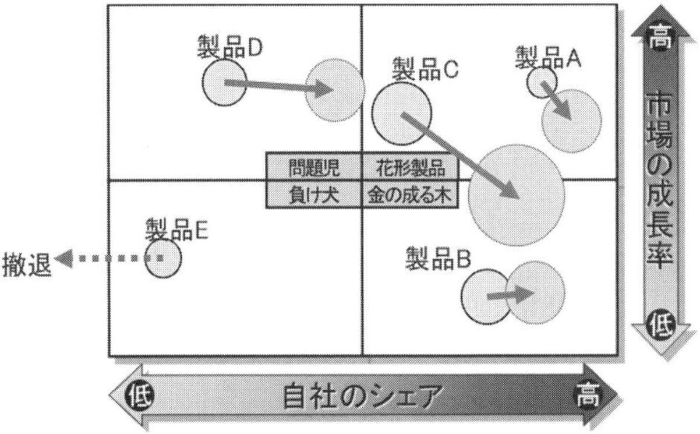

図解の組み合わせも軸を使う

　また、図解を組み合わせるときも、2つの図解を縦横に組み合わせると見やすくなります。改善例の図解は、「手順」の「順番」を横軸に、「比較」の「大きさ比較」を縦軸にして展開しています（下図参照）。

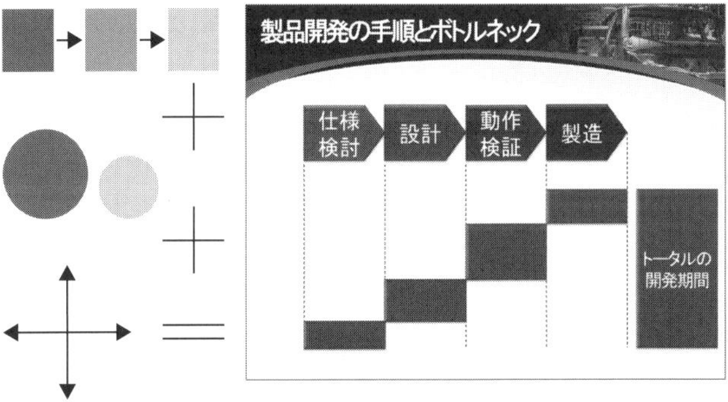

失敗例2

このスライドは、自社における社員育成について説明したプレゼンテーションの一部です。しかし、このスライドでは、情報が図解されていないので、伝わりにくくなっています。

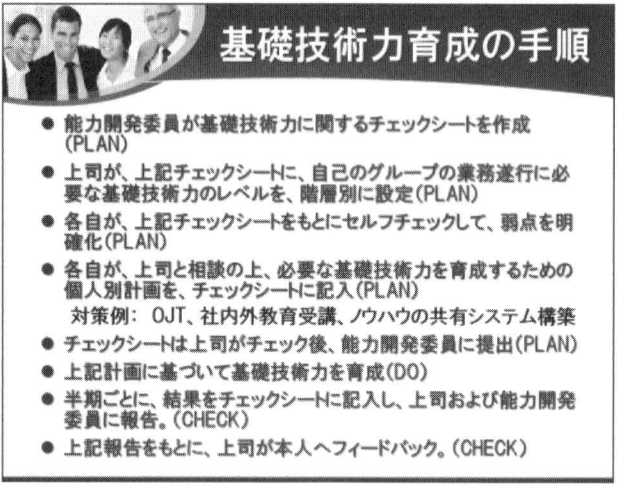
基礎技術力育成の手順
能力開発委員が基礎技術力に関するチェックシートを作成(PLAN)
上司が、上記チェックシートに、自己のグループの業務遂行に必要な基礎技術力のレベルを、階層別に設定(PLAN)
各自が、上記チェックシートをもとにセルフチェックして、弱点を明確化(PLAN)
各自が、上司と相談の上、必要な基礎技術力を育成するための個人別計画を、チェックシートに記入(PLAN)
対策例: OJT、社内外教育受講、ノウハウの共有システム構築
チェックシートは上司がチェック後、能力開発委員に提出(PLAN)
上記計画に基づいて基礎技術力を育成(DO)
半期ごとに、結果をチェックシートに記入し、上司および能力開発委員に報告。(CHECK)
上記報告をもとに、上司が本人へフィードバック。(CHECK)

言葉で説明しているので、分かりにくく、印象に残りにくい

改善例２

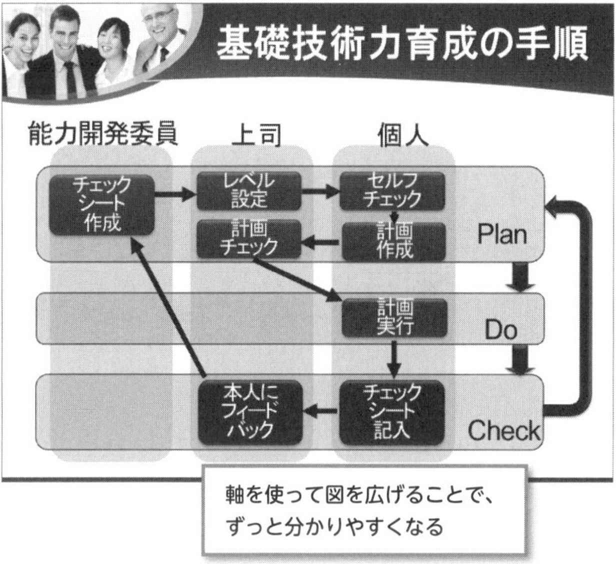

解説

まず、失敗例で説明されている基礎技術力育成の手順に、３系統（縦接続、横並び、包含）のどのロジックが含まれているかを分析します。その上で、縦軸に「手順」の「サイクル」を、横軸に「リスト」を置いて図解しましょう。

基礎技術力育成の手順そのものは、時系列つまり、縦接続「手順」の「順番」です。基礎技術力育成の手順が、ステップ・バイ・ステップで説明されています。したがって、図解したとき、この８つのステップは矢印で接続されることになります。

次に、育成手順の中に、Plan-Do-Checkという縦接続「手順」の「サイクル」があることに目をとめましょう。8つのステップを、Plan、Do、Checkとして繰り返すことで、効果を高めようという趣旨です。したがって、Plan、Do、Checkも矢印で循環するように接続します。Plan、Do、Checkの中に、基礎技術力育成の8つのステップが含まれるのですから、この2グループは包含関係になります。

さらに、基礎技術力育成にかかわる3人（個人、上司、能力開発委員）は、横並び「リスト」です。横並びの場合、重要な順など意味のある順に並べます。ここでは明確な順位づけをする意味がないので、図解しやすい順に並べてもかまいません。改善例では、基礎技術力育成の8つのステップを矢印で接続したとき、矢印が交差しない順に並べました。

改善例では、以上の3つの接続関係から、縦軸に「手順」の「サイクル」を、横軸に「リスト」を用いました。この縦横の関係から、9マスの表でまとめます。この9マスに8つのステップを記入し、時系列に矢印で結びます。Plan-Do-Checkも矢印で結んで「サイクル」を作ります。このとき、Plan-Do-Checkの「サイクル」を図解するのに円ばかりを思い浮かべると、軸を使った図解にならないので気をつけましょう。

第 4 部

複雑な状況で活用する

実際のプレゼンテーションでは、最適な考え方や技法を、複数適用しながらロジックを構築し、表現していきます。けっして、1つの考え方や技法だけ適用するわけではありません。これまでは学習のため、それぞれの考え方や技法に個別にフォーカスしてきました。しかし、ビジネスの現場では、何枚ものスライドで複雑なプレゼンテーションを構成します。したがって、最適な考え方や技法を、その場に応じて複数適用できて初めて、ビジネスの現場で使えるのです。

そこで、ここでは「第1部　論理的なプレゼンには何が必要か」の「1 よくある失敗例と改善例」で紹介したプレゼンテーションをあらためて分析します。改善例に、どのような考え方や技法が適用されているのかを確認しましょう。

1 他社製品分析

1.1 ｜ロジックを組む

ポイント

このプレゼンテーションでは、情報間が、縦接続、横並び、包含のいずれで接続されているのかをしっかり見極めることが重要です。その上で、ロジックはピラミッド型に構築します。

縦につなぐ、横に並べる

失敗例で示されている4つの特徴、「動作モード」「感情と本能」「自律行動」「動作性能」の接続関係を明らかにしなければなりません。その上で、それぞれの中に書かれている情報の関係や、最後の「考察と結論」に書かれている情報の関係も明確にします。

まず、「動作モード」「感情と本能」「自律行動」「動作性能」（右図参照）の関係は、情報が少ないので十分な判断ができませんが、ここでは以下のように判断しました。

- 「感情と本能」や「自律行動」は、「動作モード」の1つである自律モードの説明である（包含）

- 「動作モード」と「感情と本能」の中で示されている情報は、それぞれ正しく並んでいる（横並び）
- 「感情と本能」によって「自律行動」する（縦接続）
- 「自律行動」で示されている情報は接続が不明（横並び？）
- 「動作性能」は、すべての「動作モード」に共通する性能もあれば、自律モード向けの性能もある（縦接続、横並び、包含が混在）

次に、横に並ばない情報が羅列されている「動作性能」（右図参照）を正しく分類します。たとえば、「屋外では使用できない」という使用上の制限と、「感情や本能を動作で表現する」などの能力とは、明らかに別の種類の情報です。同じ種類の情報でグループを作れば、そのグループ内やグループ間が、縦接続、横並び、包含のどれなのかが分かりやすくなります。

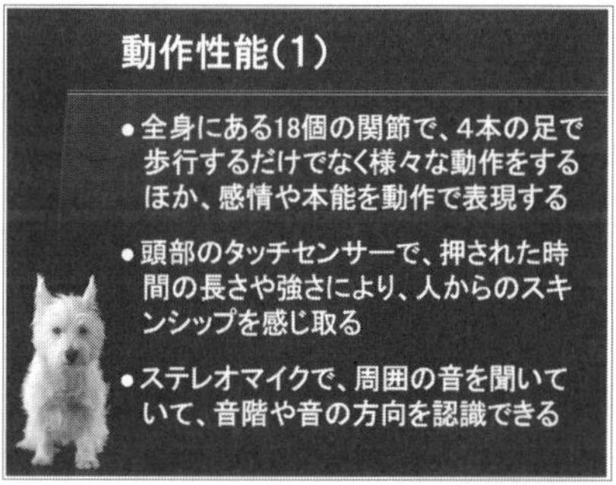
動作性能(1)
● 全身にある18個の関節で、4本の足で歩行するだけでなく様々な動作をするほか、感情や本能を動作で表現する
● 頭部のタッチセンサーで、押された時間の長さや強さにより、人からのスキンシップを感じ取る
● ステレオマイクで、周囲の音を聞いていて、音階や音の方向を認識できる

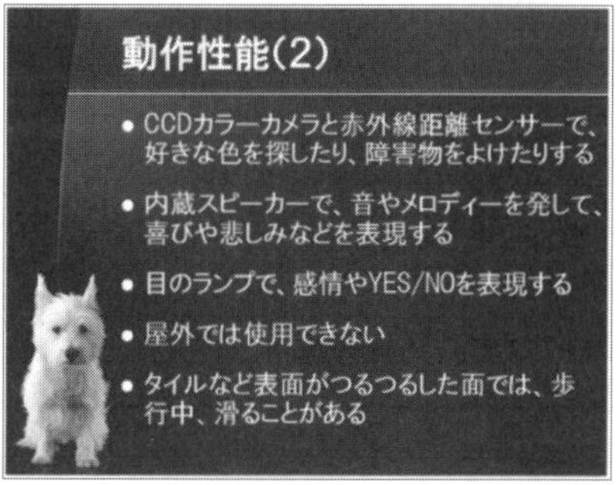
動作性能(2)
● CCDカラーカメラと赤外線距離センサーで、好きな色を探したり、障害物をよけたりする
● 内蔵スピーカーで、音やメロディーを発して、喜びや悲しみなどを表現する
● 目のランプで、感情やYES/NOを表現する
● 屋外では使用できない
● タイルなど表面がつるつるした面では、歩行中、滑ることがある

分類するのにヒントになるのが、複数回使われている言葉や同義語です。同じ言葉や同義語が使われている情報は、多くの場合、同じ種類として分類できます。たとえば、この「動作性能」では、「表現する」という言葉が3回使われています。また、「感じ取る」と「認識する」という同義語も使われています。

そこで、複数回使われている「表現する」と「感じ取る」で分類すると考えると、IN-OUTというフレームワークになります。INは情報を「感じ取る」で、OUTは意思を「表現する」です。INとOUTでMECEです。

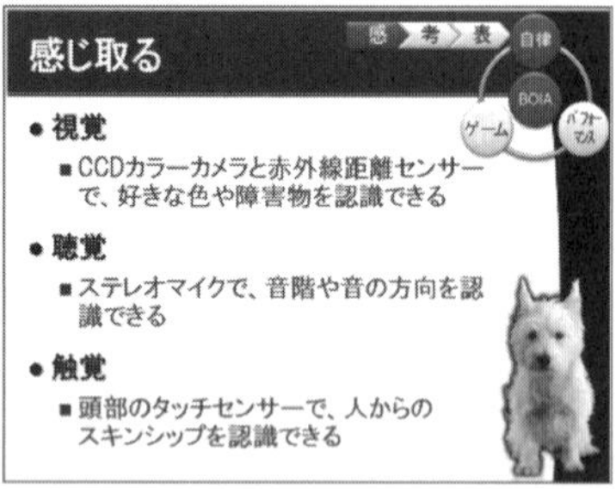
感じ取る
感
考
表
自律
BOIA
ゲーム
● 視覚
■ CCDカラーカメラと赤外線距離センサーで、好きな色や障害物を認識できる
● 聴覚
■ ステレオマイクで、音階や音の方向を認識できる
● 触覚
■ 頭部のタッチセンサーで、人からのスキンシップを認識できる

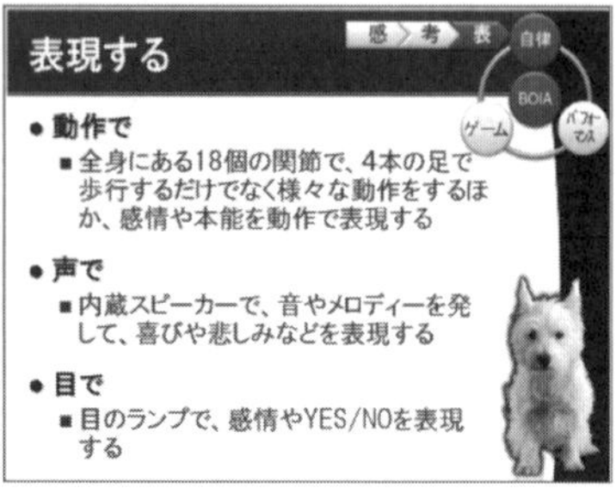
表現する
感
考
表
自律
BOIA
ゲーム
● 動作で
■ 全身にある18個の関節で、4本の足で歩行するだけでなく様々な動作をするほか、感情や本能を動作で表現する
● 声で
■ 内蔵スピーカーで、音やメロディーを発して、喜びや悲しみなどを表現する
● 目で
■ 目のランプで、感情やYES/NOを表現する

「感じ取る」(IN)と「表現する」(OUT)で分類すると、さらにその下にもフレームワークが見えてきます。「感じ取る」は、人間の五感、つまり「視覚」「聴覚」「触覚」「味覚」「嗅覚」でMECEです。しかしロボットなので、「味覚」と「嗅覚」は無理ですから、「視覚」「聴覚」「触覚」でMECEです（右図参照）。同

様に、「表現する」も、「動作で」「声で」「目で」の3つで、人間（人間の場合は「目で」の代わりに「表情で」）でもロボットでもMECEです（前ページの図参照）。

しかし、「感じ取る」（IN）と「表現する」（OUT）でMECEと考えてしまうと、「感情と本能」がつながらなくなります。「感じ取る」と「表現する」でMECEなら、この2つと「感情と本能」を横に並べるわけにはいきません。そうとはいえ、「感じ取る」「表現する」と「感情と本能」が縦接続とも、包含関係とも思えません。

そこで、「感じ取る」と「表現する」の間に、「考える」という分類項目を入れてMECEとしました（右図参照）。つまり、「情報を感じ取り、感じ取った情報で考え、その考えを表現する」と考えたのです。こう考えれば、この3つの情報でMECEになります。INとOUTだけでMECEの場合もあれば、この例のように、INとOUTの間に、もう1つの情報を入れてMECEになることもあります。

なお、この「感じ取る」「考える」「表現する」の組み合わせは、縦接続の情報ですがMECEです。3つの情報は、「情報を感じ取り、感じ取った情報で考え、その考えを表現する」と縦につながる接続関係を持っています。一方で、MECEは本来、「視覚」「聴覚」「触覚」のような横並びの情報に対する考え方です。しかし、この例のように、まれに縦につながった情報が、モレもなくダブりもない状態を生むことがあります。

最後に、失敗例の「考察と結論」で書かれている情報（右図参照）を他の情報と関連づけます。失敗例のままでは、他の情報との接続が分かりません。それまで述べてきた情報とは無関係にまとめられた印象です。

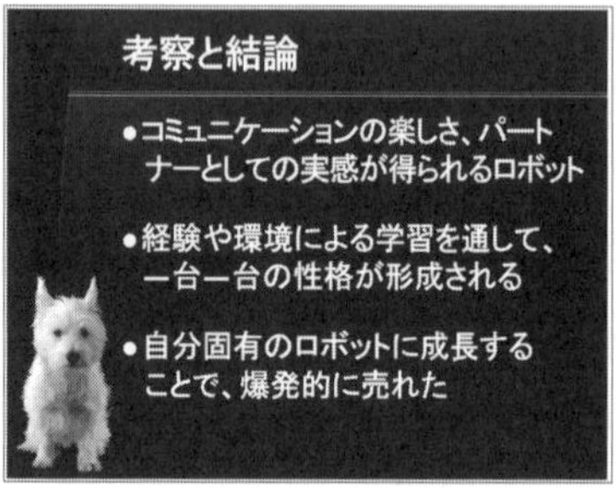

そこで、「考察と結論」で書かれている情報の中から、「コミュニケーションの楽しさ、パートナーとしての実感が得られるロボット」を結論の文にしました（右図参照）。各論で説明した機能によって、「コミュニケーションの楽しさ、パートナーとしての実感が得られる」、だから「爆発的

に売れた」と考えればつながります。

一方、「考察と結論」で書かれている情報のうち、「性格が形成される」や「自分固有のロボットに成長する」は、「考える」の中に分類できます（下図参照）。このとき、単に分類するだけではなく、「感情」や「本能」とどう接続するのかも考えなければなりません。「感情」「本能」「性格形成」は、縦接続でも、横並びでも処理できます（53～54ページの「改善例2」を参照）。縦接続なら、論理的な接続順で並べます。横並びなら、重要な順に並べ替えます。

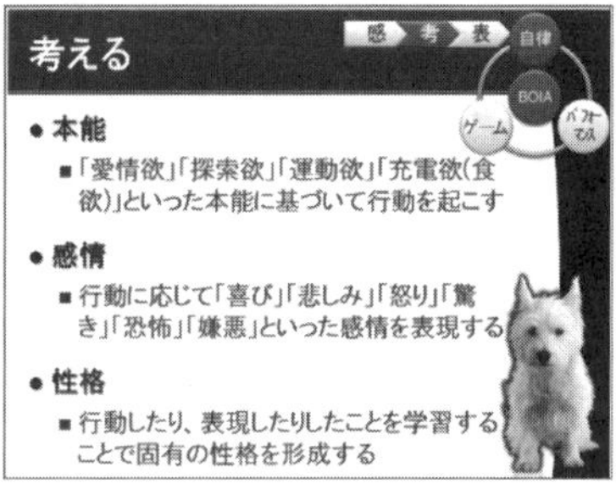

基本ロジックを組む

以上から、下記のようなピラミッドのロジックを構成しました。製品の特徴を分類して紹介するのですから、ピラミッドのロジックが最も一般的です。

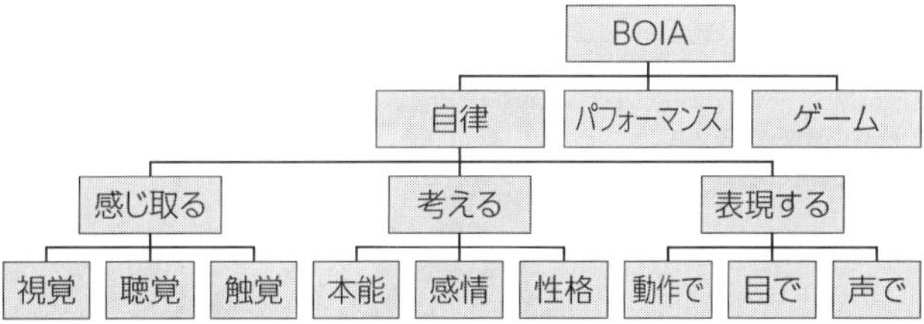

1.2 ｜ロジックを表現する

ポイント

このプレゼンテーションでは、プレゼンテーション全体はもちろん、階層から1枚のスライドに至るまで、概略から詳細へと展開することが重要です。さらに、ロジックをスライドで強調することも重要です。

概略から詳細へと展開する

まず、表紙スライドと「ポイント」のスライドで総論を述べます（下図参照）。総論は典型的なパターンに基づいて、次ページに示すような内容を説明します。

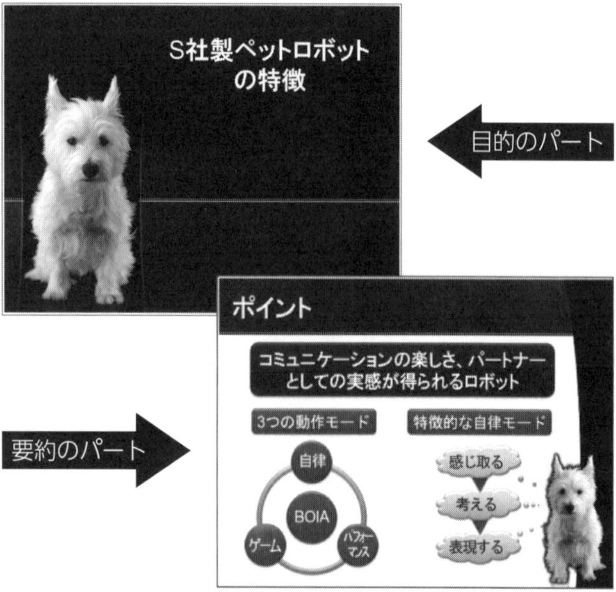

目的のパート	
現状または背景	S社が売りに出したペットロボットが、25万円と高額にもかかわらず爆発的に売れている
問題点／必要性	今後の企画の参考にする
目的	S社のペットロボットが売れた理由を分析する
要約のパート	
結論や総括の文	爆発的に売れたのは、コミュニケーションの楽しさ、パートナーとしての実感が得られるから
重要な情報1	3つの動作モードで動作し、とくに自律モードが特徴的
重要な情報2	自律モードでは、情報を感じ取る
重要な情報3	感じ取った情報で考える
重要な情報4	考えたことを表現する

プレゼンテーションの最後に述べる結論では、総論で使った「ポイント」のスライドを流用します。総論と結論は同じことを述べるのですから、基本的にスライドの内容も同じはずです。重要な情報が、総論と結論で食い違うはずはありません。新たにスライドを起こすと、総論と別のことを述べるミスをしかねません。

階層構造になっている部分（自律モードの詳細説明）は、階層の総論が必要です。階層の総論を述べるのは、目次スライドです。自律モードの詳細説明を始める前に、目次スライドを再表示して（次ページの図参照）、この階層の概略を述べます。たとえば、次のように述べます。

「次に、3つの動作モードの中でも、特徴的である自律モードについてさらに詳しく説明します。自律モードでは、BOIAは、まわりから情報を感じ取り、感じ取った情報で考え、その考えを表現します」

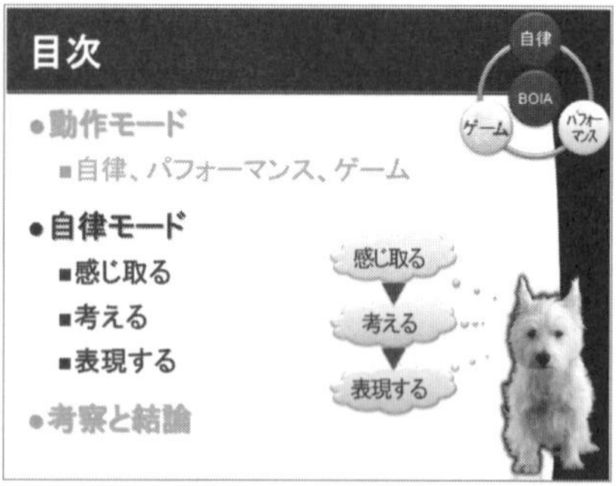

各スライドは、ポイントから説明します。たとえば、「感じ取る」というスライド（右図参照）では、「BOIAは、視覚、聴覚、触覚でまわりから情報を感じ取ります」と始めます。同様に、「考察と結論」というスライドでは、「コミュニケーションの楽しさ、パートナーとしての実感が得られるロボット」と始めます。とくに、「考察と結論」では、この結論の文がスライドの最後に回りやすいので気をつけましょう。

フレームワークを使ったスライドでは、まずフレームワ

ークから説明に入ります。説明に合わせて、箇条書きを使ったスライドでも、フレームワークを示す大項目から、詳細説明の小項目へと表示します。たとえば、「感じ取る」というスライドでは、「BOIAは、視覚、聴覚、触覚でまわりから情報を感じ取ります」とポイントを述べると同時に、視覚、聴覚、触覚の大項目を箇条書きで表示します（上図参照）。その後、視覚の説明に移ったときに、視覚についての詳細説明である「CCDカラーカメラと赤外線距離センサーで、好きな色や障害物を認識できる」という小項目を表示します。

ロジックを強調する

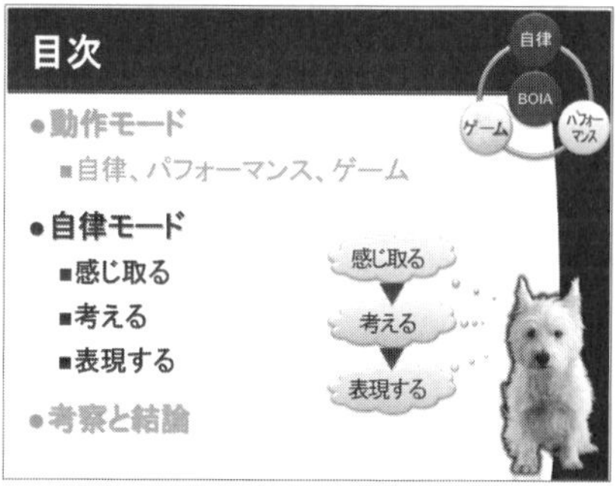

ロジックの流れ（階層間の関係）を明確にするために、目次項目を移動するたびに、目次を再表示します（右図参照）。この目次によって、聴衆は、「3つの動作モード→そのうちの自律モード→自律モードの3つの機能」というロジックを再確認できます。

さらに、これから何を述べるか、その内容は全体の中でどういう位置にあるのかを確認できます。

階層構造になっている説明では、イラストを使って、総論と各論の関係を明示します。たとえば、3つの動作モードを説明してから、その1つである自律モードの説明をする場合です。まず、3つの動作モードを、イラストを使って説明します。次に、自律モードの説明をするときに、そのイラストをスライドの右上に表示し、自律モードの部分だけハイライトします（左上図の丸囲み参照）。自律モードの説明から、「感じ取る」「考える」「表現する」を説明するときも同様です。

「考察と結論」のスライドは、各論のスライドとつながりが分かるように表現します。各論で述べた情報によって、「コミュニケーションの楽しさ、パートナーとしての実感

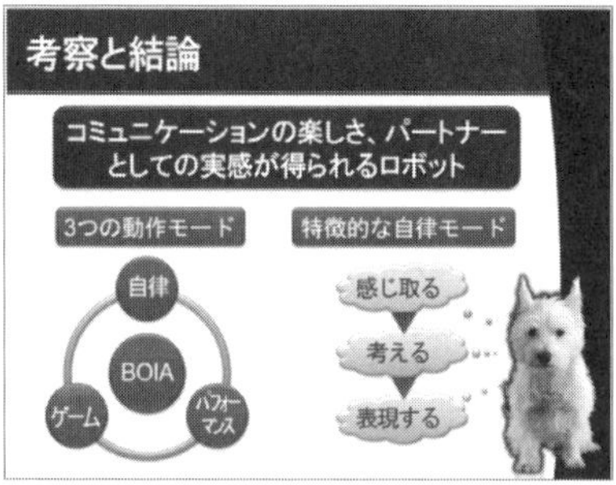

が得られるロボット」という結論が導かれているはずです。そのことが聴衆に伝わらなければなりません。各論の情報と結論の文がちぐはぐになってはいけません。そこで、各論で使った重要なイラストをそのまま使ってまとめましょう（上図参照）。

効果的に図解する

このプレゼンテーションでは、縦接続と横並びの基本図解だけで表現しています。基本図解を組み合わせたり、軸を使って広げたりする必要はありません。

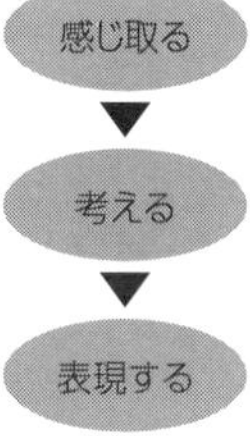

「感じ取る」「考える」「表現する」は縦接続なので、「手順」の「順番」を使っています（右図参照）。縦接続では、矢印を使うことが多いのですが、スペースを節約したい場合は、三角形でも矢印の代わりになります。

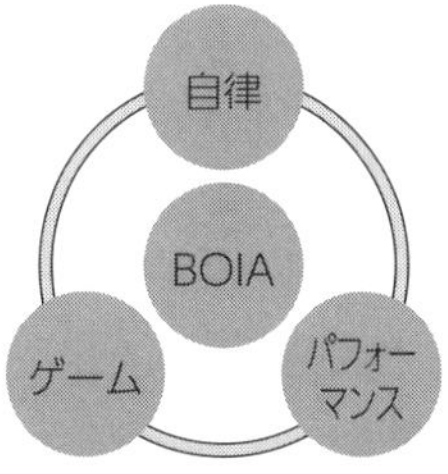

3つの動作モードは横並びなので、「リスト」の「円配置」を使っています（右図参照）。円配置は、単なる羅列した図解より、スライドに収まりやすいです。

2　ネット直販の提案

2.1 ｜ロジックを組む

ポイント

このプレゼンテーションでは、まず、縦接続でロジックの大きな流れを作り、その流れを横並びでより詳細に展開することが重要です。したがって、ロジックはブロック図で構築します。

縦につなぐ、横に並べる

このプレゼンテーションは提案ですから、全体のロジックは3または4を基調に、以下のような縦接続になります。

- 現状－提案－メリット／効果（今回採用）
- 現状－問題－提案－メリット
- 現状－問題－提案－デメリットへの反論

この縦接続した項目を、横並びの情報で展開することで階層構造にします。具体的には、縦接続の「現状分析」と「効果」を、それぞれ横並びの情報で展開しました（右図参

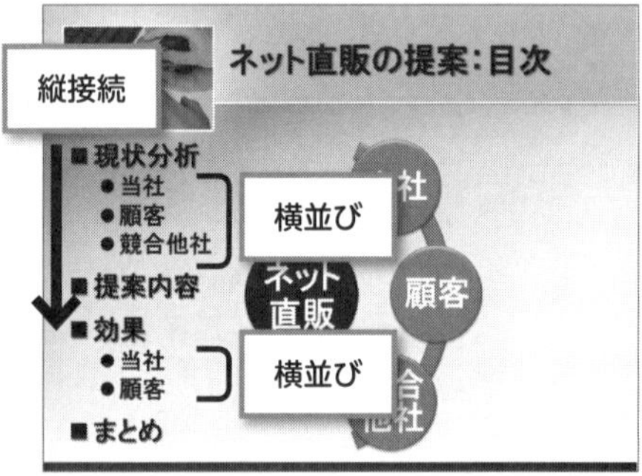

照）。実際には提案内容も階層構造になるはずですが、本書では詳細な提案内容は省略しています。

このように階層構造化することで、ロジックの単位が3か4に保たれます。ロジック単位が少ないと、聴衆はロジックの流れが把握しやすくなります。失敗例のように、階層構造化しないで展開してしまうと、ロジック単位が多くなりすぎるので、聴衆はロジック全体をつかめません。

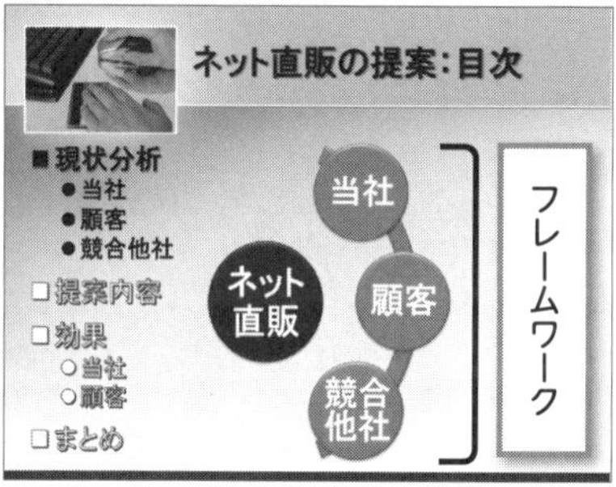

横並びの情報で展開するときは、フレームワークが使えないか考えます。改善例では、現状分析を「当社」−「顧客」−「競合他社」というフレームワークで説明しています（右図参照）。このフレームワークは、「マーケティングの3C」として有名です。Company（当社）−Customer（顧客）−Competitor（競合他社）の3Cです。効果の説明では、競合他社は除いて、「当社」−「顧客」でフレームワークとしました。このとき、情報を重要な順に並べることも忘れてはいけません。

現状分析と効果は、離れていますが、縦の接続が必要です。現状分析は、現状の問題点を指摘しているのですから、提案によってその問題点が解決されなければなりません（右図参照）。たとえば、現状分析で当社の売り上げの伸び悩みを指摘したら、効果では当社の売り上げが伸びることを示さなければなりません。同様に、

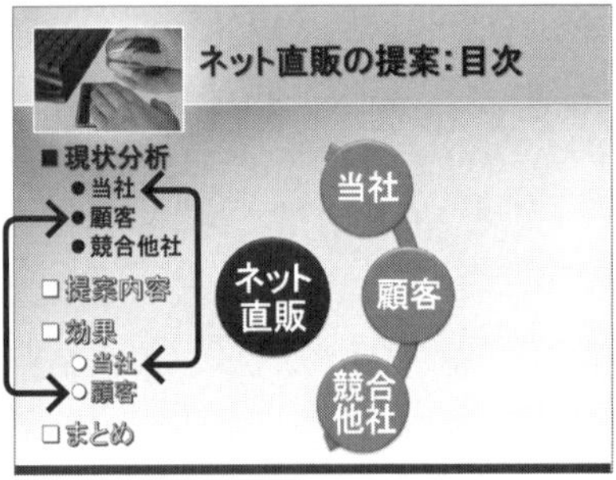

現状分析で顧客の買い物における手間と時間の負担を指摘したら、効果では手間と時間が省けることを示さなければなりません。このような離れた箇所での情報の接続は、忘れやすいので気をつけましょう。

基本ロジックを組む

以上から、右図のようなブロック図のロジックを構成しました。提案の場合、全体のロジックはブロック図になります。ただし、大きなプレゼンテーションの場合、各ブロックの中を詳細に分析することになります。

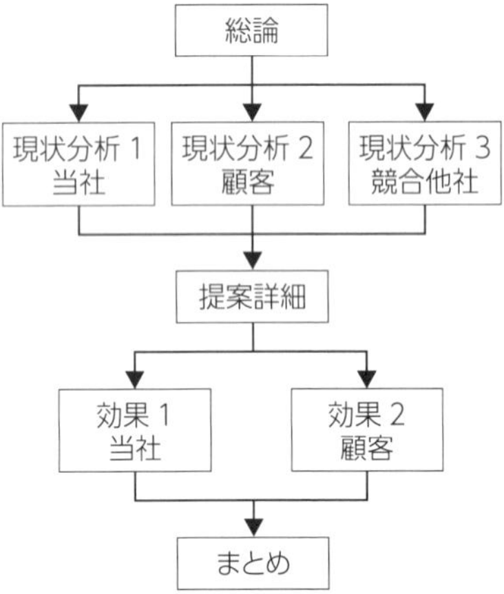

このとき、各ブロックの中の分析はテーブルやピラミッドになることがあります。

基本ロジックが組めたので、失敗例で示されている情報を、基本ロジックに割り当てます（下表参照）。

新しいロジック	オリジナルのプレゼンテーション
現状分析	
当社	売り上げ拡大の方向性（インターネット直販でシェア拡大を） 現状分析（当社の伸び悩み、従来型通販の経験あり）
顧客	消費者から見た問題（時間とコストの無駄） ネット通販の普及（ネット通販の経験者多数） 通販に対する顧客のニーズ（おむつ類の購入は負担）
競合他社	大手他社の取り組み（大手は消極的）
提案内容	新規作成（詳細は省略）
効果	
当社	新規作成
顧客	育児と介護をサポート（手間と時間を節約）
まとめ	省略

このように、基本ロジックは必ず図になります。なぜなら、ロジックは、情報が縦接続か横並びに接続されることで組まれているからです。図にならないなら、この接続関係をあいまいなままに、情報を羅列しているのです（失敗例参照）。

2.2 ｜ロジックを表現する

ポイント

　このプレゼンテーションでも、「1 他社製品分析」と同様、プレゼンテーション全体はもちろん、階層から1枚のスライドに至るまで、概略から詳細へと展開することが重要です。さらに、ロジックをスライドで強調することも重要です。

概略から詳細へと展開する

　まず、表紙スライドと「ポイント」のスライドで総論を述べます（下図参照）。総論は典型的なパターンに基づいて、次ページに示すような内容を説明します。

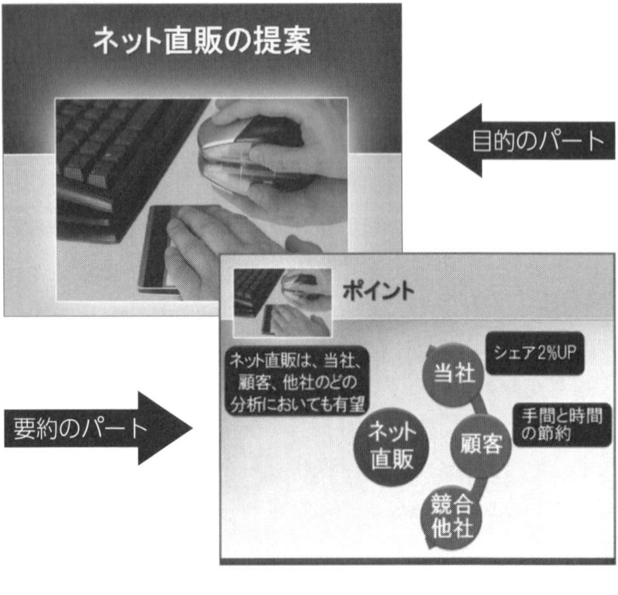

目的のパート	
現状または背景	当社の製品は、小売店で売り場を確保できないため、苦戦を強いられている
問題点／必要性	省略（売り上げを伸ばすため）
目的	インターネットでの直販を提案する
要約のパート	
結論や総括の文	ネット直販を積極的に推進すべき
重要な情報1	ネット直販は、当社、顧客、他社、どの現状分析においても有望
重要な情報2	ネット直販で、当社のシェアは2％向上すると見積もれる
重要な情報3	ネット直販で、顧客は手間と時間を節約できる

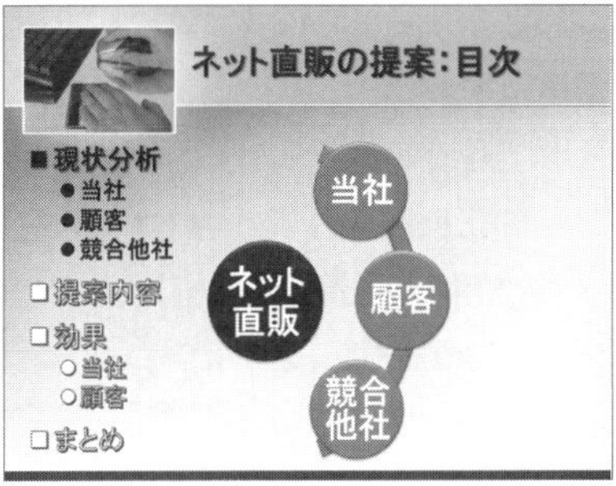

階層構造になっている部分は、階層の総論が必要です。階層の総論を述べるのは、目次スライドです。現状分析や効果の詳細説明を始める前に、目次スライドを再表示して、この階層の概略を述べます。その階層がフレームワークで構成されているなら、そのフレームワークも総論で示します。たとえば、現状分析では、上のようなスライドを見せつつ、次のように述べるとよいでしょう。

「ネット直販は、当社、顧客、競合他社の三者、どの分析においても有望です」

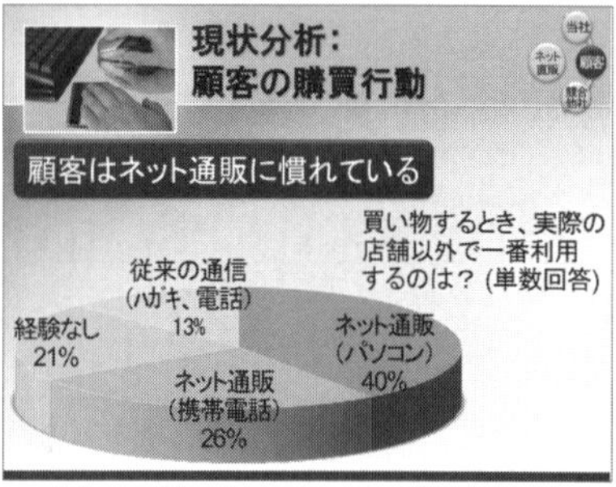

各スライドは、ポイントから説明します。たとえば、「現状分析：顧客の購買行動」では、「顧客はネット通販に慣れています」と始めます（右図参照）。同様に、「現状分析：顧客のニーズ」や「現状分析：他社の取り組み」でも、ポイントを先頭で示します。

ロジックを強調する

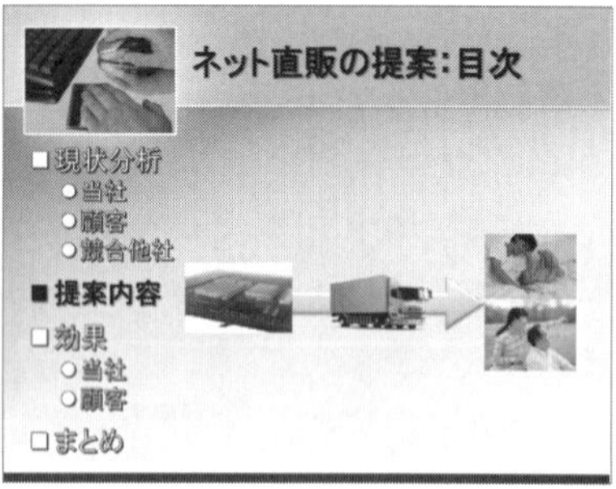

ロジックの流れ（階層間の関係）を明確にするために、目次項目を移動するたびに、目次を再表示します（右図参照）。この目次によって、聴衆は、「現状→提案→効果」というロジックを再確認できます。さらに、これから何を述べるのか、その内容は全体の中でどういう位置にあるのかを確認できます。

階層構造になっている説明では、イラストを使って、総論と各論の関係を明示します。たとえば、現状分析のフレームワークを説明してから、その１つである当社の説明を

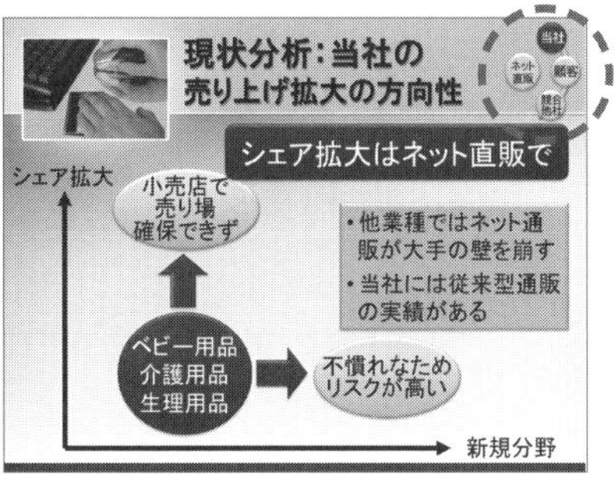

する場合です。まず、現状分析のフレームワークを、イラストを使って説明します。次に、当社の説明をするときに、そのイラストをスライドの右上に表示し、当社の部分だけハイライトします（上図参照）。

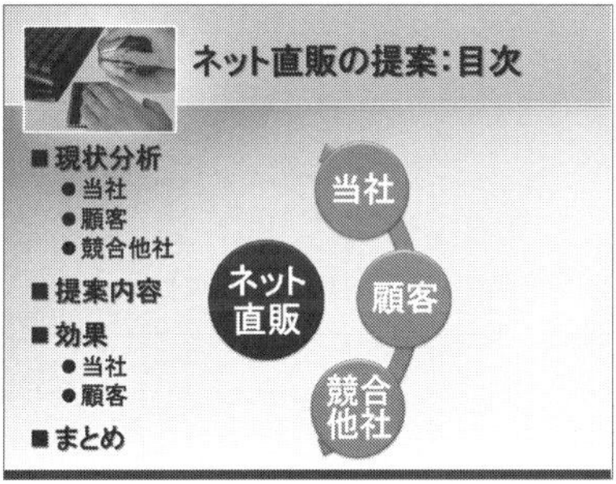

現状分析と効果は縦に接続されているので、その接続をスライドでも聴衆に意識させます。改善例では、目次表示を現状分析と効果で統一しました（右図参照）。詳細説明するときには、キーワードの「シェア」や「手間と時間」も統一しました。

効果的に図解する

「当社」「顧客」「競合他社」は横並びなので、「リスト」の「円配置」を使っています（右図参照）。図解としては、この基本図解だけで表現しています。基本図解を組み合わせたり、軸で広げたりする必要はありません。

3 企業説明

3.1 ｜ロジックを組む

ポイント

このプレゼンテーションでは、横並びの情報をフレームワークで整理することが重要です。ただの羅列では論理性が下がります。ロジックはピラミッド型に構築します。

縦につなぐ、横に並べる

まず、失敗例の目次で示されている4項目（右図）が、正しく横には並んでいません。横に並ぶ情報を見出して、その情報をフレームワークでまとめられないかと考えます。

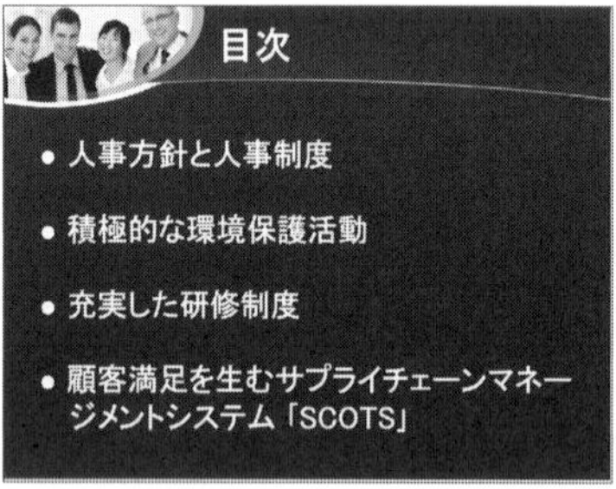

この4項目のうち、人事制度と研修制度が、人事部の業務範囲ということでグループ化できます。そう考えると、4項目は下記のような関係にあります。

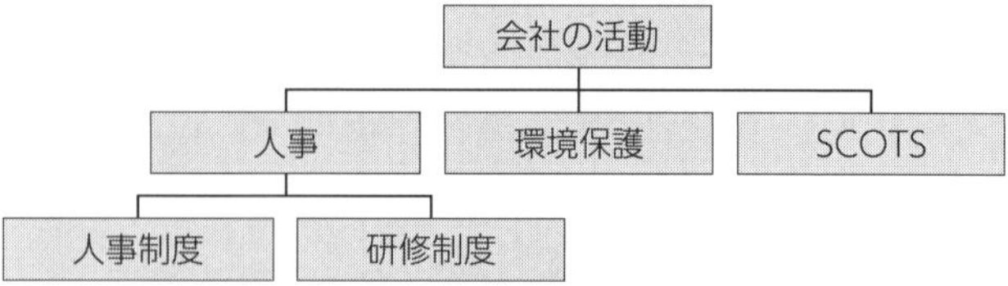

次に、横に並ぶ「人事」–「環境保護」–「SCOTS」から、企業活動に関するフレームワークを見つけます。ここで、「人事」「環境保護」「SCOTS」という言葉に惑わされてはいけません。これらはいずれも、フレームワークの中に入る要素です。「人事」「環境保護」「SCOTS」が、フレームワークを構成するわけではありません。フレームワークを構成するのは、もっと抽象的で、もっと並列感のある言葉の組み合わせです。

そこで、「社員」–「社会」–「お客様」というフレームワークを見つけます（右図参照）。企業の活動は、この三者のためと集約できるからです。つまり、この3つでMECEです。フレームワークで情報をまとめれば、「企業活動の中からバランスよく一部を抽出して説明している」という論理性が生まれます。

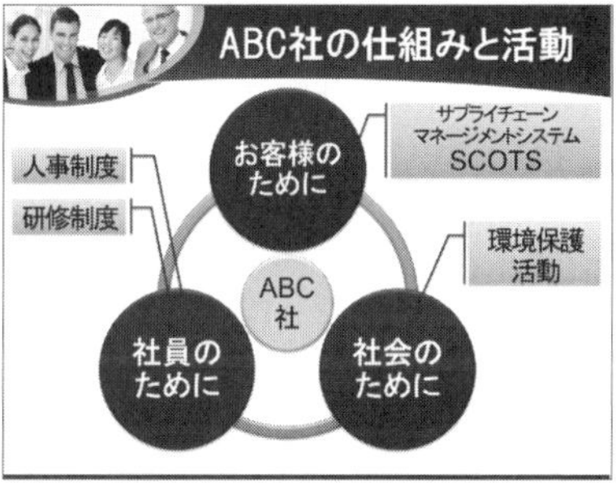

あとは、「社員」–「社会」–「お客様」を意味ある順に並べます。順番は、受け手の興味に合わせて重要な順にします。今回は、就職を希望する学生向けのプレゼンテーションですので、「社員」–「お客様」–「社会」の順としました。このプレゼンテーションが、ごく一般的な社外向けなら、「お客様」–「社会」–「社員」とします。

人事方針については、すでに「機会」−「遂行」−「成果」というフレームワークでまとめました（103ページ参照）。そこで、そのままこのフレームワークを採用することとします（右図参照）。

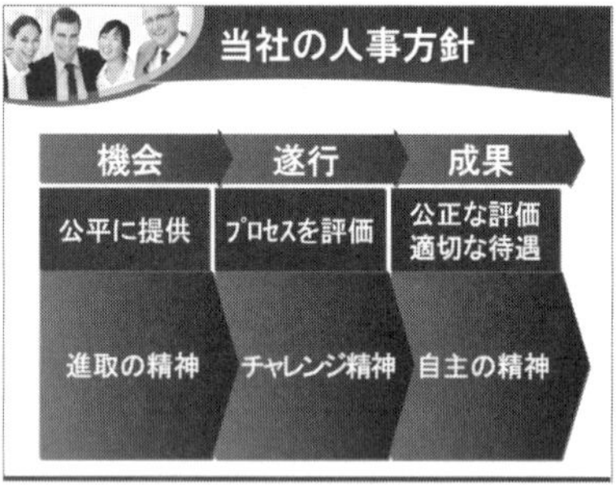

この後に説明する具体的な人事制度は、人事方針と縦に接続しなければなりません。人事制度は、人事方針に基づいて制定されているはずです。この関係を強調すると、方針に基づいて制度ができているという論理性が生まれます（上図参照）。関係を明示しないと、方針とは別に制度が考えられたような誤解を生みます。そこで、以下のような関係を考えました。

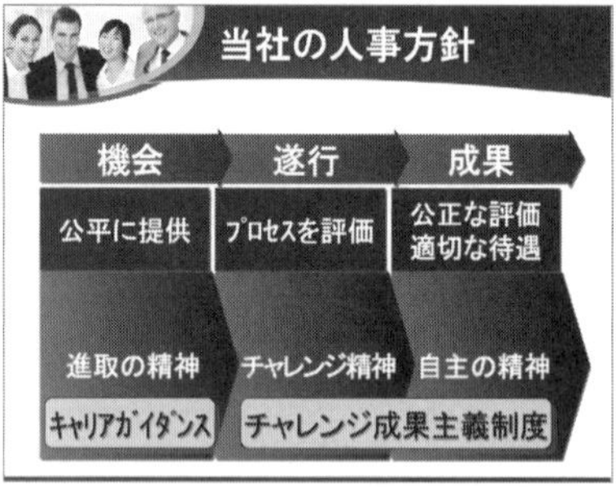

「機会」　　　：キャリアガイダンス
「遂行」「成果」：チャレンジ成果主義制度

4種類の研修制度はテーブルのロジックで説明します。4つの種類とは、「集合研修」「OJT」「業務外で自己学習」

「業務内で自己学習」です。そこで右図のようなテーブルでまとめてみました。

研修制度全体の説明では、入社後の時期をフレームワークとして使います。この4つに分けられている入社後の時期はMECEですから、そのままフレームワークとなります。あとは表現を、「入社期」–「基礎期」–「錬成期」–「完成期」のように統一します（上図参照）。

SCOTSの説明は、「ロジックを組む」という点からは、とくに難しいポイントはありません。文字での説明では分かりにくいので、図解すると効果的です。後で説明する「ロジックを表現する」点からは注意が必要です。

最後の環境保護活動も、「お客様で」–「社会で」–「自社で」とフレームワークでまとめます（次ページの図参照）。このフレームワークは、最初に全体説明で考えたフレームワーク「社員」–「お客様」–「社会」の応用です。フレームワークでまとめ、順位づけも考えます。ただし、改善例では、この三者での環境活動に大きな差を感じなかったので、明確な順位づけはしませんでした。

フレームワークの中に入れる要素も、MECEになっていると理想的です。改善例では、「社会で」の中が、「近隣」「国内」「海外」で完全ではありませんが、おおむねMECEです。「自社で」の中も、「Reduce」「Reuse」「Recycle」でMECEです。「お客様で」の中もMECEだと理想的です。

基本ロジックを組む

以上から、下記のようなピラミッドのロジックを構成しました。このプレゼンテーションは、企業活動の一部を紹介するのですから、第2階層はMECEでも、第3階層には説明漏れが生じます。そのため便宜上、下記の図では漏れた説明部分は「その他」という項目で表現しました。

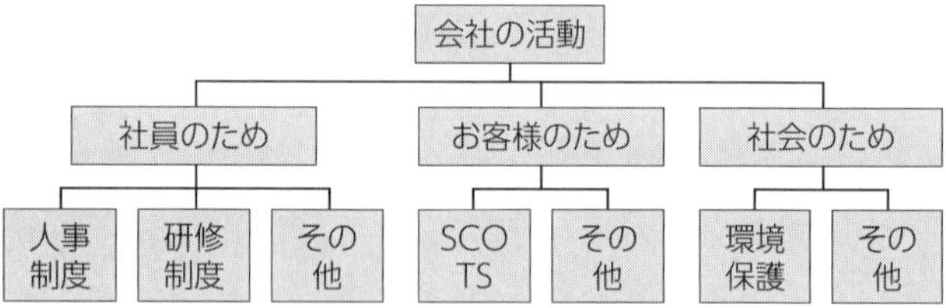

3.2｜ロジックを表現する

ポイント

このプレゼンテーションでは、フレームワークをしっかり聴衆に伝えることが大事です。さらに、前後のスライドの接続関係を聴衆に視覚で伝えましょう。

概略から詳細へと展開する

まず、表紙スライドと次のスライドで総論を述べます（下図参照）。総論は典型的なパターンに基づいて、次ページに示すような内容を説明します。

目的のパート	
現状または背景	省略
問題点／必要性	学生の皆さんに、当社のことをより深く知っていただくために（省略も可）
目的	ABC社の活動の一部をご紹介します
要約のパート	
結論や総括の文	今回は、企業活動の３つの分野、お客様のための活動、社員のための活動、社会のための活動から、４点ご紹介します
重要な情報１	ABC社には、社員に報いるための人事方針と人事制度があります
重要な情報２	ABC社には、社員が能力を高められるよう、充実した研修制度があります
重要な情報３	ABC社では、顧客満足のためにSCOTSというサプライチェーンマネージメントシステムを導入しています
重要な情報４	ABC社は、地球環境保全のための活動も積極的に取り組んでいます

階層構造になっている部分は、階層の総論が必要です。このプレゼンテーションでは、４つの企業活動の説明が、いずれもスライド１～２枚で終わります。このような小さな階層なら階層の総論を必ずしも述べる必要はありません。しかし、よほど冗長感がある場合を除い

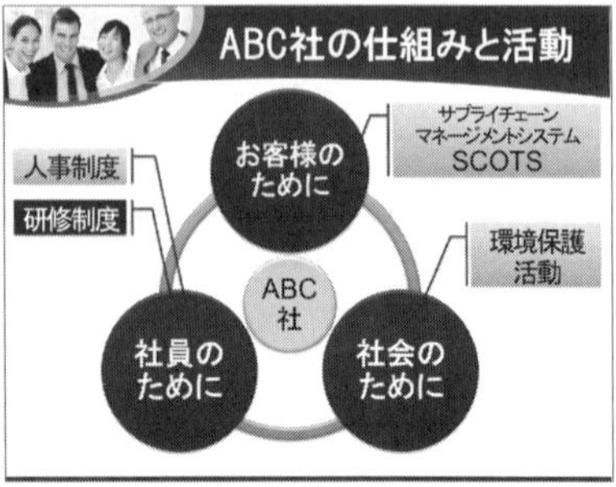

て、目次スライドだけでも再表示しておくと効果的です(左ページの図参照)。

各スライドは、ポイントから説明します。たとえば、「サプライチェーンマネージメントシステム」のスライドでは、「情報システムの活用で、商品を無駄なくタイムリーに供給できます」と始めます（下図参照)。同様に、「積極的な環境保護活動」のスライドでは、「当社では、プロジェクトGreen Earthと銘打ち、お客様で、社会で、自社で、環境保護に取り組んでいます」と始めます。

ロジックを強調する

ロジックの流れを明確にするために、目次項目を移動するたびに、目次を再表示します（下図参照)。この目次によって、聴衆は、「お客様のために－社員のために－社会のために」というフレームワークを再確認でき、これから述べる内容の位置づけを確認できます。

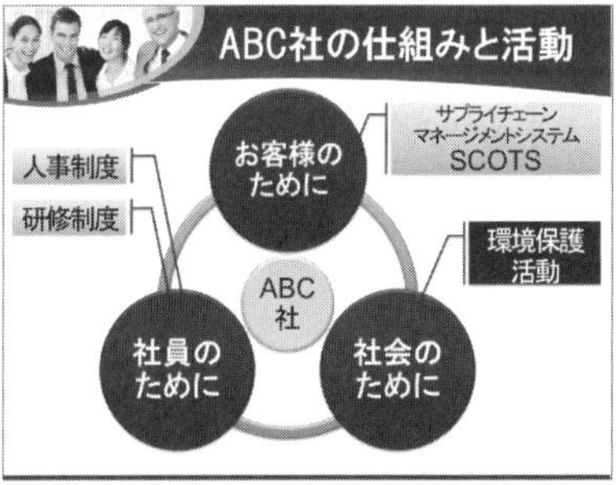

前後のスライドで接続関係があるなら、その関係をスライドで伝えます。たとえば、人事方針と人事制度の関係は、図で表現します（下図参照）。

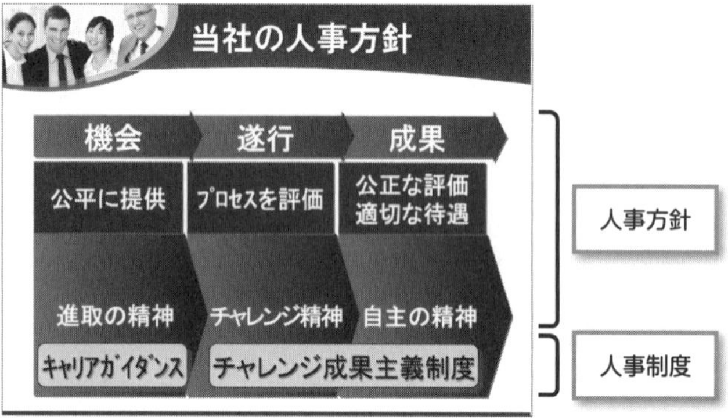

この接続関係のある情報を、２枚のスライドで説明するなら、接続関係をイラストで伝えます。たとえば、人事方針を図解して説明したら、人事制度を説明するスライドの右上にその図を表示し、説明の部分だけハイライトします（下図の丸囲み参照）。同様に、研修制度の説明でも、研修種類のスライドの図を後のスライドに小さく表示します。

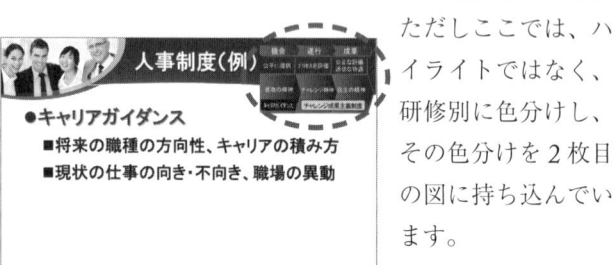

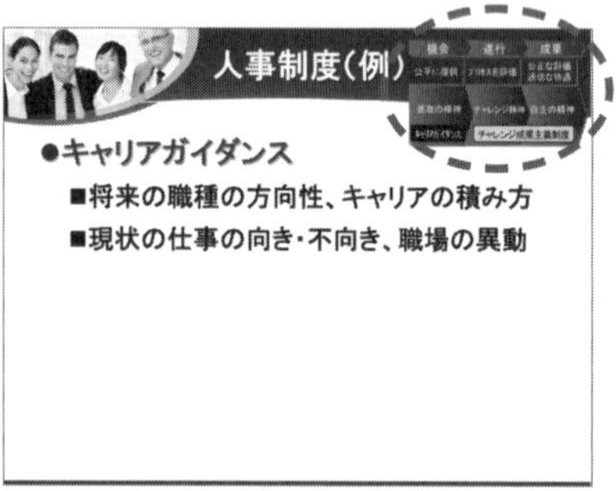

ただしここでは、ハイライトではなく、研修別に色分けし、その色分けを２枚目の図に持ち込んでいます。

効果的に図解する

このプレゼンテーションでは、縦接続と横並びの基本図解だけではなく、軸を使って広げる図解も重要です。

横並びの情報は、「リスト」の「円配置」を使っています（右図参照）。たとえば、「お客様のために」「社員のために」「社会のために」です。環境活動の図解も同様です。

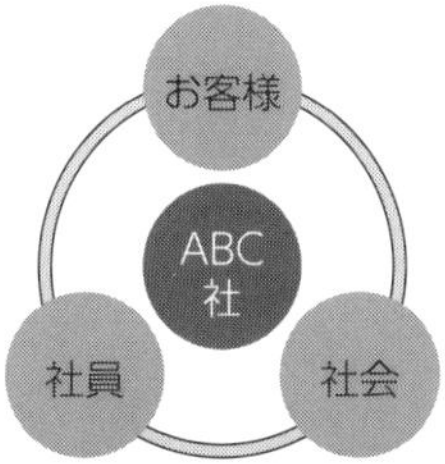

ロジックがテーブル型なら、自然と軸を使った図解になるはずです。人事方針の図解も、研修種類の図解も軸を使っています（右図参照）。

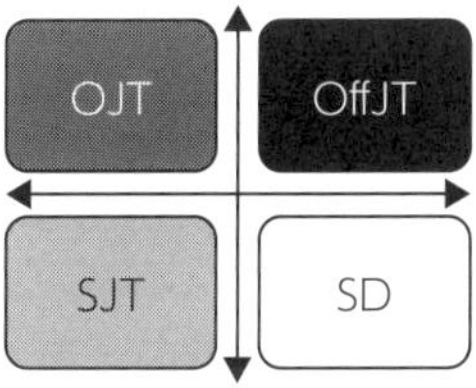

研修制度の図解も、軸を使います（右図参照）。1つの軸は、もちろん時間です。「入社期」–「基礎期」–「錬成期」–「完成期」をそのまま横軸にします。もう1つの軸は、習得スキルのレベルに置きます。右肩上がりに、スキルが上がっていくイメージを表現できます。さらに、ビジネス基礎能力と業務能力の2つの流れを表現しました。

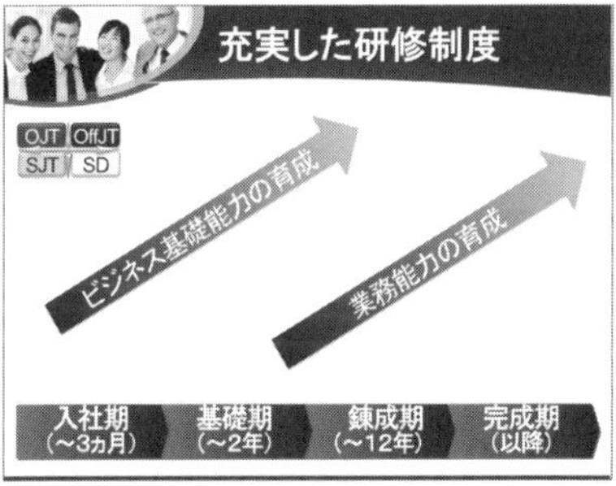

おわりに

本書は、ブルーバックスの拙著『論理が伝わる 世界標準の「書く技術」』の続編として出版しました。文章については、『論理が伝わる 世界標準の「書く技術」』で、プレゼンテーションについては本書で学習できます。両方を読むことによって、さらに理解が深まるかと思います。

本書は、私が実際に見たプレゼンテーションなどの中で見つけたテクニックや課題をまとめたものです。具体的には、企業勤めしていた頃に見たプレゼンテーションや、研修講師を始めてからは受講された方が研修中に実施したプレゼンテーションなどです。執筆のヒントを与えてくれた方々に感謝します。

私は、数多くのプレゼンテーションを見てきましたが、そのほとんどが、ただ情報を羅列しただけの説明です。思いついた情報を、思いつくままに説明したようなプレゼンテーションばかりを見てきました。

本書が、その現状を変える一助になれば幸いです。

2013年12月　倉島保美

N.D.C.809　254p　18cm

ブルーバックス　B-1847

論《ろん》理《り》が伝《つた》わる世《せ》界《かい》標《ひょう》準《じゅん》の「プレゼン術《じゅつ》」
一生モノの「説得技法」

2014年1月20日　第1刷発行
2020年9月3日　第3刷発行

著者　倉《くら》島《しま》保《やす》美《み》
発行者　渡瀬昌彦
発行所　株式会社講談社
〒112-8001 東京都文京区音羽2-12-21
電話　出版　03-5395-3524
販売　03-5395-4415
業務　03-5395-3615
印刷所　(本文印刷)豊国印刷株式会社
(カバー表紙印刷)信毎書籍印刷株式会社
本文データ制作　株式会社フレア
製本所　株式会社国宝社

ISBN978-4-06-257847-9

発刊のことば

科学をあなたのポケットに

二十世紀最大の特色は、それが科学時代であるということです。科学は日に日に進歩を続け、止まるところを知りません。ひと昔前の夢物語もどんどん現実化しており、今やわれわれの生活のすべてが、科学によってゆり動かされているといっても過言ではないでしょう。

そのような背景を考えれば、学者や学生はもちろん、産業人も、セールスマンも、ジャーナリストも、家庭の主婦も、みんなが科学を知らなければ、時代の流れに逆らうことになるでしょう。

ブルーバックス発刊の意義と必然性はそこにあります。このシリーズは、読む人に科学的に物を考える習慣と、科学的に物を見る目を養っていただくことを最大の目標にしています。そのためには、単に原理や法則の解説に終始するのではなくて、政治や経済など、社会科学や人文科学にも関連させて、広い視野から問題を追究していきます。科学はむずかしいという先入観を改める表現と構成、それも類書にないブルーバックスの特色であると信じます。

一九六三年九月

野間省一